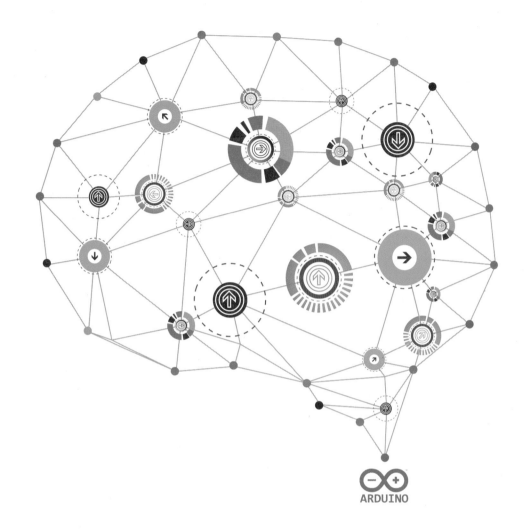

ARDUINO

아두이노로 코딩하며 배우는 딥러닝

머신러닝과 **딥러닝** 원리와 모델을 78개 **아두이노 예제**로 직접 구현

아두이노로 코딩하며 배우는 **딥러닝**

머신러닝과 딥러닝 원리와 모델을 78개 아두이노 예제로 직접 구현

초판 1쇄 발행 | 2021년 06월 25일

지은이 | 서민우 저
펴낸이 | 김병성
펴낸곳 | 앤써북

출판사 등록번호 | 제 382-2012-0007 호
주소 | 경기도 고양시 일산 서구 가좌동 565번지
전화 | 070-8877-4177
FAX | 031-919-9852
도서문의 | 앤써북 http://answerbook.co.kr

ISBN | 979-11-85553-79-5 13000

[안내]
• 이 책은 다양한 전자 부품을 활용하여 예제를 실습할 수 있습니다. 단, 전자 부품을 잘못 사용할 경우 파손 외 2차적인 피해가 발생할 수 있으니, 실습 시 반드시 책에서 표시된 내용을 준수하여 사용해야 함을 고지합니다.
• 이 책에 내용을 기반으로 실습 및 운용 결과에 대해 저자, 소프트웨어 개발자 및 제공자, 앤써북 출판사, 서비스 제공자는 일체의 책임지지 않음을 안내드립니다.
• 이 책에 소개된 회사명, 제품명은 각 회사의 등록 상표 또는 상표이며 본문 중 TM, ©, ® 마크 등을 생략하였습니다.
• 이 책은 소프트웨어, 플랫폼, 서비스 등은 집필 당시 신 버전으로 설명하였습니다. 단, 독자의 학습 시점에 따라 책의 내용과 일부 다를 수 있습니다.

Preface

머리말

'알파고'가 천재 기사 '이세돌'을 4대 1로 이기면서 인공지능은 우리에게 큰 충격으로 다가왔습니다. 인공지능은 사람이 그 역할을 하던 다양한 산업 분야에 빠르게 적용되면서 영향력을 발휘하고 있으며, 국가의 주요한 경쟁력으로 자리잡고 있습니다. 필자가 느끼는 인공지능의 힘은 컴퓨터(CPU+GPU)의 속도에서 나온다고 생각합니다. 사람의 속도로는 겪을 수 없는 수많은 시행착오와 경험이 컴퓨터의 속도로는 가능하기 때문입니다. 알파고는 수백대로 구성된 컴퓨터를 이용하여 빛과 같은 속도로 바둑과 관련된 수천년간의 모든 경험을 쌓았습니다. 그리고 그 경험을 바탕으로 이세돌과 바둑을 둔 것입니다. 수천년의 바둑 고수인 알파고에 대해 인간 이세돌이 얻어낸 1승이 오히려 대단하다고 생각합니다. 이 책에서는 가장 작은 컴퓨터인 아두이노를 이용하여 인공지능 알고리즘을 구현해 보면서 인공지능의 원리를 이해해 봅니다. 이 책은 다음과 같이 구성되어 있습니다.

Chapter 01에서는 인공지능의 딥러닝을 이해해 봅니다. 첫 번째, 딥러닝의 핵심인 인공 신경망이 무엇인지 알아보고, 딥러닝에 대해 어떤 학습 방법이 있는지 살펴보고, 생물학적 신경과 비교해 보며 딥러닝의 인공 신경망을 이해해 봅니다. 두 번째 딥러닝에 대한 기본 예제를 구글의 코랩과 Keras 라이브러리를 이용해 수행해 보면서 딥러닝을 접해봅니다. 세 번째 중고등학교 때 배웠던 기본적인 함수를 딥러닝의 인공 신경망으로 구현해 보면서 딥러닝의 인공 신경망과 함수의 관계를 이해해 봅니다. 마지막으로 손글씨 데이터, 패션 데이터를 이용하여 실제 활용되는 딥러닝을 살펴봅니다.

Chapter 02에서는 아두이노를 이용하여 기초적인 딥러닝 알고리즘을 살펴보고 구현해 봅니다. 첫 번째, 딥러닝의 단일 인공 신경 알고리즘을 살펴보고 구현해 봅니다. 이 과정에서 순전파, 오차함수, 경사 하강법, 최적화 함수, 예측값, 가중치, 편향, 오차 역전파, 딥러닝의 인공 신경 학습 등에 대한 용어를 이해하고 구현에 적용해 봅니다. 두 번째, 딥러닝의 단일 출력 3층 인공 신경망 알고리즘을 살펴보고 구현해 봅니다.

Chapter 03에서는 아두이노를 이용하여 심화된 딥러닝 알고리즘을 살펴보고 구현해 봅니다. 첫 번째, 딥러닝의 다중 출력 3층 인공 신경망 알고리즘을 살펴보고 구현해 봅니다. 이 과정에서 다중 출력의 오차가 역전파 되는 과정을 자세히 살펴봅니다. 두 번째, 딥러닝의 활성화 함수 알고리즘을 살펴보고 구현해 봅니다. 활성화 함수 중, sigmoid 함수의 순전파, 역전파 과정을 자세히 살펴봅니다.

Chapter 04에서는 아두이노 프로젝트에 활용할 수 있는 딥러닝 라이브러리를 구현하고 활용 방법을 소개합니다. 첫 번째, 디버깅을 용이하게 하기 위해 printf 함수를 사용할 수 있게 환경을 구성합니다. 두 번째, 배열, 함수, 포인터를 이용하여 딥러닝의 인공 신경망 라이브러리를 구현합니다. 세 번째, 딥러닝의 인공 신경망 라이브러리를 활용한 3가지 예제를 소개합니다. 특히 마지막 예제의 경우 초음파 센서의 입력값에 따라 자동차의 방향을 결정하는 딥러닝의 인공 신경망을 구성하고 학습시키는 과정을 소개하여 아두이노를 활용한 AI 프로젝트를 수행할 수 있는 아이디어를 제공합니다.

이제 인공지능은 선택이 아닌 필수입니다. 이 책이 독자 여러분을 통해 대한민국의 인공지능 경쟁력에 도움이 되기를 바랍니다.

서민우

Reader Support Center

독자 지원 센터

도서 Q&A

앤써북 공식 카페의 [도서별 독자지원센터]–[아두이노로 코딩하며 배우는 딥러닝] 게시판에서 [글쓰기] 버튼을 클릭하여 궁금한 내용을 질문할 수 있고 저자로부터 답변 받을 수 있습니다. 단, [카페 가입하기] 버튼을 클릭하여 앤써북 카페에 회원가입 후 진행할 수 있습니다.

Book source/data download

책 소스/자료 다운로드

책 소스 다운로드

책 소스(쳅터별 전체 블록 코딩 파일과 연습하기 전체 블록 코딩 파일), 이미지 파일은 게시판 공지 글인 3673번 게시글을 클릭한 후 [첨부파일 모아보기]에서 "[책소스]아두이노로 코딩하며 배우는 딥러닝.ZIP" 압축 파일을 클릭해서 다운로드 받습니다. 다운로드 받은 책 소스는 압축을 풀면 쳅터별 소스 파일을 확인할 수 있습니다.

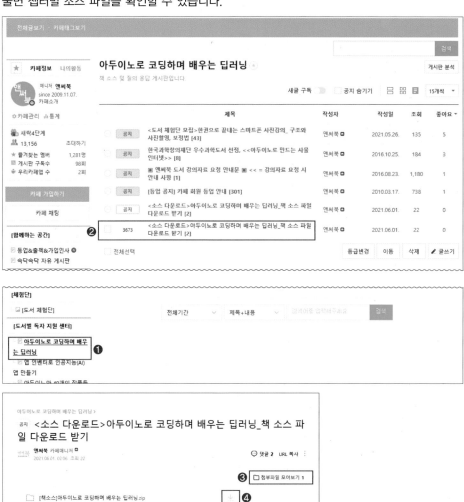

Hands-on supplies

이 책의 실습 준비물

필수 준비물

이 책은 아두이노를 이용하여 인공지능 알고리즘을 구현을 통해 인공지능 딥러닝의 원리를 이해합니다. Chapter 02~Chapter 04에서 인공지능과 딥러닝 원리를 78개 아두이노 프로그래밍으로 직접 구현해봅니다. 아두이노 상에서 프로그래밍하기 위해서는 다음과 같은 아두이노 우노 R3 보드(정품, 또는 호환 보드)가 필요합니다.

▲ 아두이노 우노 R3

아두이노 보드 구매는 저자가 직접 운영하는 코코랩스 사이트에서 편리하게 구매할 수 있습니다. 또는 네이버에서 "아두이노 우노 R3"로 검색 후 구매합니다.

- 코코랩스 : http://www.kocolabs.co.kr/
- 네이버에서 "아두이노 우노 R3"로 검색 후 구매

| N   아두이노 우노 **R3**   ▤ ▾ Q |

※아두이노 우노 보드를 가지고 있는 독자분들은 추가로 구매하지 않으셔도 됩니다.

Contents

목차

Contents

목차

Chapter 04

인공지능의 딥러닝
라이브러리 구현과 활용

A i with Arduino

CHAPTER 01

인공지능의 딥러닝 이해

이번 Chapter에서는 인공지능의 딥러닝을 이해해 봅니다. 첫 번째, 딥러닝의 핵심인 인공 신경망이 무엇인지 알아보고, 딥러닝에 대해 어떤 학습 방법이 있는지 살펴보고, 생물학적 신경과 비교해 보며 딥러닝의 인공 신경망을 이해해 봅니다. 두 번째 딥러닝에 대한 기본 예제를 구글의 코랩과 Keras 라이브러리를 이용해 수행해 보면서 딥러닝을 접해봅니다. 세 번째 중고등학교 때 배웠던 기본적인 함수를 딥러닝의 인공 신경망으로 구현해 보면서 딥러닝의 인공 신경망과 함수의 관계를 이해해 봅니다. 마지막으로 손글씨 데이터, 패션 데이터를 이용하여 실제 활용되는 딥러닝을 살펴봅니다.

01 _ 인공 신경망의 이해

인공 신경망은 딥러닝의 약진에 의해 최근 몇 년 동안 주목을 받아왔습니다. 그러면 인공 신경망은 무엇이고 어떻게 만들어졌을까요? 여기서는 인공 신경망의 바탕이 되는 실제 생체 신경의 구조와 구성 요소를 살펴보고 그것들이 어떻게 인공 신경의 구조와 구성요소에 대응이 되는지 살펴봅니다.

01-1 인공 신경망이란?

독자 여러분은 지금까지 왜 사람에게는 아주 간단하지만 컴퓨터에게는 상상할 수 없을 정도로 어려운 일들이 있는지 궁금해 한 적이 있나요? 인공 신경망(ANN's : Artificial neural networks)은 인간의 중앙 신경계로부터 영감을 얻어 만들어졌습니다. 생체 신경망과 같이 인공 신경망은 커다란 망으로 함께 연결되어 있는 인공 신경을 기반으로 구성됩니다. 개개의 인공 신경은 생체 신경과 같이 간단한 신호 처리를 할 수 있도록 구현되어 있습니다.

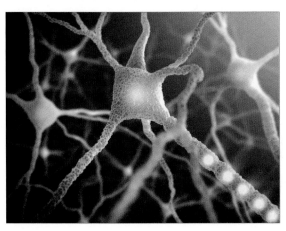

그러면 우리는 인공 신경망으로 무엇을 할 수 있을까요? 인공 신경망은 많은 문제 영역에 성공적으로 적용되어 왔습니다. 예를 들어 다음과 같은 문제들에 적용되었습니다.

- **패턴 인식에 의한 데이터 분류**

예 그림에 있는 이것은 나무인가?

- **시험 데이터가 일반적인 패턴과 맞지 않았을 때의 이상 감지**

예 트럭 운전사가 잠들 위험이 있는가?
예 이 지진은 일반적인 땅의 움직임인가 아니면 커다란 지진인가?

- **신호 처리**

예 신호 거르기
예 신호 분리하기
예 신호 압축하기

- **예측과 예보에 유용한 목표 함수 접근**

예 이 폭풍은 태풍으로 변할 것인가?

위와 같은 문제들은 조금은 추상적으로 들릴 수 있습니다. 그래서 몇 가지 실제로 적용된 응용 예들을 보도록 합니다. 인공 신경망은 다음과 같은 것들을 할 수 있습니다.

- 얼굴 확인하기
- 음성 인식하기
- 손글씨 읽기
- 문장 번역하기
- 게임 하기(보드 게임이나 카드 게임)
- 자동차 제어하기
- 로봇 제어하기

그리고 더 많은 것들을 할 수 있습니다.

인공 신경망을 이용하면 세상에 있는 많은 문제들을 해결할 수 있습니다. 독자 여러분도 해결하고 싶은 문제가 있다면, 인공 신경망을 이용해 해결할 가능성이 있습니다. 인공 신경망을 통한 문제 해결은 이제 선택이 아닌 필수가 되어가고 있으며, 인공 신경망을 통한 문제 해결 능력은 여러분에게 더 많은 기회를 줄 것입니다.

인공 신경망의 구조

인공 신경망을 구성하는 방법은 다양합니다. 예를 들어 다음과 같은 형태로 인공 신경망을 구성할 수 있습니다. 다음 그림에서 노란색 노드로 표현된 은닉층이 2층 이상일 때 심층 신경망(DNN)이라고 합니다.

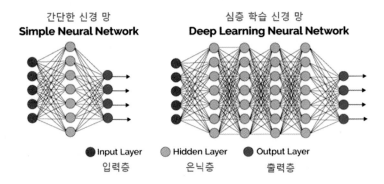

다음은 CNN 형태의 인공 신경망입니다. CNN은 이미지 인식에 뛰어난 인공 신경망으로 이미지의 특징을 뽑아내는 인공 신경망과 분류를 위한 인공 신경망으로 구성됩니다.

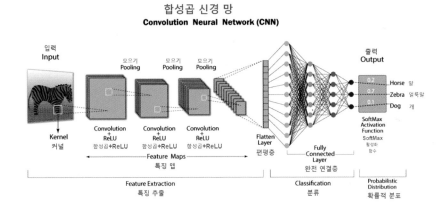

다음은 RNN 형태의 인공 신경망입니다. 다음 그림에서 왼쪽에 있는 그림은 RNN 형태의 신경망으로 노드에서 나온 값이 다시 되먹임 되는 형태로 인공 신경망이 구성됩니다. 오른쪽에 있는 그림은 한 방향으로만 신호가 흐르는 기본적인 인공 신경망입니다. RNN 형태의 인공 신경망은 문장 인식에 뛰어난 인공 신경망입니다.

반복 신경 망 구조
Recurrent Neural Network structure

Recurrent Neural Network
반복 신경 망

Feed-Forward Neural Network
순전파 신경 망

인공 신경망은 구성 방법에 따라 동작 방식도 달라집니다. 가장 간단한 인공 신경망의 구조는 신호가 한 방향으로 흐르는 인공 신경망으로 다음과 같은 형태입니다.

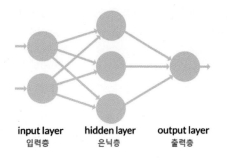

일반적으로 인공 신경망은 3개의 층으로 구성됩니다. 각각 입력층(input layer), 은닉층(hidden layer), 출력층(output layer)이라고 합니다. 입력층은 입력 신호를 받아서 다음 층에 있는 은닉층으로 보냅니다. 은닉층은 하나 이상 존재할 수 있습니다. 마지막에는 결과를 전달하는 출력층이 옵니다.

01-2 신경망의 학습 방법

전통적인 알고리즘들과는 달리 인공 신경망은 프로그래머의 의도대로 작업하도록 '프로그램 되거나' 또는 '구성되거나' 할 수 없습니다. 인간의 뇌처럼 인공 신경망은 하나의 일을 수행할 방법을 배워야 합니다. 일반적으로 인공 신경망의 학습 방법에는 3가지 전략이 있습니다.

지도 학습

가장 간단한 학습 방법입니다. 미리 알려진 결과들이 있는 충분히 많은 데이터가 있을 때 사용하는 방법입니다. 지도 학습은 다음처럼 진행됩니다. 하나의 입력 데이터를 처리합니다. 출력값을 미리 알려진 결과와 비교합니다. 인공 신경망을 수정합니다. 이 과정을 반복합니다. 이것이 지도 학습 방법입니다. 예를 들어 엄마가 어린 아이에게 그림판을 이용하여 사물을 학습시키는 방법은 지도 학습과 같습니다. 한글, 숫자 등에 대한 학습도 지도 학습의 형태입니다. 다음 그림판에는 동물, 과일 그림이 있고 해당 그림에 대한 이름이 있습니다. 아이에게 고양이를 가리키면서 '고양이'라고 알려주는 과정에서 아이는 학습을 하게 됩니다. 이와 같은 방식으로 인공 신경망도 학습을 시킬 수 있으며, 이런 방법을 지도 학습이라고 합니다.

동물 그림판				과일 그림판			
얼룩말	낙타	원숭이	사슴	레몬	포도	딸기	복숭아
여우	사자	멧돼지	호랑이	바나나	사과	산딸기	키위
표범	코뿔소	늑대	곰	자몽	귤	체리	라임
하마	오랑우탕	강아지	고양이	양파	가지	옥수수	토마토

비지도 학습

비지도 학습은 입력값이 목표값과 같을 때 사용하는 학습 방법입니다. 예를 들어, 메모리 카드 게임을 하는 방식을 생각해 봅니다. 메모리 카드 게임을 할 때 우리는 그림에 표현된 사물의 이름을 모르는 상태로 사물의 형태를 통째로 기억해야 합니다. 그리고 같은 그림을 찾아내며 게임을 진행하게 됩니다. 이와 같이 입력값과 출력값이 같은 형태의 데이터를 학습할 때, 즉, 입력값을 그대로 기억해 내야 하는 형태의 학습 방법을 비지도 학습이라고 합니다.

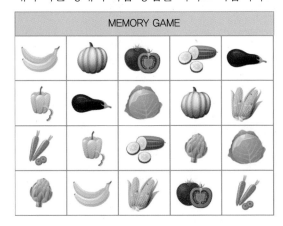

강화 학습

인공 신경망이 익숙하지 않은 환경에서 시행착오를 통해 이익이 되는 동작을 취할 확률은 높이고 손해가 되는 동작을 취할 확률은 낮게 하는 학습 방법입니다. 즉, 이익이 되는 동작을 강화해가는 학습 방법입니다. 예를 들어, 우리가 익숙하지 않은 환경에서 어떤 동작을 취해야 하는지 모를 때, 일단 할 수 있는 동작을 취해보고 그 동작이 유리한지 불리한지를 체득하는 형태의 학습 방식과 같습니다. 이 과정에서 유리한 동작은 기억해서 점점 더 하게 되고 불리한 동작도 기억해서 점점 덜 하게 됩니다.

01-3 인공 신경 살펴보기

앞에서 우리는 인공 신경망에 대해 살펴보았습니다. 그러면 인공 신경망은 무엇으로 구성될까요? 여기서는 인공 신경망을 구성하는 인공 신경에 대해 생물학적 신경과 비교해 보면서 그 내부 구조를 살펴보도록 합니다.

인공 신경과 생물학적 신경

인공 신경망의 구성요소는 인공 신경입니다. 인공 신경이라는 이름은 생물학적 신경으로부터 얻어졌습니다. 인공 신경은 우리 두뇌 안에 있는 생물학적 신경의 동작을 따라 만들어진 모형(model)입니다. 즉, 인공 신경은 생물학적 신경의 모형입니다.

 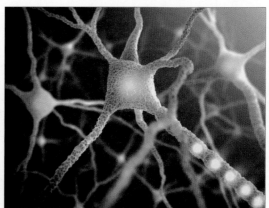

생물학적 신경은 신호를 받기 위한 여러 개의 가지돌기(dendrities), 입력받은 신호를 처리하기 위한 신경 세포체(cell body), 다른 신경들로 신호를 내보내기 위한 축삭돌기(axon)와 축삭돌기 말단으로 구성됩니다. 특히 축삭돌기 말단과 다음 신경의 가지돌기 사이의 틈을 시냅스라고 합니다. 시냅스는 신경결합부라고도 하며 한 신경에서 다른 신경으로 신호를 전달하는 연결지점을 말합니다. 인공 신경은 데이터를 받기 위한 여러 개의 입력부, 입력받은 데이터를 처리하는 처리부, 그리고 여러 개의 다른 인공 신경들로 연결될 수 있는 하나의 출력부를 가집니다. 특히 인공 신경의 출력부에는 다음 인공 신경의 입력부에 맞는 형태의 데이터 변환을 위한 활성화함수가 있습니다.

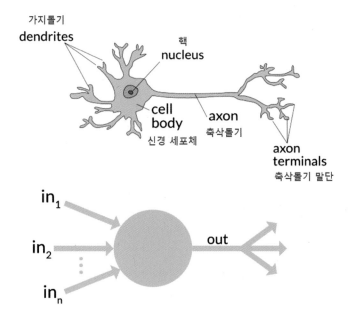

인공 신경 내부 살펴보기

이제 인공 신경 안으로 들어가 봅니다. 어떻게 인공 신경은 입력을 처리할까요? 독자 여러분은 하나의 인공 신경 안에서 그 계산들이 실제로 얼마나 간단한지 알면 깜짝 놀랄 수도 있습니다. 인공 신경은 세 개의 처리 단계를 수행합니다.

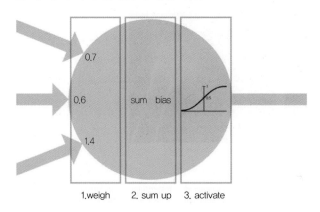

❶ 각각의 입력값은 가중치에 의해 커지거나 작아집니다.

하나의 입력 신호(데이터)가 들어올 때 그 신호는 그 입력에 할당된 하나의 가중치(weight)에 의해 곱해집니다. 예를 들어, 하나의 인공 신경이 그림과 같이 3 개의 입력을 가진다면, 그 인공 신경은 각 입력에 적용될 수 있는 3개의 가중치를 가집니다. 학습 과정에서 인공 신경망은 결과값과 목표값의 오차를 기반으로 가중치들을 조정합니다. 생물학적 신경의 가지돌기가 그 두께에 따라 신호가 더 잘 전달되거나 덜 전달되는 것처럼 인공 신경의 가중치도 그 값에 따라 신호(데이터)가 커지거나 작아집니다. 가중치는 다른 말로 강도(strength)라고도 합니다. 즉, 가중치는 입력 신호가 전달되는 강도를 결정합니다. 입력 신호가 작더라도 가중치가 크면 신호가 커지며, 입력 신호가 크더라고 가중치가 작으면 내부로 전달되는 신호는 작아집니다. 인공 신경의 가중치는 생물학적 신경의 가지돌기의 두께로 비유할 수 있습니다.

❷ 모든 입력 신호들은 더해집니다.

가중치에 의해 곱해진 입력 신호들은 하나의 값으로 더해집니다. 그리고 추가적으로 보정값(offset)도 하나 더해집니다. 이 보정값은 편향(bias)이라고 불립니다. 인공 신경망은 학습 과정에서 편향도 조정합니다. 편향은 하나로 더해진 입력 신호에 더해지는 신호로 신호를 좀 더 크게 하거나 또는 좀 더 작게 하는 역할을 합니다. 즉, 신호를 조금 더 강화하거나 조금 더 약화하는 역할을 합니다.

❸ 신호를 활성화합니다.

앞에서 더해진 입력신호들은 활성화함수를 거쳐 하나의 출력 신호로 바뀝니다. 활성화 함수는 신호 전달 함수라고도 하며 신호의 형태를 다른 인공 신경의 입력에 맞게 변경하여 출력하는 역할을 합니다. 생물학적 신경을 시냅스가 연결하는 것처럼 활성화함수는 인공 신경을 연결하는 역할을 수행합니다.

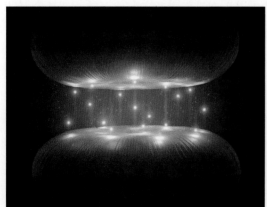

▲ 시냅스 1

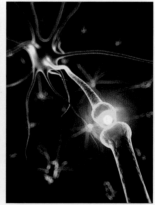

▲ 시냅스 2

다음은 인공 신경망에 사용되는 활성화함수입니다. 활성화 함수는 인공 신경망의 활용 영역에 따라 달리 사용됩니다.

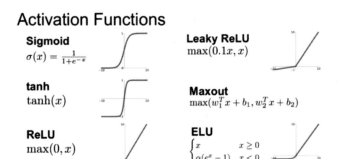

일반적으로 출력값을 0에서 1사이의 값으로 하고자 할 경우엔 sigmoid 함수, 출력값을 −1에서 1사이의 값으로 하고자 할 경우엔 tanh 함수, 0보다 큰 출력값만 내보내고자 할 경우엔 relu 함수를 사용합니다. 활성화 함수에 대해서는 뒤에서 자세히 살펴보도록 합니다. 여기서는 활성화 함수로 이러한 함수들이 사용된다는 정도로 이해하고 넘어갑니다.

인공 신경 함수 수식

다음은 하나의 인공 신경과 그 인공 신경으로 들어가는 입력값 x의 집합, 입력값에 대한 가중치(신호 강도) w의 집합, 편향 입력값 1, 편향 b, 가중치와 편향을 통해 들어오는 입력값들의 합, 그 합을 입력으로 하는 활성화 함수 f, 활성화 함수 f의 출력 out을 나타냅니다.

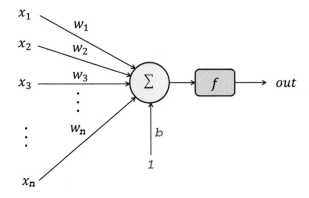

인공 신경의 수식은 일반적으로 다음과 같습니다.

$$out = f(x_1 \times w_1 + x_2 \times w_2 + x_3 \times w_3 + ... + x_n \times w_n + 1 \times b)$$

$$out = f(\sum_{i=1}^{n} x_i \times w_i + 1 \times b)$$

예를 들어, 활성화 함수가 sigmoid 함수일 경우 인공 신경의 수식은 다음과 같습니다.

$$out = \frac{1}{1 + e^{x_1 \times w_1 + x_2 \times w_2 + x_3 \times w_3 + \ldots + x_n \times w_n + 1 \times b}}$$

$$out = \frac{1}{1 + e^{\sum_{i=1}^{n} x_i \times w_i + 1 \times b}}$$

또, 활성화 함수가 relu 함수일 경우 인공 신경의 수식은 다음과 같습니다.

$$out = \max(0, x_1 \times w_1 + x_2 \times w_2 + x_3 \times w_3 + \ldots + x_n \times w_n + 1 \times b)$$

$$out = \max\left(0, \sum_{i=1}^{n} x_i \times w_i + 1 \times b\right)$$

이러한 수식들은 뒤에서 자세히 구현해 보면서 그 동작들을 이해합니다. 여기서는 개략적으로 살펴보고 넘어가도록 합니다.

이상에서 인간의 두뇌를 모델로 한 인공 신경망, 인공 신경망으로 할 수 있는 일들, 인공 신경망의 구조, 인공 신경망의 학습 방법, 생물학적 신경과 인공 신경과의 관계, 인공 신경의 구성 요소를 살펴보았습니다. 인공 신경의 수식은 생물학적 신경으로부터 직관적으로 유도된 것을 알 수 있습니다. 인공 신경의 수식은 간단한 형태의 수식이지만 이러한 인공 신경으로 망을 구성할 때는 아주 큰 힘을 발휘하게 됩니다.

02 _ 딥러닝 맛보기

이 단원에서는 기본적인 딥러닝 예제를 수행해보고, 머신 러닝이 무엇인지 알아봅니다. 그리고 구글이 제공하는 코랩 개발 환경을 구현한 후, 기존 방식의 함수 정의 방식과 머신 러닝 방식의 신경망 함수를 생성하고 사용해 봅니다.

02-1 Hello 딥러닝

여기서는 인공 신경망의 기본적인 "Hello, World"를 소개합니다. 기존 프로그래밍에서는 명확한 규칙을 가진 함수를 정의하면서 프로그래밍합니다. 그러나 인공 신경망을 이용한 프로그래밍에서는 입력값들과 출력값들의 관계를 기반으로 인공 신경망 함수를 만듭니다. 인공 신경망 함수를 만드는 과정을 인공 신경망 함수 학습 또는 훈련이라고 합니다.

학습이나 훈련의 과정을 거치면 인공 신경망 함수는 내부적으로 값들의 관계를 기반으로 만들어진 규칙을 가지게 됩니다. 인공 신경망 함수를 만드는 것은 찰흙으로 그릇을 빚는 것과 같습니다.

처음엔 그릇을 만들 찰흙만 준비된 상태에서 조물조물, 주물주물 하면서 그릇을 만들어 가듯이 초기화되지 않은 인공 신경망을 준비한 후, 조물조물, 주물주물하면서 입력값의 집합과 출력값들의 집합을 연결해 주는 인공 신경망 함수를 만들어 가게 됩니다. 이렇게 만들어진 인공 신경망 함수를 이용하여 새로운 입력값에 대해 출력값을 예측합니다.

다음 그림을 살펴봅니다. 여러분은 운동 추적을 인식하는 프로그래밍을 하고 있습니다. 여러분은 한 사람이 걷고 있는 속도를 규칙으로 하여 그 사람의 활동을 예측할 수 있습니다.

```
if(speed < 4) {
        status = WALKING;
}
```

여러분은 다른 규칙을 추가하여 달리기도 예측할 수 있도록 프로그램을 확장할 수 있습니다.

```
if(speed < 4) {
        status = WALKING;
} else {
        status = RUNNING;
}
```

마지막 규칙으로 여러분은 비슷하게 자전거 타기 예측을 추가할 수 있습니다.

```
if(speed < 4) {
        status = WALKING;
} else if(speed < 12) {
        status = RUNNING;
} else {
        status = BIKING;
}
```

그러면 다음과 같은 상황은 어떨까요? 여러분은 프로그램에 골프같은 동작을 포함하고자 합니다. 그런데 골프같은 동작을 예측하기 위한 규칙을 만들어낼 방법이 명확하지 않습니다.

```
if(speed < 4) {
        status = WALKING;
} else if(speed < 12) {
        status = RUNNING;
} else {
        status = BIKING;
}
// 어떻게 하지?
```

골프치는 동작을 인식할 수 있는 프로그램을 작성하는 것은 정말 어렵습니다. 그러면 어떻게 해야 할까요? 여러분은 ML(Machine Learning, 기계학습)을 이용하여 그 문제를 풀 수 있습니다!

02-2 머신러닝은 무엇일까요?

앞에서 소개된 프로그램을 짜기 위한 기존 방법을 생각해 봅니다.

여러분은 프로그래밍 언어로 규칙을 가진 함수(Rules)를 표현합니다. 그 함수는 값(Data)에 작용하고 여러분의 프로그램은 결과값(Answers)을 내어 놓습니다. 동작 감지의 경우에, 그 규칙들(동작의 형태들을 정의하기 위해 여러분이 작성한 코드)은 값들(사람의 움직임 속도)에 작용하여 답을 생성합니다. 그 답은 사용자의 동작 상태(그들이 걷고 있었는지, 달리고 있었는지, 자전거를 타고 있었는지, 또는 다른 무언가를 하고 있었는지)를 결정하기 위한 함수로부터 나오는 값입니다.

ML을 통한 동작 상태를 감지하기 위한 프로그래밍 과정도 이전 방법과 아주 유사합니다. 단지 입출력 항목들의 위치가 다릅니다.

규칙을 정의하고 그것들을 프로그래밍 언어로 표현하는 대신에, 여러분은 데이터(값)와 함께 답들(값, 일반적으로 라벨이라고 불립니다)을 제공합니다. 그리고 기계(Machine)는 답들과 데이터간의 관계를 결정하는 규칙들을 만들어 냅니다. 예를 들어, 여러분의 활동 감지 데이터는 ML 기반 프로그램 안에서 다음과 같이 보일 수 있습니다.

```
0101001010100101010        1010100101001010101        1001010011111010101        1111111111010011101
1001010101001011101        0101010010010010001        1101010111010101110        0011111010111110101
0100101010010101001        0010011110101010111        1010101111010101011        0101110101010101110
0101001010100101010        1010100100111101011        1111110001111010101        1010101010100111110

   Label = WALKING            Label = RUNNING            Label = BIKING            Label = GOLFING
```

여러분은 각각의 동작에 대해 많은 데이터를 모아서 "이것은 걷기처럼 보이는 것이야", 또는 "이것은 뛰기처럼 보이는 것이야"라고 말하기 위해 모은 데이터에 라벨을 붙입니다. 그리고 나면, 컴퓨터는 데이터를 이용하여 특정한 동작을 나타내는 명확한 패턴이 무엇인지 결정할 수 있는 규칙을 만들어 낼 수 있습니다.

전통적인 프로그래밍에서, 여러분의 코드는 일반적으로 여러분이 정의한 함수를 위주로 작성됩니다. ML 기반 프로그래밍에서, 여러분은 데이터와 라벨을 이용하여 인공 신경망 함수를 만들어 사용하게 됩니다. 인공 신경망 함수는 일반적으로 모델이라고 불리웁니다. 인공 신경망 함수는 우리가 원하는 어떤 기능을 유사하게 수행하는 모델 함수라고 생각할 수 있습니다.

여러분이 다음 그림을 통해 여러분이 원하는 기능을 수행하는 인경 신경망 함수를 만들었다면 이제 여러분은 그 함수를 이용할 수 있습니다.

여러분이 만든 인공 신경망 모델 함수는 다음과 같이 사용됩니다.

여러분은 학습을 통해 만들어진 인공 신경망 모델 함수에 어떤 데이터를 주고 그 인공 신경망 모델 함수는 학습을 통해 얻은 그 규칙들을 사용하여 답을 예측 합니다. 예를 들어, "그 데이터는 걷기처럼 보여요", 또는 "그 데이터는 골프 치기처럼 보여요"처럼 예측을 합니다.

02-3 구글 코랩 개발 환경 구성하기

독자 여러분의 첫 번째 인공 신경망 함수를 만들어 보기 위해 먼저 프로그래밍 환경을 구성해 봅니다. 일반적으로 인공 지능 프로그램은 파이썬 기반으로 작성됩니다. 여기서는 손쉽게 파이썬 환경을 구성하여 간단한 인공 신경망을 구성한 후, 학습을 수행해 봅니다. 구글에서 제공하는 코랩을 이용하면 복잡한 환경을 구성하지 않고 인공 신경망 관련 실습을 수행할 수 있습니다. 뒤에서는 아두이노를 이용하여 인공 신경망 함수가 내부적으로 동작하는 원리를 자세히 살펴봅니다.

1 구글에서 다음과 같이 [google colab]을 검색합니다.

2 다음 사이트를 찾아 들어갑니다.

https://colab.research.google.com ▾
Google Colab
Colab notebooks allow you to combine executable code and rich text in a single document, along with images, HTML, LaTeX and more. When you create your ...

3 다음과 같이 구글 코랩 홈페이지가 열립니다.

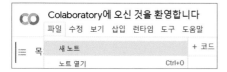

4 다음은 구글 코랩에 대해 소개하고 있습니다. 복잡한 구성이 필요치 않으며, GPU 기능도 제공합니다.

○○ Colaboratory란?

줄여서 'Colab'이라고도 하는 Colaboratory를 사용하면 브라우저에서 Python을 작성하고 실행할 수 있습니다. Colab은 다음과 같은 이점을 자랑합니다.

- 구성이 필요하지 않음
- GPU 무료 액세스
- 간편한 공유

학생이든, **데이터 과학자**든, **AI 연구원**이든 Colab으로 업무를 더욱 간편하게 처리할 수 있습니다. Colab 소개 영상에서 자세한 내용을 확인하거나 아래에서 시작해 보세요.

5 다음과 같이 [파일]--[새 노트] 메뉴를 선택합니다.

6 구글 코랩을 사용하기 위해서는 구글 계정이 필요합니다. 구글 계정이 있는 독자는 로그인을 수행합니다.

Google 로그인 필요

계속하려면 Google 계정에 로그인해야 합니다.

로그인

7 구글 계정이 없는 독자는 계정을 생성합니다. 다음과 같이 [계정 만들기]--[본인 계정] 버튼을 눌러 계정을 생성합니다. 여기서는 구글 계정 생성 과정을 소개하지 않습니다.

8 다음은 구글 코랩 파이썬 작성 화면입니다.

9 다음과 같이 파일의 제목을 HelloML로 변경합니다. 제목 부분에 마우스 왼쪽 클릭한 후, 제목을 변경합니다.

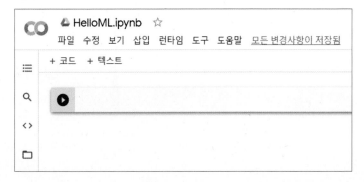

02-4 기존 방식의 함수 정의와 사용

먼저 기존 방식으로 함수를 정의하고 사용하는 과정을 살펴봅니다.

다음은 중학교 때 배운 함수식입니다.

$y = f(x) = 3 \times x + 1$ (x는 실수)

이 식에서

x가 1일 때 $y = f(1) = 3 \times 1 + 1$이 되어 y는 4가 됩니다.

x가 2일 때 $y = f(2) = 3 \times 2 + 1$이 되어 y는 7이 됩니다.

x가 −1일 때 $y = f(-1) = 3 \times (-1) + 1$이 되어 y는 −2가 됩니다.

이 함수를 그림으로 표현하면 다음과 같습니다.

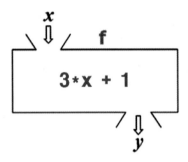

함수 정의하고 사용해 보기

이제 기존 방식으로 함수 f를 정의하고 사용해 봅니다.

1 다음과 같이 예제를 작성합니다.

```
123_1.py

01 : def f (x) :
02 :     return 3*x + 1
03 :
04 : x = 10
05 : y = f(x)
06 :
07 : print('y:', y)
```

01, 02 : f 함수를 정의합니다.

04 : x 변수를 생성한 후, 10으로 초기화합니다.

05 : f 함수에 x를 인자로 주어 호출한 후, 결과 값을 y 변수로 받습니다.

07 : print 함수를 호출하여 y 값을 출력합니다.

2 다음은 구글 코랩에 작성한 화면입니다.

```
1 def f (x) :
2    return 3*x + 1
3
4 x = 10
5 y = f(x)
6
7 print('y:', y)
```

3 ▶ 버튼을 눌러 프로그램을 실행시킵니다. 다음과 같이 31이 표시되는 것을 확인합니다.

```
y: 31
```

02-5 머신러닝 방식의 신경망 함수 생성과 사용

이번엔 ML 방식으로 인공 신경망 함수를 학습시키고 학습된 함수를 사용하는 과정을 살펴봅니다.
다음과 같은 모양의 인공 신경망을 구성하고 학습시켜 봅니다.

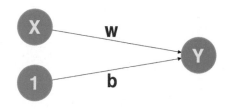

먼저 다음과 같은 숫자들의 집합 X, Y를 살펴봅니다. 독자 여러분은 숫자들 간의 관계가 보이시나요?

X:	-1	0	1	2	3	4
Y:	-2	1	4	7	10	13

여러분은 X, Y 숫자들을 보면서, X 값은 왼쪽에서 오른쪽으로 1씩, Y 값은 3씩 증가하는 것을 알 수
있습니다. 그럴 경우 독자 여러분은 아마도 Y는 3*X 더하기 또는 빼기 얼마와 같다고 생각했을 겁니
다. 그리고 나서, 독자 여러분은 아마도 X가 0일 때, Y가 1인 것을 보았을 겁니다. 그리고 독자 여
러분은 마침내 관계식 Y=3*X+1에 도달했을 겁니다.

여러분이 유추해 낸 방식은 인공 신경망이 데이터(X, Y 값)를 이용하여 학습(=훈련)을 통해 데이터
(X, Y)간의 관계를 발견하는 방식과 같습니다.

이제 이 식을 인공 신경망이 유추해 내는 과정을 살펴봅니다. 그러기 위해 먼저 필요한 것은 무엇일까요? 바로 데이터입니다. 다음으로 필요한 것은 그릇을 만들기 위해 찰흙이 필요한 것과 같이 학습되지 않은 인공 신경망입니다. 인공 신경망에 X 집합과 Y 집합을 주면, 인공 신경망은 학습을 통해 X와 Y간의 관계를 알아낼 수 있어야 합니다. 인공 신경망 함수는 일반적으로 인공 신경망 모델이라고 합니다. 모델은 우리말로 모형을 의미하며, 함수 모형으로 이해할 수 있습니다. 즉, 학습을 통해 만들어진 인공 신경망 함수는 Y=3*X+1 함수의 모형 함수입니다. 인공 신경망 함수는 Y=3*X+1 함수를 흉내 내는 함수라고 할 수 있습니다. 그래서 인공 신경망 함수를 근사 함수라고도 합니다.

1 다음과 같이 [+ Code] 버튼을 누릅니다. 실행 창의 경계에 마우스 커서를 대면 버튼이 나타납니다.

+ Code   + Text

2 다음과 같이 예제를 작성합니다.

```
123_2.py

01 : import tensorflow as tf
02 : import numpy as np
03 :
04 : xs = np.array([-1.0, 0.0, 1.0, 2.0, 3.0, 4.0])
05 : ys = np.array([-2.0, 1.0, 4.0, 7.0, 10., 13.])
06 :
07 : model = tf.keras.Sequential(
08 :     [
09 :       tf.keras.layers.InputLayer(input_shape=(1,)),
10 :       tf.keras.layers.Dense(1)
11 :     ]
12 : )
13 :
14 : model.compile(optimizer='sgd',
15 :               loss='mean_squared_error')
16 :
17 : model.fit(xs, ys, epochs=50)
18 :
19 : p = model.predict([10.0])
20 :
21 : print('p:', p)
```

01   : import문을 이용하여 tensorflow 모듈을 tf라는 이름으로 불러옵니다. tensorflow 모듈은 구글에서 제공하는 인공 신경망 라이브러리입니다.

02   : import문을 이용하여 numpy 모듈을 np라는 이름으로 불러옵니다. numpy 모듈은 행렬 계산을 편하게 해주는 라이브러리입니다. 인공 신경망은 일반적으로 행렬식으로 구성하게 됩니다.

04, 05 : np.array 함수를 이용하여 앞에서 살펴본 6 개의 X, Y 값을 준비합니다. np.array 함수는 tensorflow 라이브러리에서 데이터를 처리할 때 사용하는 배열을 생성합니다.

07~12 : tf.keras.Sequential 클래스를 이용하여 가장 간단한 인공 신경망을 생성합니다. 여기서 생성한 인공 신경망의 모양은 다음과 같습니다.

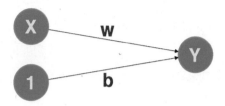

이 신경망은 하나의 인공 신경으로 구성됩니다. 인공 신경망의 내부 구조는 뒤에서 자세히 살펴봅니다. 생성된 인공 신경망은 일반적으로 모델이라고 합니다. 모델은 모형을 의미하며, 주어진 데이터에 맞추어진 원래 함수를 흉내내는 함수인 근사 함수를 의미합니다.

08,11 : 파이썬의 목록을 나타냅니다.

09 : tf.keras.layers.InputLayer함수를 이용하여 내부적으로 keras 라이브러리에서 제공하는 tensor를 생성하고, 입력 노드의 개수를 정해줍니다. tensor는 3차원 이상의 행렬식을 의미하며, 인공 신경망 구성시 사용하는 자료형입니다.

10 : tf.keras.layers.Dense 클래스를 이용하여 신경망 층을 생성합니다. 여기서 Dense는 내부적으로 Y = X*w + b 식을 생성하게 됩니다. 이 식에 대해서는 뒤에서 실제로 구현해 보며 그 원리를 살펴보도록 합니다.

14,15 : model.compile 함수를 호출하여 내부적으로 인공 신경망을 구성합니다. 인공 신경망을 구성할 때에는 2개의 함수를 정해야 합니다. loss 함수와 optimizer 함수. 즉, 손실 함수와 최적화 함수를 정해야 합니다. 손실 함수와 최적화 함수에 대해서는 뒤에서 자세히 살펴봅니다. 손실 함수로는 mean_squared_error 함수를 사용하고 최적화 함수는 확률적 경사 하강(sgd : stochastic gradient descent) 함수를 사용합니다. mean_squared_error, sgd 함수는 뒤에서 직접 구현해 보도록 합니다.

17 : model.fit 함수를 호출하여 인공 신경망에 대한 학습을 시작합니다. fit 함수에는 X, Y 데이터가 입력이 되는데 인공 신경망을 X, Y 데이터에 맞도록 학습한다는 의미를 갖습니다. 즉, X, Y 데이터에 맞도록 인공 신경망을 조물조물, 주물주물 학습한다는 의미입니다. fit 함수에는 학습을 몇 회 수행할지도 입력해 줍니다. epochs는 학습 횟수를 의미하며, 여기서는 5회 학습을 수행하도록 합니다. 일반적으로 학습 횟수에 따라 인공 신경망 근사 함수가 정확해 집니다.

19 : model.predict 함수를 호출하여 인공 신경망을 사용합니다. 여기서는 학습이 끝난 인공 신경망 함수에 10.0 값을 주어 그 결과를 예측하도록 합니다. 예측한 결과값은 p 변수로 받습니다.

21 : print 함수를 호출하여 예측한 결과값을 출력합니다.

3 다음은 구글 코랩에 작성한 화면입니다.

```
[ ]    1 import tensorflow as tf
       2 import numpy as np
       3
       4 xs = np.array([-1.0, 0.0, 1.0, 2.0, 3.0, 4.0])
       5 ys = np.array([-2.0, 1.0, 4.0, 7.0, 10., 13.])
       6
       7 model = tf.keras.Sequential(
       8    [
       9       tf.keras.layers.InputLayer(input_shape=(1,)),
      10       tf.keras.layers.Dense(1)
      11    ]
      12 )
      13
      14 model.compile(optimizer='sgd',
      15               loss='mean_squared_error')
      16
      17 model.fit(xs, ys, epochs=5)
      18
      19 p = model.predict([10.0])
      20
      21 print('p:', p)
```

4 ▶ 버튼을 눌러 프로그램을 실행시킵니다. 다음과 같이 학습이 진행되는 것을 확인합니다.

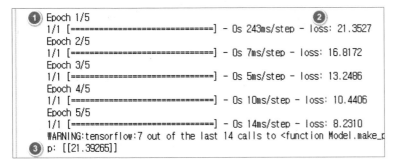

❶ model.fit 함수 내에서 5회 학습이 수행됩니다.

❷ loss는 오차를 나타냅니다. 학습이 진행될수록 오차가 줄어드는 것을 확인합니다. 오차에 대해서는 뒤에
서 자세히 살펴봅니다.

❸ model.predict 함수를 수행한 결과값입니다. 입력값 10.0에 대하여 21.39265를 출력합니다. 우리는 31에 가
까운 값이 출력되기를 기대하고 있습니다.

5 예제를 다음과 같이 수정합니다.

```
123_2.py
```

```
20 : model.fit(xs, ys, epochs=50)
```

20 : 학습을 50회 수행시켜 봅니다.

6 버튼을 눌러 프로그램을 실행시킵니다. 다음은 마지막 5회 학습의 내용입니다.

```
1/1 [==============================] - 0s 6ms/step - loss: 0.0016
Epoch 46/50
1/1 [==============================] - 0s 5ms/step - loss: 0.0013
Epoch 47/50
1/1 [==============================] - 0s 5ms/step - loss: 9.9620e-04
Epoch 48/50
1/1 [==============================] - 0s 6ms/step - loss: 7.9501e-04
Epoch 49/50
1/1 [==============================] - 0s 4ms/step - loss: 6.3650e-04
Epoch 50/50
1/1 [==============================] - 0s 4ms/step - loss: 5.1155e-04
WARNING:tensorflow:8 out of the last 15 calls to <function Model.make_p
p: [[30.94326]]
```

입력값 10.0에 대하여 30.94326를 출력합니다. 31에 충분히 가까운 값이 출력되는 것을 볼 수 있습
니다. 훈련이 진행되면서 손실은 더 작아집니다.

7 예제를 다음과 같이 수정합니다.

```
123_2.py
20 : model.fit(xs, ys, epochs=500)
```

20 : 학습을 500회 수행시켜 봅니다.

8 ▶ 버튼을 눌러 프로그램을 실행시킵니다. 다음은 마지막 5회 학습의 내용입니다.

```
Epoch 496/500
1/1 [==============================] - 0s 5ms/step - loss: 8.3604e-07
Epoch 497/500
1/1 [==============================] - 0s 7ms/step - loss: 8.1895e-07
Epoch 498/500
1/1 [==============================] - 0s 6ms/step - loss: 8.0207e-07
Epoch 499/500
1/1 [==============================] - 0s 17ms/step - loss: 7.8544e-07
Epoch 500/500
1/1 [==============================] - 0s 5ms/step - loss: 7.6956e-07
WARNING:tensorflow:9 out of the last 16 calls to <function Model.make_p
p: [[31.00256]]
```

입력값 10.0에 대하여 31.00256을 출력합니다. 31에 더 가까워진 값이 출력되는 것을 볼 수 있습니다. 학습을 500회 수행했을 때, 31에 충분히 가까운 결과값이 출력되는 것을 볼 수 있습니다. 즉, 여기서 학습시킨 인공 신경망 함수는 Y=3*X + 1 함수를 흉내내는 근사함수입니다. 여기서도 훈련이 진행되면서 손실은 더욱더 작아집니다.

02-6 축하합니다!

믿거나 말거나, 독자 여러분은 ML에 있는 대부분의 개념을 살펴보았습니다. 앞으로 독자 여러분은 훨씬 더 복잡한 데이터에 대해서도 여기서 배운 ML을 사용할 것입니다. 여기서 독자 여러분은 ❶ np.array 함수를 이용하여 X, Y 데이터를 준비해 보고, ❷ tf.keras.Sequential 클래스를 이용하여 인공 신경망을 정의해 보았으며, ❸ model.compile 함수를 호출하여 인공 신경망을 구성해 보았습니다. 그 과정에서 ❹ 손실 함수 mean_squared_error와 ❺ 최적화 함수 sgd를 사용해 보았습니다. 그리고 ❻ model.fit 함수를 호출하여 X, Y 데이터에 대한 학습을 수행해 보았습니다. 마지막으로 ❼ model.predict 함수를 호출하여 새로운 값 10.0 값에 대한 예측을 수행해 보았습니다. 이 과정이 인공 신경망과 관련된 전체적인 과정들입니다. 앞으로 독자 여러분은 이 과정들을 이용하여 복잡한 데이터에 대한 인공 신경망도 다루게 됩니다.

03 _ 인공 신경망과 근사 함수

인공 신경망 함수는 일반적으로 인공 신경망 모델이라고 합니다. 모델은 우리말로 모형을 의미하며, 모형 함수로 이해할 수 있습니다. 모형 함수는 어떤 함수를 흉내내는 함수를 말하며, 근사 함수라고 합니다. 여기서는 독자 여러분이 중·고등학교 때 배운 여러 가지 수학 함수를 인공 신경망을 이용하여 학습시켜 보며 인공 신경망의 근사 함수 특징을 이해해봅니다.

03-1 2차 함수 근사해 보기

여기서는 먼저 다음 2차 함수를 근사하는 인공 신경망 함수를 생성해 봅니다.

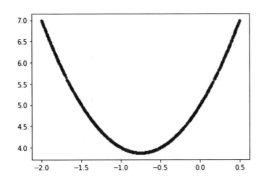 $$y = 2x^2 + 3x + 5 \ (-2 \le x \le 0.5)$$

x 좌표의 범위는 −2에서 0.5까지입니다.

2차 함수 그리기

❶ 다음과 같이 [+ Code] 버튼을 누릅니다. 실행 창의 경계에 마우스 커서를 대면 버튼이 나타납니다.

—〔 + Code 〕—〔 + Text 〕—

❷ 다음과 같이 예제를 작성합니다.

```
131_1.py
01 : import numpy as np
02 : import time
03 : import matplotlib.pyplot as plt
04 :
05 : NUM_SAMPLES = 1000
06 :
```

```
07 : np.random.seed(int(time.time()))
08 :
09 : xs = np.random.uniform(-2, 0.5, NUM_SAMPLES)
10 : np.random.shuffle(xs)
11 : print(xs[:5])
12 :
13 : ys = 2*xs**2 + 3*xs + 5
14 : print(ys[:5])
15 :
16 : plt.plot(xs, ys, 'b.')
17 : plt.show()
```

01 : import문을 이용하여 numpy 모듈을 np라는 이름으로 불러옵니다. 여기서는 numpy 모듈을 이용하여 07, 09, 10, 13 줄에서 x, y 값의 집합을 동시에 처리합니다.

02 : import문을 이용하여 time 모듈을 불러옵니다. 07줄에서 임의 숫자(난수) 생성 초기화에 사용합니다.

03 : import문을 이용하여 matplotlib.pyplot 모듈을 plt라는 이름으로 불러옵니다. 여기서는 matplotlib.pyplot 모듈을 이용하여 16, 17줄에서 그래프를 그립니다.

05 : NUM_SAMPLES 변수를 생성한 후, 1000으로 초기화합니다. NUM_SAMPLES 변수는 생성할 데이터의 개수 값을 가지는 변수입니다.

07 : np.random.seed 함수를 호출하여 임의 숫자 생성을 초기화합니다. time.time 함수를 호출하여 현재 시간을 얻어낸 후, 정수값으로 변환하여 np.random.seed 함수의 인자로 줍니다. 이렇게 하면 현재 시간에 맞춰 임의 숫자 생성이 초기화됩니다.

09 : np.random.uniform 함수를 호출하여 (-2, 0.5) 범위에서 NUM_SAMPLES 만큼의 임의 값을 차례대로 고르게 추출하여 xs 변수에 저장합니다.

10 : np.random.shuffle 함수를 호출하여 임의 추출된 x 값을 섞어줍니다. 이렇게 하면 임의 추출된 x 값의 순서가 뒤섞이게 됩니다. 인공 신경망 학습 시에 데이터는 임의 순서로 입력되는 것이 중요합니다. 데이터가 임의 순서로 입력될 때 모델의 정확도가 높아지기 때문입니다.

11 : print 함수를 호출하여 xs에 저장된 값 중, 앞에서 5개까지 출력합니다. xs[:5]는 xs 목록의 0번 항목부터 시작해서 5번 항목 미만인 4번 항목까지를 의미합니다.

13 : 다음 식을 이용하여 추출된 x 값에 해당하는 y 값을 얻어내어 ys 변수에 저장합니다. y 값도 NUM_SAMPLES 개수만큼 추출됩니다.

$$y = 2x^2 + 3x + 5$$

파이썬에서 *는 곱셈기호, **는 거듭제곱기호를 나타냅니다.

14 : print 함수를 호출하여 ys에 저장된 값 중, 앞에서 5개까지 출력합니다.

16 : plt.plot 함수를 호출하여 xs, ys 좌표 값에 맞추어 그래프를 내부적으로 그립니다. 그래프의 색깔은 파란색으로 그립니다. 'b.'은 파란색을 의미합니다.

17 : plt.show 함수를 호출하여 화면에 그래프를 표시합니다.

3 ▶ 버튼을 눌러 프로그램을 실행시킵니다. 다음은 실행 결과 화면입니다.

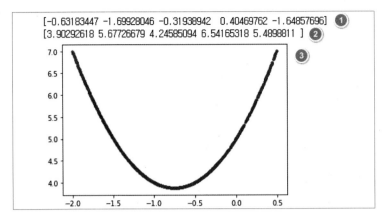

❶ xs에 저장된 값 중 앞에서 5개까지 출력 결과입니다. 이 값은 실행할 때마다 달라집니다.

❷ ys에 저장된 값 중 앞에서 5개까지 출력 결과입니다. 이 값은 실행할 때마다 달라집니다.

❸ $y = 2x^2 + 3x + 5$ 함수의 (−2, 0.5) 범위에서의 그래프입니다.

실제 데이터 생성하기

이번엔 y값을 일정한 범위에서 위아래로 흐뜨려 실제 데이터에 가깝게 만들어 봅니다. 이 과정은 y 값에 잡음을 섞어 실제 데이터에 가깝게 만드는 과정입니다.

▇1 다음과 같이 예제를 수정합니다.

131_2.py

```
01 : import numpy as np
02 : import time
03 : import matplotlib.pyplot as plt
04 :
05 : NUM_SAMPLES = 1000
06 :
07 : np.random.seed(int(time.time()))
08 :
09 : xs = np.random.uniform(-2, 0.5, NUM_SAMPLES)
10 : np.random.shuffle(xs)
11 : print(xs[:5])
12 :
13 : ys = 2*xs**2 + 3*xs + 5
14 : print(ys[:5])
15 :
16 : plt.plot(xs, ys, 'b.')
17 : plt.show()
18 :
19 : ys += 0.1*np.random.randn(NUM_SAMPLES)
20 :
21 : plt.plot(xs, ys, 'g.')
22 : plt.show()
```

19 : np.random.randn 함수를 호출하여 정규분포에 맞춰 임의 숫자를 NUM_SAMPLES의 개수만큼 생성합니다. 정규분포
는 가우스분포라고도 하며, 종모양과 같은 형태의 자연적인 분포 곡선입니다. 예를 들어, 키의 분포나 체중의 분포와
같이 자연적인 분포를 의미합니다.

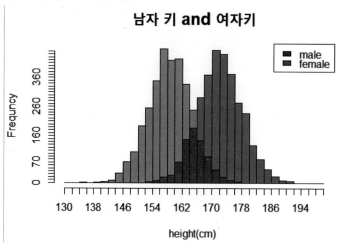

▲ 출처 : https://hsm-edu.tistory.com/1015

생성된 숫자에 0.1을 곱해 ys에 더해줍니다. 이렇게 하면 ys값은 원래 값을 기준으로 상하로 퍼진 형태의 자연스런 값
을 갖게 됩니다.

21 : plt.plot 함수를 호출하여 xs, ys 좌표 값에 맞추어 그래프를 내부적으로 그립니다. 그래프의 색깔은 초록색으로 그립
니다. 'g.'은 초록색을 의미합니다.

22 : plt.show 함수를 호출하여 화면에 그래프를 표시합니다.

2 ▶ 버튼을 눌러 프로그램을 실행시킵니다. 다음은 실행 결과 화면입니다.

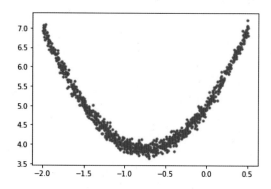

마지막에 표시된 그래프의 모양이 원래 모양에서 상하로 퍼진 형태로 나타나게 됩니다. 여기서 생
성된 데이터는 인공 신경망 학습에 사용되며 원래 곡선에 가까운 근사 곡선을 생성하는 인공 신경망
함수를 만들게 됩니다.

훈련, 실험 데이터 분리하기

여기서는 앞에서 생성한 x, y 데이터를 훈련 데이터와 실험 데이터로 분리해 봅니다. 훈련 데이터는 인공 신경망를 학습시키는데 사용하는 데이터이며, 실험 데이터는 학습이 잘 되었는지 확인하는 데이터로 사용합니다.

1 다음과 같이 예제를 수정합니다.

```
131_3.py
01 : import numpy as np
02 : import time
03 : import matplotlib.pyplot as plt
04 :
05 : NUM_SAMPLES = 1000
06 :
07 : np.random.seed(int(time.time()))
08 :
09 : xs = np.random.uniform(-2, 0.5, NUM_SAMPLES)
10 : np.random.shuffle(xs)
11 : print(xs[:5])
12 :
13 : ys = 2*xs**2 + 3*xs + 5
14 : print(ys[:5])
15 :
16 : plt.plot(xs, ys, 'b.')
17 : plt.show()
18 :
19 : ys += 0.1*np.random.randn(NUM_SAMPLES)
20 :
21 : plt.plot(xs, ys, 'g.')
22 : plt.show()
23 :
24 : NUM_SPLIT = int(0.8*NUM_SAMPLES)
25 :
26 : x_train, x_test = np.split(xs, [NUM_SPLIT])
27 : y_train, y_test = np.split(ys, [NUM_SPLIT])
28 :
29 : plt.plot(x_train, y_train, 'b.', label='train')
30 : plt.plot(x_test, y_test, 'r.', label='test')
31 : plt.legend()
32 : plt.show()
```

24 : NUM_SAMPLES에 0.8을 곱한 후, 정수로 변경하여 NUM_SPLIT 변수에 할당합니다. 현재 예제의 경우 NUM_SPLIT 변수는 800의 값을 가집니다. 1000개의 x, y 데이터 값 중 800개는 훈련 데이터로, 200개는 실험 데이터로 사용합니다.

26 : np.split 함수를 호출하여 1000개의 값을 가진 xs를 800개, 200개로 나누어 각각 x_train, x_test에 할당합니다. x_train 변수는 1000개의 값 중 앞 부분 800개의 값을 할당 받고 x_test 변수는 나머지 200개의 값을 할당받습니다.

27 : np.split 함수를 호출하여 1000개의 값을 가진 ys를 800개, 200개로 나누어 각각 y_train, y_test에 할당합니다. y_train 변수는 1000개의 값 중 앞부분 800개의 값을 할당 받고 y_test 변수는 나머지 200개의 값을 할당받습니다.

29 : plt.plot 함수를 호출하여 x_train, y_train 좌표 값에 맞추어 그래프를 내부적으로 그립니다. 그래프의 색깔은 파란색으로 그립니다. 'b.'은 파란색을 의미합니다. label 매개변수에는 'train' 문자열을 넘겨줍니다. 이 문자열은 31줄에 있는 plt.legend 함수에 의해 그래프에 표시됩니다.

30 : plt.plot 함수를 호출하여 x_test, y_test 좌표 값에 맞추어 그래프를 내부적으로 그립니다. 그래프의 색깔은 빨간색으로 그립니다. 'r.'은 빨간색을 의미합니다. label 매개변수에는 'test' 문자열을 넘겨줍니다. 이 문자열은 31줄에 있는 plt.legend 함수에 의해 그래프에 표시됩니다.

31 : plt.legend 함수를 호출하여 범례를 표시합니다.

32 : plt.show 함수를 호출하여 화면에 그래프를 표시합니다.

2 ▶ 버튼을 눌러 프로그램을 실행시킵니다. 다음은 실행 결과 화면입니다.

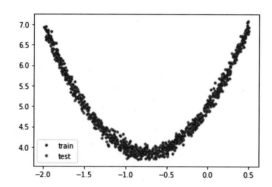

파란색 점은 x_train, y_train의 분포를 나타내며, 빨간색 점은 x_test, y_test의 분포를 나타냅니다. x_train, y_train 데이터는 인공 신경망 학습에 사용되며 원래 곡선에 가까운 근사 곡선을 생성하는 인공 신경망 함수를 만들게 됩니다. x_test, y_test 데이터는 학습이 끝난 인공 신경망 함수를 시험하는데 사용합니다.

인공 신경망 구성하기

이번엔 인공 신경망 함수를 구성한 후, 학습을 수행하지 않은 상태로 시험 데이터를 이용하여 예측을 수행한 후, 그래프를 그려봅니다. 여기서는 다음과 같은 모양의 인공 신경망을 구성합니다. 입력층 xs, 출력층 ys 사이에 단위 인공 신경 16개로 구성된 은닉층 2개를 추가하여 인공 신경망을 구성합니다.

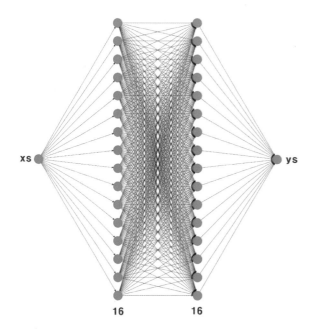

xs ● ys ●

16　　　　**16**

1 다음과 같이 예제를 수정합니다.

131_4.py

```
01 : import numpy as np
02 : import time
03 : import matplotlib.pyplot as plt
04 :
05 : NUM_SAMPLES = 1000
06 :
07 : np.random.seed(int(time.time()))
08 :
09 : xs = np.random.uniform(-2, 0.5, NUM_SAMPLES)
10 : np.random.shuffle(xs)
11 : print(xs[:5])
12 :
13 : ys = 2*xs**2 + 3*xs + 5
14 : print(ys[:5])
15 :
16 : plt.plot(xs, ys, 'b.')
17 : plt.show()
18 :
19 : ys += 0.1*np.random.randn(NUM_SAMPLES)
20 :
21 : plt.plot(xs, ys, 'g.')
22 : plt.show()
23 :
24 : NUM_SPLIT = int(0.8*NUM_SAMPLES)
25 :
26 : x_train, x_test = np.split(xs, [NUM_SPLIT])
```

```
27 : y_train, y_test = np.split(ys, [NUM_SPLIT])
28 :
29 : plt.plot(x_train, y_train, 'b.', label='train')
30 : plt.plot(x_test, y_test, 'r.', label='test')
31 : plt.legend()
32 : plt.show()
33 :
34 : import tensorflow as tf
35 :
36 : model_f = tf.keras.Sequential(
37 :     [
38 :         tf.keras.layers.InputLayer(input_shape=(1,)),
39 :         tf.keras.layers.Dense(16, activation='relu'),
40 :         tf.keras.layers.Dense(16, activation='relu'),
41 :         tf.keras.layers.Dense(1)
42 :     ]
43 : )
44 :
45 : model_f.compile(optimizer='rmsprop',
46 :                 loss='mse')
47 :
48 : p_test = model_f.predict(x_test)
49 :
50 : plt.plot(x_test, y_test, 'b.', label='actual')
51 : plt.plot(x_test, p_test, 'r.', label='predicted')
52 : plt.legend()
53 : plt.show()
```

34　: import문을 이용하여 tensorflow 모듈을 tf라는 이름으로 불러옵니다. tensorflow 모듈은 구글에서 제공하는 인공 신경망 라이브러리입니다.

36~43 : tf.keras.Sequential 클래스를 이용하여 인공 신경망을 생성합니다. 여기서 생성한 인공 신경망의 모양은 다음과 같습니다.

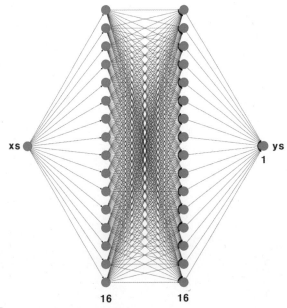

이 신경망은 33(=16+16+1)개의 인공 신경으로 구성됩니다. 입력층에 표시된 노드는 입력값의 개수를 표시하며 나머지 층에 있는 노드는 인공 신경을 나타냅니다. 인공 신경망의 내부 구조는 뒤에서 자세히 살펴봅니다. 생성된 인공 신경망은 일반적으로 모델이라고 합니다. 모델은 모형을 의미하며, 주어진 데이터에 맞추어진 원래 함수를 흉내내는 함수인 근사 함수를 의미합니다. model_f는 모델 함수를 의미하는 변수입니다.

37, 42 : 파이썬의 목록을 나타냅니다.

38 : tf.keras.layers.InputLayer 함수를 이용하여 내부적으로 keras 라이브러리에서 제공하는 tensor를 생성하고, 입력 노드의 개수를 정해줍니다. tensor는 3차원 이상의 행렬식을 의미하며, 인공 신경망 구성시 사용하는 자료형입니다.

39, 40 : tf.keras.layers.Dense 클래스를 이용하여 신경망 층을 생성합니다. 여기서는 각 층별로 단위 인공 신경 16개를 생성합니다. activation은 활성화 함수를 의미하며 여기서는 'relu' 함수를 사용합니다. 다음은 relu 함수를 나타냅니다.

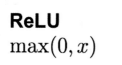 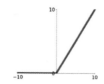

활성화 함수와 'relu' 함수에 대해서는 뒤에서 자세히 살펴보도록 합니다.
여기서 Dense는 내부적으로 y = activation(x*w + b) 식을 생성하게 됩니다. 이 식에 대해서는 뒤에서 실제로 구현해 보며 그 원리를 살펴보도록 합니다.

41 : tf.keras.layers.Dense 클래스를 이용하여 신경망 층을 생성합니다. 여기서는 단위 인공 신경 1개를 생성합니다. 마지막에 생성한 신경망 층은 출력 신경망이 됩니다.

45, 46 : model_f.compile 함수를 호출하여 내부적으로 인공 신경망을 구성합니다. 인공 신경망을 구성할 때에는 적어도 2개의 함수를 정해야 합니다. loss 함수와 optimizer 함수. 즉, 손실 함수와 최적화 함수를 정해야 합니다. 손실 함수와 최적화 함수에 대해서는 뒤에서 자세히 살펴봅니다. 손실 함수로는 mse 함수를 사용하고 최적화 함수는 rmsprop 함수를 사용합니다. mse, rmsprop 함수는 뒤에서 살펴보도록 합니다.

48 : model_f.predict 함수를 호출하여 인공 신경망을 사용해 봅니다. 여기서는 학습을 수행하지 않은 상태에서 인공 신경망 함수에 x_test 값을 주어 그 결과를 예측해 봅니다. 예측한 결과값은 p_test 변수로 받습니다.

50 : plt.plot 함수를 호출하여 x_test, y_test 좌표 값에 맞추어 그래프를 내부적으로 그립니다. 그래프의 색깔은 파란색으로 그립니다. 'b.'은 파란색을 의미합니다. label 매개변수에는 'actual' 문자열을 넘겨줍니다. 이 문자열은 52줄에 있는 plt.legend 함수에 의해 그래프에 표시됩니다.

51 : plt.plot 함수를 호출하여 x_test, p_test 좌표 값에 맞추어 그래프를 내부적으로 그립니다. 그래프의 색깔은 빨간색으로 그립니다. 'r.'은 빨간색을 의미합니다. label 매개변수에는 'predicted' 문자열을 넘겨줍니다. 이 문자열은 52줄에 있는 plt.legend 함수에 의해 그래프에 표시됩니다.

52 : plt.legend 함수를 호출하여 범례를 표시합니다.

53 : plt.show 함수를 호출하여 화면에 그래프를 표시합니다.

2 ▶ 버튼을 눌러 프로그램을 실행시킵니다. 다음은 실행 결과 화면입니다.

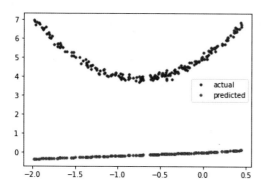

파란색 점은 x_test, y_test의 분포를 나타내며, 빨간색 점은 x_test, p_test의 분포를 나타냅니다. 인공 신경망이 학습을 수행하기 전 상태라 x_test 값에 대한 예측값을 정확히 생성해 내지 못하는 것을 볼 수 있습니다.

이번엔 인공 신경망 함수를 학습 시킨 후, 시험 데이터를 이용하여 예측을 수행하고 그래프를 그려 봅니다.

1 다음과 같이 예제를 수정합니다.

131_5.py

```
01 : import numpy as np
02 : import time
03 : import matplotlib.pyplot as plt
04 :
05 : NUM_SAMPLES = 1000
06 :
07 : np.random.seed(int(time.time()))
08 :
09 : xs = np.random.uniform(-2, 0.5, NUM_SAMPLES)
10 : np.random.shuffle(xs)
11 : print(xs[:5])
12 :
13 : ys = 2*xs**2 + 3*xs + 5
14 : print(ys[:5])
15 :
16 : plt.plot(xs, ys, 'b.')
17 : plt.show()
18 :
19 : ys += 0.1*np.random.randn(NUM_SAMPLES)
20 :
21 : plt.plot(xs, ys, 'g.')
22 : plt.show()
23 :
24 : NUM_SPLIT = int(0.8*NUM_SAMPLES)
25 :
26 : x_train, x_test = np.split(xs, [NUM_SPLIT])
27 : y_train, y_test = np.split(ys, [NUM_SPLIT])
28 :
29 : plt.plot(x_train, y_train, 'b.', label='train')
30 : plt.plot(x_test, y_test, 'r.', label='test')
31 : plt.legend()
32 : plt.show()
33 :
34 : import tensorflow as tf
35 :
36 : model_f = tf.keras.Sequential(
37 :     [
38 :         tf.keras.layers.InputLayer(input_shape=(1,)),
39 :         tf.keras.layers.Dense(16, activation='relu'),
40 :         tf.keras.layers.Dense(16, activation='relu'),
41 :         tf.keras.layers.Dense(1)
```

```
42 :     ]
43 : )
44 :
45 : model_f.compile(optimizer='rmsprop',
46 :                  loss='mse')
47 :
48 : p_test = model_f.predict(x_test)
49 :
50 : plt.plot(x_test, y_test, 'b.', label='actual')
51 : plt.plot(x_test, p_test, 'r.', label='predicted')
52 : plt.legend()
53 : plt.show()
54 :
55 : model_f.fit(x_train, y_train, epochs=600)
56 :
57 : p_test = model_f.predict(x_test)
58 :
59 : plt.plot(x_test, y_test, 'b.', label='actual')
60 : plt.plot(x_test, p_test, 'r.', label='predicted')
61 : plt.legend()
62 : plt.show()
```

55 : model_f.fit 함수를 호출하여 인공 신경망에 대한 학습을 시작합니다. fit 함수에는 x_train, y_train 데이터가 입력이 되는데 인공 신경망을 x_train, y_train 데이터에 맞도록 학습한다는 의미를 갖습니다. 즉, x_train, y_train 데이터에 맞도록 인공 신경망을 조물조물, 주물주물 학습한다는 의미입니다. fit 함수에는 학습을 몇 회 수행할지도 입력해 줍니다. epochs는 학습 횟수를 의미하며, 여기서는 600회 학습을 수행하도록 합니다. 일반적으로 학습 횟수에 따라 인공 신경망 근사 함수가 정확해 집니다.

57 : model_f.predict 함수를 호출하여 인공 신경망을 사용합니다. 여기서는 학습이 끝난 인공 신경망 함수에 x_test 값을 주어 그 결과를 예측해 봅니다. 예측한 결과값은 p_test 변수로 받습니다.

59~62 : 50~53줄에서와 같은 방법으로 그래프를 그립니다.

2 ▶ 버튼을 눌러 프로그램을 실행시킵니다. 다음은 실행 결과 화면입니다.

```
Epoch 596/600
25/25 [==============================] - 0s 1ms/step - loss: 0.0114
Epoch 597/600
25/25 [==============================] - 0s 1ms/step - loss: 0.0109
Epoch 598/600
25/25 [==============================] - 0s 2ms/step - loss: 0.0112
Epoch 599/600
25/25 [==============================] - 0s 1ms/step - loss: 0.0108
Epoch 600/600
25/25 [==============================] - 0s 1ms/step - loss: 0.0095
```

파란색 점은 x_test, y_test의 분포를 나타내며, 빨간색 점은 x_test, p_test의 분포를 나타냅니다. 인공 신경망이 학습을 수행한 이후에는 x_test 값에 대한 예측값을 실제 함수에 근사해서 생성해 내는 것을 볼 수 있습니다.

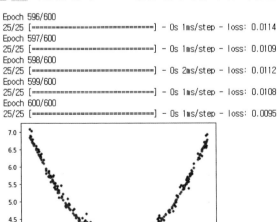

03-2 5차 함수 근사해 보기

이번에는 다음과 같은 5차 함수를 근사하도록 인공 신경망 함수를 학습시켜 봅니다.

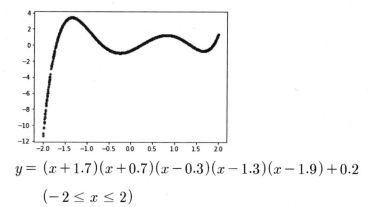

$$y = (x+1.7)(x+0.7)(x-0.3)(x-1.3)(x-1.9) + 0.2$$

$$(-2 \leq x \leq 2)$$

x 좌표의 범위는 −2에서 2까지입니다.

1 이전 예제의 09줄을 다음과 같이 수정합니다.

```
131_5.py
09 : xs = np.random.uniform(-2, 2, NUM_SAMPLES)
```

09 : np.random.uniform 함수를 호출하여 (−2, 2) 범위에서 NUM_SAMPLES 만큼의 임의 값을 차례대로 고르게 추출하여 xs 변수에 저장합니다.

2 계속해서 13줄을 다음과 같이 수정합니다.

```
131_5.py
13 : ys = (xs+1.7)*(xs+0.7)*(xs-0.3)*(xs-1.3)*(xs-1.9)+0.2
```

13 : 다음 식을 이용하여 추출된 x 값에 해당하는 y 값을 얻어내어 ys 변수에 저장합니다. y 값도 NUM_SAMPLES 개수만큼 추출됩니다.

$$y = (x+1.7)(x+0.7)(x-0.3)(x-1.3)(x-1.9) + 0.2$$

3 ▶ 버튼을 눌러 프로그램을 실행시킵니다. 다음은 실행 결과 화면입니다.

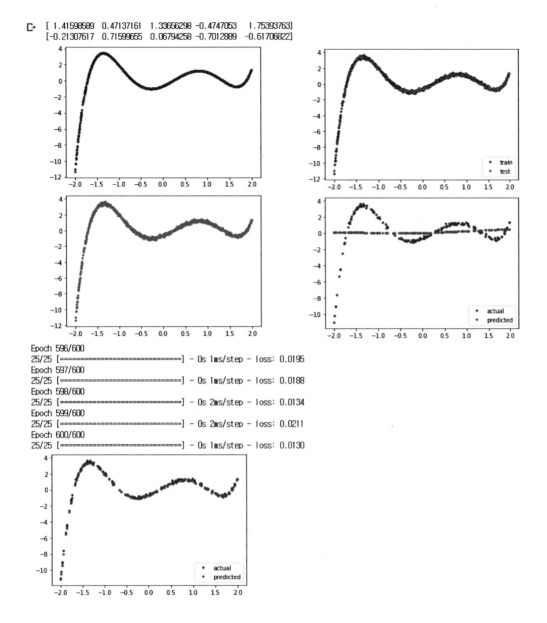

```
[  1.41598589  0.47137161  1.33656298 -0.4747053   1.75393763]
[-0.21307617  0.71599655  0.06794258 -0.7012889  -0.61706822]
```

```
Epoch 596/600
25/25 [==============================] - 0s 1ms/step - loss: 0.0195
Epoch 597/600
25/25 [==============================] - 0s 1ms/step - loss: 0.0188
Epoch 598/600
25/25 [==============================] - 0s 2ms/step - loss: 0.0134
Epoch 599/600
25/25 [==============================] - 0s 2ms/step - loss: 0.0211
Epoch 600/600
25/25 [==============================] - 0s 1ms/step - loss: 0.0130
```

인공 신경망이 학습을 수행한 이후에는 x_test 값에 대한 예측값을 실제 함수에 근사해서 생성해 내는 것을 볼 수 있습니다.

03-3 다양한 함수 근사해 보기

여기서는 독자 여러분이 이전과 같이 예제를 수정해 가며, 중 · 고등학교 때 배운 함수들을 인공 신경망을 학습시켜 근사시켜 봅니다.

분수 함수 근사해 보기

다음은 분수 함수에 대한 그래프와 인공 신경망 학습 후, 예측 그래프입니다.

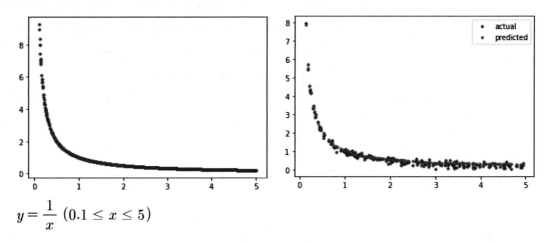

$$y = \frac{1}{x} \ (0.1 \leq x \leq 5)$$

x 좌표의 범위는 0.1에서 5까지입니다. 분수함수의 경우 x 값 0에 대해 정의되지 않습니다.

이전 예제를 다음과 같이 수정한 후, 테스트를 수행합니다.

```
131_5.py
09 : xs = np.random.uniform(0.1, 5, NUM_SAMPLES)

13 : ys = 1.0/xs
```

sin 함수 근사해 보기

다음은 sin 함수에 대한 그래프와 인공 신경망 학습 후, 예측 그래프입니다.

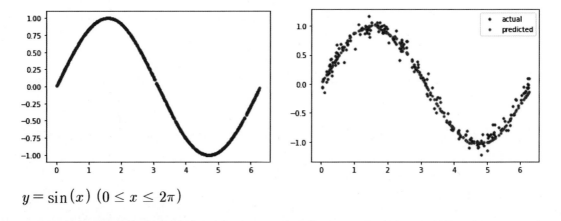

$$y = \sin(x) \ (0 \leq x \leq 2\pi)$$

x 좌표의 범위는 0에서 2π까지입니다.

이전 예제를 다음과 같이 수정한 후, 테스트를 수행합니다.

```
09 : xs = np.random.uniform(0, 2*np.pi, NUM_SAMPLES)

13 : ys = np.sin(xs)
```

tanh 함수 근사해 보기

다음은 tanh 함수에 대한 그래프와 인공 신경망 학습 후, 예측 그래프입니다.

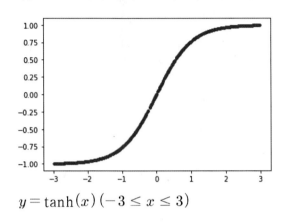 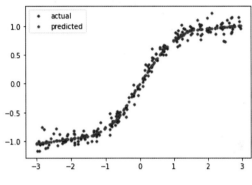

$$y = \tanh(x)\,(-3 \le x \le 3)$$

x 좌표의 범위는 -3에서 3까지입니다.

이전 예제를 다음과 같이 수정한 후, 테스트를 수행합니다.

131_5.py

```
09 : xs = np.random.uniform(-3, 3, NUM_SAMPLES)

13 : ys = np.tanh(xs)
```

※ tanh 함수는 인공 신경망의 활성화 함수로 사용하는 함수중 하나입니다.

e 지수함수 근사해 보기

다음은 e 지수 함수에 대한 그래프와 인공 신경망 학습 후, 예측 그래프입니다.

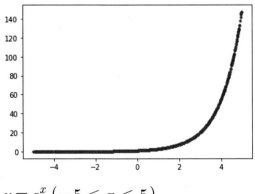 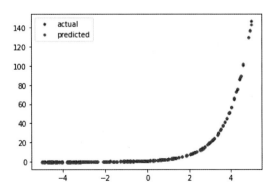

$$y = e^x\,(-5 \le x \le 5)$$

x 좌표의 범위는 -5에서 5까지입니다.

이전 예제를 다음과 같이 수정한 후, 테스트를 수행합니다.

```
131_5.py

09 : xs = np.random.uniform(-5, 5, NUM_SAMPLES)

13 : ys = np.exp(xs)
```

sigmoid 함수 근사해 보기

다음은 sigmoid 함수에 대한 그래프와 인공 신경망 학습 후, 예측 그래프입니다.

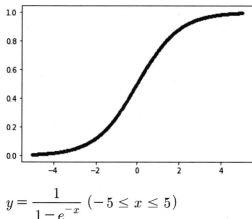 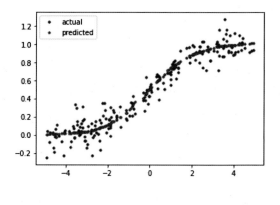

$$y = \frac{1}{1 - e^{-x}} \ (-5 \leq x \leq 5)$$

x 좌표의 범위는 -5에서 5까지입니다.

이전 예제를 다음과 같이 수정한 후, 테스트를 수행합니다.

```
131_5.py

09 : xs = np.random.uniform(-5, 5, NUM_SAMPLES)

13 : ys = 1.0/(1.0+np.exp(-xs))
```

※ sigmoid 함수는 인공 신경망의 활성화 함수로 사용하는 함수중 하나입니다.

로그함수 근사해 보기

다음은 로그 함수에 대한 그래프와 인공 신경망 학습 후, 예측 그래프입니다.

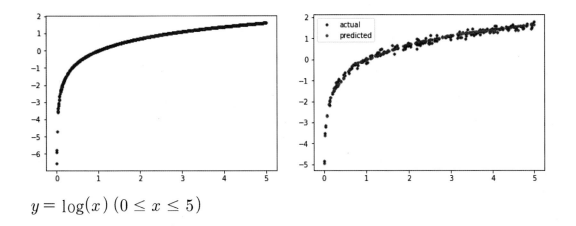

$$y = \log(x)\,(0 \le x \le 5)$$

x 좌표의 범위는 0에서 5까지입니다. log함수의 경우 음수 x 값에 대해 정의되지 않습니다.
이전 예제를 다음과 같이 수정한 후, 테스트를 수행합니다.

```
131_5.py
09 : xs = np.random.uniform(0, 5, NUM_SAMPLES)

13 : ys = np.log(xs)
```

제곱근 함수 근사해 보기

다음은 제곱근 함수에 대한 그래프와 인공 신경망 학습 후, 예측 그래프입니다.

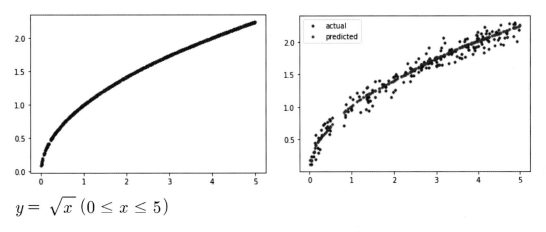

$$y = \sqrt{x}\,(0 \le x \le 5)$$

x 좌표의 범위는 0.1에서 5까지입니다. 제곱근함수의 경우 음수 x 값에 대해 정의되지 않습니다.
이전 예제를 다음과 같이 수정한 후, 테스트를 수행합니다.

```
131_5.py
09 : xs = np.random.uniform(0, 2*np.pi, NUM_SAMPLES)

13 : ys = np.sqrt(xs)
```

relu 함수 근사해 보기

다음은 relu 함수에 대한 그래프와 인공 신경망 학습 후, 예측 그래프입니다.

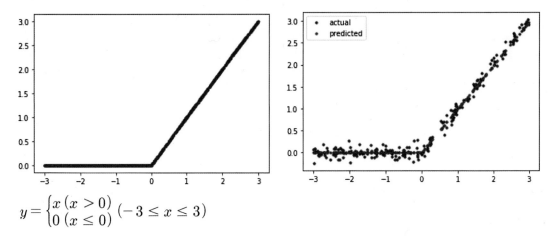

$$y = \begin{cases} x\,(x > 0) \\ 0\,(x \le 0) \end{cases} (-3 \le x \le 3)$$

x 좌표의 범위는 -3에서 3까지입니다.

이전 예제를 다음과 같이 수정한 후, 테스트를 수행합니다.

131_5.py

```
09 : xs = np.random.uniform(-3, 3, NUM_SAMPLES)

13 : def relu(x) :
14 :     return np.maximum(x, 0)
15 :
16 : ys = relu(xs)
```

※ relu 함수는 인공 신경망의 활성화 함수로 사용하는 함수중 하나입니다.

이상에서 독자 여러분이 중·고등학교 때 배운 함수들에 대해 인공 신경망을 학습시켜 근사 함수를 만들어 보았습니다. 실제로 인공 신경망 함수는 앞에서 살펴본 함수로 표현하기 어려운 복잡한 형태의 입출력 데이터에 대한 근사 함수를 만들 때 사용합니다. 예를 들어, 자동차 번호판을 인식하는 함수라든지 사람이나 자동차를 인식하는 함수를 만들 때 사용합니다.

03-4 인공 신경망 소스 살펴보기

다음은 지금까지 실습한 인공 신경망 관련 루틴을 정리한 내용입니다.

```
01 : import numpy as np
02 : import time
03 : import matplotlib.pyplot as plt
04 :
05 : NUM_SAMPLES = 1000
06 :
07 : np.random.seed(int(time.time()))
08 :
09 : xs = np.random.uniform(0.1, 5, NUM_SAMPLES)
10 : np.random.shuffle(xs)
11 :
12 : ys = 1.0/xs
13 :
14 : ys += 0.1*np.random.randn(NUM_SAMPLES)
15 :
16 : NUM_SPLIT = int(0.8*NUM_SAMPLES)
17 :
18 : x_train, x_test = np.split(xs, [NUM_SPLIT])
19 : y_train, y_test = np.split(ys, [NUM_SPLIT])
20 :
21 : import tensorflow as tf
22 :
23 : model_f = tf.keras.Sequential(
24 :     [
25 :         tf.keras.layers.InputLayer(input_shape=(1,)),
26 :         tf.keras.layers.Dense(16, activation='relu'),
27 :         tf.keras.layers.Dense(16, activation='relu'),
28 :         tf.keras.layers.Dense(1)
29 :     ]
30 : )
31 :
32 : model_f.compile(optimizer='sgd',
33 :             loss='mean_squared_error')
34 :
35 : model_f.fit(x_train, y_train, epochs=600)
36 :
37 : p_test = model_f.predict(x_test)
38 :
39 : plt.plot(x_test, y_test, 'b.', label='actual')
40 : plt.plot(x_test, p_test, 'r.', label='predicted')
41 : plt.legend()
42 : plt.show()
```

05~14 : 인공 신경망 학습에 사용할 데이터를 생성합니다.

16~19 : 데이터를 훈련 데이터와 실험 데이터로 나눕니다.

23~30 : 인공 신경망 구성에 필요한 입력층, 은닉층, 출력층을 구성합니다.

32~33 : 인공 신경망 내부 망을 구성하고, 학습에 필요한 오차함수, 최적화함수를 설정합니다.

35   : 인공 신경망을 학습시킵니다.

37   : 학습시킨 인공 신경망을 이용하여 새로 들어온 데이터에 대한 예측을 수행합니다.

04 _ 딥러닝 활용 맛보기

앞에서 우리는 중·고등학교 때 배운 함수들에 대해 인공 신경망을 학습시켜 근사 함수를 만들어 보았습니다. 실제로 인공 신경망 함수는 이러한 함수들로 표현하기 어려운 복잡한 형태의 입출력 데이터에 대한 근사 함수를 만들 때 사용합니다. 여기서는 인공 신경망을 학습시켜 숫자와 그림을 인식해 보도록 합니다. 일반적으로 인공 신경망 관련된 책에서 소개되는 예제를 수행해 보며, 인공 신경망이 어떻게 활용되는 지 살펴봅니다.

04-1 딥러닝 활용 예제 살펴보기

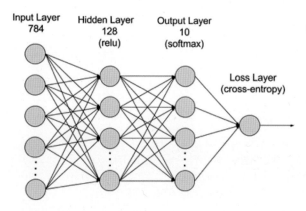

여기서는 MNIST라고 하는 손글씨 숫자 데이터를 입력받아 학습을 수행하는 예제를 살펴봅니다. 여기서 소개하는 예제의 경우 독자 여러분은 구체적으로 어떤 데이터가 사용되는지 알기 어렵습니다. 데이터에 대해서는 다음 단원에서 자세히 살펴보도록 합니다. 여기서는 딥러닝 예제의 기본적인 구조를 살펴보도록 합니다. 다음과 같은 모양의 인공 신경망을 구성하고 학습시켜 봅니다.

1 다음과 같이 예제를 작성합니다.

```
141_1.py
01 : import tensorflow as tf
02 :
03 : mnist = tf.keras.datasets.mnist
04 :
05 : (x_train, y_train), (x_test, y_test) = mnist.load_data()
06 : x_train, x_test = x_train / 255.0, x_test / 255.0
07 : x_train, x_test = x_train.reshape((60000, 784)), x_test.reshape((10000, 784))
08 :
09 : model = tf.keras.Sequential([
10 :     tf.keras.layers.InputLayer(input_shape=(784,)),
11 :     tf.keras.layers.Dense(128, activation='relu'),
12 :     tf.keras.layers.Dense(10, activation='softmax')
13 : ])
14 :
15 : model.compile(optimizer='adam',
16 :               loss='sparse_categorical_crossentropy',
17 :               metrics=['accuracy'])
18 :
19 : model.fit(x_train, y_train, epochs=5)
20 :
21 : model.evaluate(x_test, y_test)
```

01 : import문을 이용하여 tensorflow 모듈을 tf라는 이름으로 불러옵니다. tensorflow 모듈은 구글에서 제공하는 인공
신경망 라이브러리입니다.

03 : mnist 변수를 생성한 후, tf.keras.datasets.mnist 모듈을 가리키게 합니다. mnist 모듈은 손글씨 숫자 데이터를 가
진 모듈입니다. mnist 모듈에는 6만개의 학습용 손글씨 숫자 데이터와 1만개의 시험용 손글씨 숫자 데이터가 있
습니다. 이 데이터들에 대해서는 다음 단원에서 자세히 살펴봅니다.

05 : mnist.load_data 함수를 호출하여 손글씨 숫자 데이터를 읽어와 x_train, y_train, x_test, y_test 변수가 가리키게
합니다. x_train, x_test 변수는 각각 6만개의 학습용 손글씨 숫자 데이터와 1만개의 시험용 손글씨 숫자 데이터를
가리킵니다. y_train, y_test 변수는 각각 6만개의 학습용 손글씨 숫자 라벨과 1만개의 시험용 손글씨 숫자 라벨을
가리킵니다. 예를 들어 x_train[0], y_train[0] 항목은 각각 다음과 같은 손글씨 숫자 5에 대한 그림과 라벨 5를 가
리킵니다.

또, x_test[0], y_test[0] 항목은 각각 다음과 같은 손글씨 숫자 7에 대한 그림과 라벨 7을 가리킵니다.

06 : x_train, x_test 변수가 가리키는 6만개, 1만개의 그림은 각각 28x28 픽셀로 구성된 그림이며, 1픽셀의 크기는 8비
트로 0에서 255사이의 숫자를 가집니다. 모든 픽셀의 숫자를 255.0으로 나누어 각 픽셀을 0.0에서 1.0사이의 실
수로 바꾸어 인공 신경망에 입력하게 됩니다. 다음은 x_train[0] 그림의 픽셀값을 출력한 그림입니다.

```
0 0 0 0 0 0 0 0 0 0 0 0 0 0 0 0 0 0 0 0 0 0 0 0 0 0 0 0
0 0 0 0 0 0 0 0 0 0 0 0 0 0 0 0 0 0 0 0 0 0 0 0 0 0 0 0
0 0 0 0 0 0 0 0 0 0 0 0 0 0 0 0 0 0 0 0 0 0 0 0 0 0 0 0
0 0 0 0 0 0 0 0 0 3 18 18 18 126 136 175 26 166 255 247 127 0 0 0 0 0 0 0
0 0 0 0 0 0 0 30 36 94 154 170 253 253 253 253 253 225 172 253 242 195 64 0 0 0 0 0
0 0 0 0 0 0 49 238 253 253 253 253 253 253 253 251 93 82 82 56 39 0 0 0 0 0 0 0
0 0 0 0 0 0 18 219 253 253 253 253 253 198 182 247 241 0 0 0 0 0 0 0 0 0 0 0
0 0 0 0 0 0 0 80 156 107 253 253 205 11 0 43 154 0 0 0 0 0 0 0 0 0 0 0
0 0 0 0 0 0 0 0 14 1 154 253 90 0 0 0 0 0 0 0 0 0 0 0 0 0 0 0
0 0 0 0 0 0 0 0 0 139 253 190 2 0 0 0 0 0 0 0 0 0 0 0 0 0 0 0
0 0 0 0 0 0 0 0 0 11 190 253 70 0 0 0 0 0 0 0 0 0 0 0 0 0 0 0
0 0 0 0 0 0 0 0 0 0 35 241 225 160 108 1 0 0 0 0 0 0 0 0 0 0 0 0
0 0 0 0 0 0 0 0 0 0 0 81 240 253 253 119 25 0 0 0 0 0 0 0 0 0 0 0
0 0 0 0 0 0 0 0 0 0 0 0 45 186 253 253 150 27 0 0 0 0 0 0 0 0 0 0
0 0 0 0 0 0 0 0 0 0 0 0 0 16 93 252 253 187 0 0 0 0 0 0 0 0 0 0
0 0 0 0 0 0 0 0 0 0 0 0 0 0 0 249 253 249 64 0 0 0 0 0 0 0 0 0
0 0 0 0 0 0 0 0 0 0 0 46 130 183 253 253 207 2 0 0 0 0 0 0 0 0 0 0
0 0 0 0 0 0 0 0 0 39 148 229 253 253 253 250 182 0 0 0 0 0 0 0 0 0 0 0
0 0 0 0 0 0 0 24 114 221 253 253 253 253 201 78 0 0 0 0 0 0 0 0 0 0 0 0
0 0 0 0 0 0 23 66 213 253 253 253 253 198 81 2 0 0 0 0 0 0 0 0 0 0 0 0
0 0 0 0 0 18 171 219 253 253 253 253 195 80 9 0 0 0 0 0 0 0 0 0 0 0 0 0
0 0 0 0 55 172 226 253 253 253 253 244 133 11 0 0 0 0 0 0 0 0 0 0 0 0 0 0
0 0 0 0 136 253 253 253 212 135 132 16 0 0 0 0 0 0 0 0 0 0 0 0 0 0 0 0
0 0 0 0 0 0 0 0 0 0 0 0 0 0 0 0 0 0 0 0 0 0 0 0 0 0 0 0
0 0 0 0 0 0 0 0 0 0 0 0 0 0 0 0 0 0 0 0 0 0 0 0 0 0 0 0
0 0 0 0 0 0 0 0 0 0 0 0 0 0 0 0 0 0 0 0 0 0 0 0 0 0 0 0
```

07 : x_train, x_test 변수가 가리키는 6만개, 1만개의 그림은 각각 28×28 픽셀, 28×28 픽셀로 구성되어 있습니다. 이 예제에서 소개하는 인공 신경망의 경우 그림 데이터를 입력할 때 28×28 픽셀을 784(=28×28) 픽셀로 일렬로 세워서 입력하게 됩니다. 그래서 10줄에 있는 Input 클래스는 일렬로 세워진 784 픽셀을 입력으로 받도록 구성됩니다.

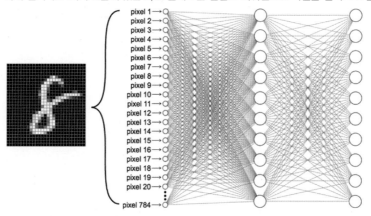

▲ 출처 _ https://www.kdnuggets.com/2019/11/designing-neural-networks.html

09~13 : tf.keras.Sequential 클래스를 이용하여 인공 신경망을 생성합니다. 여기서 생성한 인공 신경망은 138(=128+10)개의 인공 신경으로 구성됩니다. 입력층에 표시된 노드는 입력값의 개수를 표시하며 나머지 층에 있는 노드는 인공 신경을 나타냅니다. 인공 신경망의 내부 구조는 뒤에서 자세히 살펴봅니다. 생성된 인공 신경망은 일반적으로 모델이라고 합니다. 모델은 모형을 의미하며, 주어진 데이터에 맞추어진 원래 함수를 흉내내는 함수인 근사함수를 의미합니다. 여기서는 손글씨 숫자를 구분하는 근사함수입니다.

10 : tf.keras.layers.InputLayer 함수를 이용하여 내부적으로 keras 라이브러리에서 제공하는 tensor를 생성하고, 입력 노드의 개수를 정해줍니다. tensor는 3차원 이상의 행렬식을 의미하며, 인공 신경망 구성시 사용하는 자료형입니다. 여기서는 784개의 입력 노드를 생성합니다.

11 : tf.keras.layers.Dense 클래스를 이용하여 신경망 층을 생성합니다. 여기서는 단위 인공 신경 128개를 생성합니다. activation은 활성화 함수를 의미하며 여기서는 'relu' 함수를 사용합니다. 다음은 relu 함수를 나타냅니다.

활성화 함수와 'relu' 함수에 대해서는 뒤에서 자세히 살펴보도록 합니다.

여기서 Dense는 내부적으로 y = activation(x*w + b) 식을 생성하게 됩니다. 이 식에 대해서는 뒤에서 실제로 구현해 보며 그 원리를 살펴보도록 합니다.

12   : tf.keras.layers.Dense 클래스를 이용하여 신경망 층을 생성합니다. 여기서는 단위 인공 신경 10개를 생성합니다. activation은 활성화 함수를 의미하며 여기서는 'softmax' 함수를 사용합니다. 다음은 softmax 함수를 나타냅니다.

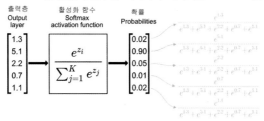

활성화 함수와 'softmax' 함수에 대해서는 뒤에서 자세히 살펴보도록 합니다.

15~17 : model.compile 함수를 호출하여 내부적으로 인공 신경망을 구성합니다. 인공 신경망을 구성할 때에는 적어도 2개의 함수를 정해야 합니다. loss 함수와 optimizer 함수. 즉, 손실 함수와 최적화 함수를 정해야 합니다. 손실 함수와 최적화 함수에 대해서는 뒤에서 자세히 살펴봅니다. 손실 함수로는 sparse_categorical_crossentropy 함수를 사용하고 최적화 함수는 adam 함수를 사용합니다. sparse_categorical_crossentropy, adam 함수는 뒤에서 살펴보도록 합니다. fit 함수 로그에는 기본적으로 손실값만 표시됩니다. metrics 매개 변수는 학습 측정 항목 함수를 전달할 때 사용합니다. 'accuracy'는 학습의 정확도를 출력해 줍니다.

19   : model.fit 함수를 호출하여 인공 신경망에 대한 학습을 시작합니다. fit 함수에는 x_train, y_train 데이터가 입력이 되는데 인공 신경망을 x_train, y_train 데이터에 맞도록 학습한다는 의미를 갖습니다. 즉, x_train, y_train 데이터에 맞도록 인공 신경망을 조물조물, 주물주물 학습한다는 의미입니다. fit 함수에는 학습을 몇 회 수행할지도 입력해 줍니다. epochs는 학습 횟수를 의미하며, 여기서는 5회 학습을 수행하도록 합니다. 일반적으로 학습 횟수에 따라 인공 신경망 근사 함수가 정확해 집니다.

21   : model.evaluate 함수를 호출하여 인공 신경망의 학습 결과를 평가합니다. 여기서는 학습이 끝난 인공 신경망 함수에 x_test 값을 주어 학습 결과를 평가해 봅니다.

2 ▶ 버튼을 눌러 프로그램을 실행시킵니다. 다음은 실행 결과 화면입니다.

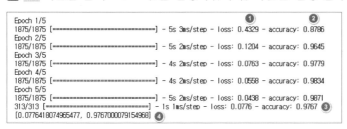

❶ 손실 함수에 의해 측정된 오차 값을 나타냅니다. 학습 회수가 늘어남에 따라 오차 값이 줄어듭니다.

❷ 학습 진행에 따른 정확도가 표시됩니다. 처음에 87.86%에서 시작해서 마지막엔 98.71%의 정확도로 학습이 끝납니다. 즉, 100개의 손글씨가 있다면 98.71개를 맞춘다는 의미입니다.

❸ 학습이 끝난 후에, evalueate 함수로 시험 데이터를 평가한 결과입니다. 손실값이 늘어났고, 정확도가 97.67%로 약간 떨어진 상태입니다.

❹ 평가한 결과가 표시됩니다.

✎ 연 습 문 제

[문제] 학습 회수를 다음과 같이 50회로 늘려 정확도를 개선해 봅니다.

```
19 : model.fit(x_train, y_train, epochs=50)
```

04-2 손글씨 숫자 인식 예제 살펴보기

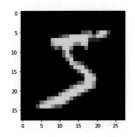

여기서는 앞에서 전체적으로 실행해 본 예제를 단계별로 살펴봅니다. 즉, 입력 데이터의 모양도 살펴보고 학습을 수행한 후, 학습에 사용하지 않은 손글씨 숫자를 얼마나 잘 인식하는지 살펴봅니다. 또 잘못 인식한 숫자를 독자 여러분이 직접 화면에 그려보며, 인공 신경망의 인식 성능을 확인해 봅니다.

데이터 모양 살펴보기

여기서는 먼저 MNIST 손글씨 숫자 데이터의 개수와 형식을 살펴보도록 합니다.

■ 다음과 같이 예제를 작성합니다.

```
142_1.py

01 : import tensorflow as tf
02 :
03 : mnist = tf.keras.datasets.mnist
04 :
05 : (x_train, y_train),(x_test, y_test) = mnist.load_data()
06 : print(" x_train:%s y_train:%s x_test:%s y_test:%s "%(
07 :     x_train.shape, y_train.shape, x_test.shape, y_test.shape))
```

01 : import문을 이용하여 tensorflow 모듈을 tf라는 이름으로 불러옵니다. tensorflow 모듈은 구글에서 제공하는 인공 신경망 라이브러리입니다.

03 : mnist 변수를 생성한 후, tf.keras.datasets.mnist 모듈을 가리키게 합니다. mnist 모듈은 손글씨 숫자 데이터를 가진 모듈입니다. mnist 모듈에는 6만개의 학습용 손글씨 숫자 데이터와 1만개의 시험용 손글씨 숫자 데이터가 있습니다. 이 데이터들에 대해서는 다음 단원에서 자세히 살펴봅니다.

05 : mnist.load_data 함수를 호출하여 손글씨 숫자 데이터를 읽어와 x_train, y_train, x_test, y_test 변수가 가리키게 합니다.

06, 07 : print 함수를 호출하여 x_train, y_train, x_test, y_test의 데이터 모양을 출력합니다.

2 ▶ 버튼을 눌러 프로그램을 실행시킵니다. 다음은 실행 결과 화면입니다.

```
x_train:(60000, 28, 28) y_train:(60000,) x_test:(10000, 28, 28) y_test:(10000,)
```

x_train, y_train 변수는 각각 6만개의 학습용 손글씨 숫자 데이터와 숫자 라벨을 가리킵니다. x_test, y_test 변수는 각각 1만개의 시험용 손글씨 숫자 데이터와 숫자 라벨을 가리킵니다. x_train, x_test 변수가 가리키는 6만개, 1만개의 그림은 각각 28x28 픽셀, 28x28 픽셀로 구성되어 있습니다.

학습 데이터 그림 그려보기

여기서는 학습용 데이터의 그림을 화면에 출력해 봅니다.

1 다음과 같이 예제를 수정합니다.

142_2.py

```python
01 : import tensorflow as tf
02 :
03 : mnist = tf.keras.datasets.mnist
04 :
05 : (x_train, y_train),(x_test, y_test) = mnist.load_data()
06 : print( " x_train:%s y_train:%s x_test:%s y_test:%s " %(
07 :     x_train.shape, y_train.shape, x_test.shape, y_test.shape))
08 :
09 : import matplotlib.pyplot as plt
10 :
11 : plt.figure()
12 : plt.imshow(x_train[0])
13 : plt.show()
```

09 : import문을 이용하여 matplotlib.pyplot 모듈을 plt라는 이름으로 불러옵니다. 여기서는 matplotlib.pyplot 모듈을 이용하여 11~13줄에서 그래프를 그립니다.

11 : plt.figure 함수를 호출하여 새로운 그림을 만들 준비를 합니다. figure 함수는 내부적으로 그림을 만들고 편집할 수 있게 해 주는 함수입니다.

12 : plt.imshow 함수를 호출하여 x_train[0] 항목의 그림을 내부적으로 그립니다.

13 : plt.show 함수를 호출하여 내부적으로 그린 그림을 화면에 그립니다.

2 ▶ 버튼을 눌러 프로그램을 실행시킵니다. 다음은 실행 결과 화면입니다.

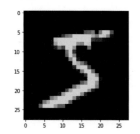 x_train[0] 항목의 손글씨 숫자 그림은 5입니다.

그림 픽셀 값 출력해 보기

여기서는 앞에서 출력한 그림의 픽셀 값을 출력해 봅니다.

1 다음과 같이 예제를 수정합니다.

```
142_3.py
01 : import tensorflow as tf
02 :
03 : mnist = tf.keras.datasets.mnist
04 :
05 : (x_train, y_train),(x_test, y_test) = mnist.load_data()
06 : print( " x_train:%s y_train:%s x_test:%s y_test:%s " %(
07 :     x_train.shape, y_train.shape, x_test.shape, y_test.shape))
08 :
09 : import matplotlib.pyplot as plt
10 :
11 : plt.figure()
12 : plt.imshow(x_train[0])
13 : plt.show()
14 :
15 : for y in range(28):
16 :   for x in range(28):
17 :     print( " %4s " %x_train[0][y][x],end=' ' )
18 : print()
```

15 : 그림의 세로 28 줄에 대해
16 : 그림의 가로 28 픽셀에 대해
17 : 각 픽셀값을 출력합니다.

2 ▶ 버튼을 눌러 프로그램을 실행시킵니다. 다음은 실행 결과 화면입니다.

각 픽셀의 값이 0~255 사이의 값에서 출력되는 것을 확인합니다.

```
0 0 0 0 0 0 0 0 0 0 0 0 0 0 0 0 0 0 0 0 0 0 0 0 0 0 0 0
0 0 0 0 0 0 0 0 0 0 0 0 0 0 0 0 0 0 0 0 0 0 0 0 0 0 0 0
0 0 0 0 0 0 0 0 0 0 0 0 0 0 0 0 0 0 0 0 0 0 0 0 0 0 0 0
0 0 0 0 0 0 0 0 0 0 0 0 0 0 0 0 0 0 0 0 0 0 0 0 0 0 0 0
0 0 0 0 0 0 0 0 0 0 0 0 0 3 18 18 18 126 136 175 26 166 255 247 127 0 0 0
0 0 0 0 0 0 0 30 36 94 154 170 253 253 253 253 253 225 172 253 242 195 64 0 0 0
0 0 0 0 0 0 49 238 253 253 253 253 253 253 253 253 251 93 82 82 56 39 0 0 0 0
0 0 0 0 0 0 18 219 253 253 253 253 253 198 182 247 241 0 0 0 0 0 0 0 0 0
0 0 0 0 0 0 0 80 156 107 253 253 205 11 0 43 154 0 0 0 0 0 0 0 0 0
0 0 0 0 0 0 0 0 14 1 154 253 90 0 0 0 0 0 0 0 0 0 0 0 0 0
0 0 0 0 0 0 0 0 0 139 253 190 2 0 0 0 0 0 0 0 0 0 0 0 0 0
0 0 0 0 0 0 0 0 0 11 190 253 70 0 0 0 0 0 0 0 0 0 0 0 0 0
0 0 0 0 0 0 0 0 0 0 35 241 225 160 108 1 0 0 0 0 0 0 0 0 0 0
0 0 0 0 0 0 0 0 0 0 0 81 240 253 253 119 25 0 0 0 0 0 0 0 0 0
0 0 0 0 0 0 0 0 0 0 0 0 45 186 253 253 150 27 0 0 0 0 0 0 0 0
0 0 0 0 0 0 0 0 0 0 0 0 0 16 93 252 253 187 0 0 0 0 0 0 0 0
0 0 0 0 0 0 0 0 0 0 0 0 0 0 0 249 253 249 64 0 0 0 0 0 0 0
0 0 0 0 0 0 0 0 0 0 0 46 130 183 253 253 207 2 0 0 0 0 0 0 0 0
0 0 0 0 0 0 0 0 0 39 148 229 253 253 253 250 182 0 0 0 0 0 0 0 0 0
0 0 0 0 0 0 0 24 114 221 253 253 253 253 201 78 0 0 0 0 0 0 0 0 0 0
0 0 0 0 0 0 23 66 213 253 253 253 253 198 81 2 0 0 0 0 0 0 0 0 0 0
0 0 0 0 0 18 171 219 253 253 253 253 195 80 9 0 0 0 0 0 0 0 0 0 0 0
0 0 0 55 172 226 253 253 253 253 244 133 11 0 0 0 0 0 0 0 0 0 0 0 0 0
0 0 0 136 253 253 253 212 135 132 16 0 0 0 0 0 0 0 0 0 0 0 0 0 0 0
0 0 0 0 0 0 0 0 0 0 0 0 0 0 0 0 0 0 0 0 0 0 0 0 0 0
0 0 0 0 0 0 0 0 0 0 0 0 0 0 0 0 0 0 0 0 0 0 0 0 0 0
0 0 0 0 0 0 0 0 0 0 0 0 0 0 0 0 0 0 0 0 0 0 0 0 0 0
```

학습 데이터 그림 그려보기 2

여기서는 학습 데이터의 그림 25개를 화면에 출력해 봅니다.

1 다음과 같이 예제를 수정합니다.

```
142_4.py

01 : import tensorflow as tf
02 :
03 : mnist = tf.keras.datasets.mnist
04 :
05 : (x_train, y_train),(x_test, y_test) = mnist.load_data()
06 : print("x_train:%s y_train:%s x_test:%s y_test:%s "%(
07 :     x_train.shape, y_train.shape, x_test.shape, y_test.shape))
08 :
09 : import matplotlib.pyplot as plt
10 :
11 : plt.figure()
12 : plt.imshow(x_train[0])
13 : plt.show()
14 :
15 : for y in range(28):
16 :   for x in range(28):
17 :     print("%4s "%x_train[0][y][x],end=' ')
18 : print()
19 :
20 : plt.figure(figsize=(10,10))
21 : for i in range(25):
22 :     plt.subplot(5,5,i+1)
23 :     plt.xticks([])
24 :     plt.yticks([])
25 :     plt.imshow(x_train[i], cmap=plt.cm.binary)
26 :     plt.xlabel(y_train[i])
27 : plt.show()
```

20　: plt.figure 함수를 호출하여 새로운 그림을 만들 준비를 합니다. figure 함수는 내부적으로 그림을 만들고 편집할 수 있게 해 주는 함수입니다. figsize는 그림의 인치 단위의 크기를 나타냅니다. 여기서는 가로 10인치, 세로 10인치의 그림을 그린다는 의미입니다.

21　: 0에서 24에 대해

22　: plt.subplot 함수를 호출하여 그림 창을 분할하여 하위 그림을 그립니다. 5,5는 각각 행의 개수와 열의 개수를 의미합니다. i+1은 하위 그림의 위치를 나타냅니다.

23, 24　: plt.xticks, plt.yticks 함수를 호출하여 x, y 축 눈금을 설정합니다. 여기서는 빈 목록을 주어 눈금 표시를 하지 않습니다.

25　: plt.imshow 함수를 호출하여 x_train[i] 항목의 그림을 내부적으로 그립니다. cmap은 color map의 약자로 binary는 그림을 이진화해서 표현해 줍니다.

26 : plt.xlabel 함수를 호출하여 x 축에 라벨을 붙여줍니다. 라벨의 값은 y_train[i]입니다.

27 : plt.show 함수를 호출하여 내부적으로 그린 그림을 화면에 그립니다.

2 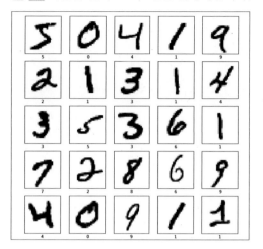 버튼을 눌러 프로그램을 실행시킵니다. 다음은 실행 결과 화면입니다.

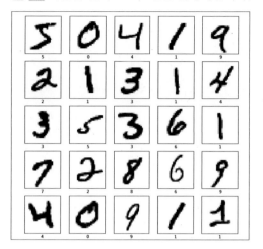

x_train 변수가 가리키는 손글씨 숫자 그림 25개를 볼 수 있습니다. x_train 변수는 이런 그림을 6
만개를 가리키고 있습니다.

인공 신경망 학습시키기

여기서는 이전 예제에서 살펴본 손글씨 숫자 데이터를 이용하여 인공 신경망을 학습시켜 봅니다. 인
공 신경망은 앞에서 구성했던 신경망을 그대로 사용합니다.

1 다음과 같이 예제를 수정합니다.

142_5.py

```
01 : import tensorflow as tf
02 :
03 : mnist = tf.keras.datasets.mnist
04 :
05 : (x_train, y_train),(x_test, y_test) = mnist.load_data()
06 : print(" x_train:%s y_train:%s x_test:%s y_test:%s "%(
07 :     x_train.shape, y_train.shape, x_test.shape, y_test.shape))
08 :
09 : import matplotlib.pyplot as plt
10 :
11 : plt.figure()
12 : plt.imshow(x_train[0])
13 : plt.show()
14 :
15 : for y in range(28):
16 :     for x in range(28):
17 :         print(" %4s "%x_train[0][y][x],end=' ')
```

```
18 : print()
19 :
20 : plt.figure(figsize=(10,10))
21 : for i in range(25):
22 :    plt.subplot(5,5,i+1)
23 :    plt.xticks([])
24 :    plt.yticks([])
25 :    plt.imshow(x_train[i], cmap=plt.cm.binary)
26 :    plt.xlabel(y_train[i])
27 : plt.show()
28 :
29 : x_train, x_test = x_train/255.0, x_test/255.0
30 : x_train, x_test = x_train.reshape(60000,784), x_test.reshape(10000,784)
31 :
32 : model = tf.keras.models.Sequential([
33 :    tf.keras.layers.InputLayer(input_shape=(784,)),
34 :    tf.keras.layers.Dense(128, activation='relu'),
35 :    tf.keras.layers.Dense(10, activation='softmax')
36 : ])
37 :
38 : model.compile(optimizer='adam',
39 :               loss='sparse_categorical_crossentropy',
40 :               metrics=['accuracy'])
41 :
42 : model.fit(x_train, y_train, epochs=5)
43 :
44 : model.evaluate(x_test, y_test)
```

29 : x_train, x_test 변수가 가리키는 6만개, 1만개의 그림은 각각 28x28 픽셀로 구성된 그림이며, 1픽셀의 크기는 8비트로 0에서 255사이의 숫자를 가집니다. 모든 픽셀의 숫자를 255.0으로 나누어 각 픽셀을 0.0에서 1.0사이의 실수로 바꾸어 인공 신경망에 입력하게 됩니다. 다음은 x_train[0] 그림의 픽셀값을 출력한 그림입니다.

```
 0  0  0  0  0  0  0  0  0  0  0  0  0  0  0  0  0  0  0  0  0  0  0  0  0  0  0  0
 0  0  0  0  0  0  0  0  0  0  0  0  0  0  0  0  0  0  0  0  0  0  0  0  0  0  0  0
 0  0  0  0  0  0  0  0  0  0  0  0  0  0  0  0  0  0  0  0  0  0  0  0  0  0  0  0
 0  0  0  0  0  0  0  0  0  0  0  0  0  0  0  0  0  0  0  0  0  0  0  0  0  0  0  0
 0  0  0  0  0  0  0  0  0  0  0  0  0  0  0  0  0  0  0  0  0  0  0  0  0  0  0  0
 0  0  0  0  0  0  0  0  0  0  0  0  0  3 18 18126136175 26166255247127  0  0  0  0
 0  0  0  0  0  0  0 30 36 94154170253253253253253225172253242195 64  0  0  0  0
 0  0  0  0  0  0 49238253253253253253253253251 93 82 82 56 39  0  0  0  0  0  0
 0  0  0  0  0 18219253253253253253198182247241  0  0  0  0  0  0  0  0  0  0  0
 0  0  0  0  0 80156107253253205 11  0 43154  0  0  0  0  0  0  0  0  0  0  0  0
 0  0  0  0  0  0 14  1154253 90  0  0  0  0  0  0  0  0  0  0  0  0  0  0  0  0
 0  0  0  0  0  0  0  0139253190  2  0  0  0  0  0  0  0  0  0  0  0  0  0  0  0
 0  0  0  0  0  0  0  0 11190253 70  0  0  0  0  0  0  0  0  0  0  0  0  0  0  0
 0  0  0  0  0  0  0  0  0 35241225160108  1  0  0  0  0  0  0  0  0  0  0  0  0
 0  0  0  0  0  0  0  0  0  0 81240253253119 25  0  0  0  0  0  0  0  0  0  0  0
 0  0  0  0  0  0  0  0  0  0  0 45186253253150 27  0  0  0  0  0  0  0  0  0  0
 0  0  0  0  0  0  0  0  0  0  0  0 16 93252253187  0  0  0  0  0  0  0  0  0  0
 0  0  0  0  0  0  0  0  0  0  0  0  0  0249253249 64  0  0  0  0  0  0  0  0  0
 0  0  0  0  0  0  0  0  0  0  0 46130183253253207  2  0  0  0  0  0  0  0  0  0
 0  0  0  0  0  0  0  0  0 39148229253253253250182  0  0  0  0  0  0  0  0  0  0
 0  0  0  0  0  0  0 24114221253253253253201 78  0  0  0  0  0  0  0  0  0  0  0
 0  0  0  0  0  0 23 66213253253253253198 81  2  0  0  0  0  0  0  0  0  0  0  0
 0  0  0  0 18171219253253253253195 80  9  0  0  0  0  0  0  0  0  0  0  0  0  0
 0  0  0 55172226253253253253244133 11  0  0  0  0  0  0  0  0  0  0  0  0  0  0
 0  0  0136253253253212135132 16  0  0  0  0  0  0  0  0  0  0  0  0  0  0  0  0
 0  0  0  0  0  0  0  0  0  0  0  0  0  0  0  0  0  0  0  0  0  0  0  0  0  0  0  0
 0  0  0  0  0  0  0  0  0  0  0  0  0  0  0  0  0  0  0  0  0  0  0  0  0  0  0  0
 0  0  0  0  0  0  0  0  0  0  0  0  0  0  0  0  0  0  0  0  0  0  0  0  0  0  0  0
```

30 x_train, x_test 변수가 가리키는 6만개, 1만개의 그림은 각각 28x28 픽셀, 28x28 픽셀로 구성되어 있습니다. 이 예제에서 소개하는 인공 신경망의 경우 그림 데이터를 입력할 때 28x28 픽셀을 784(=28x28) 픽셀로 일렬로 세워서 입력하게 됩니다. 그래서 33줄에 있는 Input 클래스는 일렬로 세워진 784 픽셀을 입력으로 받도록 구성됩니다.

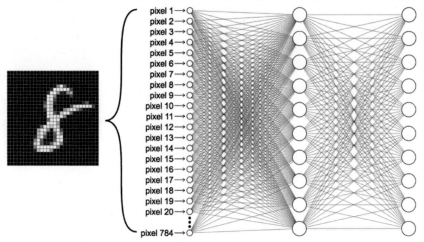

▲ 출처 : https://www.kdnuggets.com/2019/11/designing-neural-networks.html

32~36 : tf.keras.Sequential 클래스를 이용하여 인공 신경망을 생성합니다. 여기서 생성한 인공 신경망은 138(=128+10)개의 인공 신경으로 구성됩니다. 입력층에 표시된 노드는 입력값의 개수를 표시하며 나머지 층에 있는 노드는 인공 신경을 나타냅니다. 인공 신경망의 내부 구조는 뒤에서 자세히 살펴봅니다. 생성된 인공 신경망은 일반적으로 모델이라고 합니다. 모델은 모형을 의미하며, 주어진 데이터에 맞추어진 원래 함수를 흉내내는 함수인 근사 함수를 의미합니다. 여기서는 손글씨 숫자를 구분하는 근사함수입니다.

33 : tf.keras.layers.InputLayer 함수를 이용하여 내부적으로 keras 라이브러리에서 제공하는 tensor를 생성하고, 입력 노드의 개수를 정해줍니다. tensor는 3차원 이상의 행렬식을 의미하며, 인공 신경망 구성시 사용하는 자료형입니다. 여기서는 784개의 입력 노드를 생성합니다.

34 : tf.keras.layers.Dense 클래스를 이용하여 신경망 층을 생성합니다. 여기서는 단위 인공 신경 128개를 생성합니다. activation은 활성화 함수를 의미하며 여기서는 'relu' 함수를 사용합니다. 다음은 relu 함수를 나타냅니다.

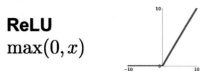

활성화 함수와 'relu' 함수에 대해서는 뒤에서 자세히 살펴보도록 합니다.
여기서 Dense는 내부적으로 y = activation(x*w + b) 식을 생성하게 됩니다. 이 식에 대해서는 뒤에서 실제로 구현해 보며 그 원리를 살펴보도록 합니다.

35 : tf.keras.layers.Dense 클래스를 이용하여 신경망 층을 생성합니다. 여기서는 단위 인공 신경 10개를 생성합니다. activation은 활성화 함수를 의미하며 여기서는 'softmax' 함수를 사용합니다. 다음은 softmax 함수를 나타냅니다.

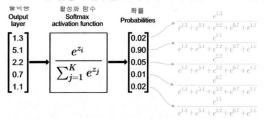

활성화 함수와 'softmax' 함수에 대해서는 뒤에서 자세히 살펴보도록 합니다.

38~40 : model.compile 함수를 호출하여 내부적으로 인공 신경망을 구성합니다. 인공 신경망을 구성할 때에는 적어도 2개의 함수를 정해야 합니다. loss 함수와 optimizer 함수. 즉, 손실 함수와 최적화 함수를 정해야 합니다. 손실 함수와 최적화 함수에 대해서는 뒤에서 자세히 살펴봅니다. 손실 함수로는 sparse_categorical_crossentropy 함수를 사용하고 최적화 함수는 adam 함수를 사용합니다. sparse_categorical_crossentropy, adam 함수는 뒤에서 살펴보도록 합니다. fit 함수 로그에는 기본적으로 손실값만 표시됩니다. metrics 매개 변수는 학습 측정 항목 함수를 전달할 때 사용합니다. 'accuracy'는 학습의 정확도를 출력해 줍니다.

42 : model.fit 함수를 호출하여 인공 신경망에 대한 학습을 시작합니다. fit 함수에는 x_train, y_train 데이터가 입력이 되는데 인공 신경망을 x_train, y_train 데이터에 맞도록 학습한다는 의미를 갖습니다. 즉, x_train, y_train 데이터에 맞도록 인공 신경망을 조물조물, 주물주물 학습한다는 의미입니다. fit 함수에는 학습을 몇 회 수행할지도 입력해 줍니다. epochs는 학습 횟수를 의미하며, 여기서는 5회 학습을 수행하도록 합니다. 일반적으로 학습 횟수에 따라 인공 신경망 근사 함수가 정확해 집니다.

44 : model.evaluate 함수를 호출하여 인공 신경망의 학습 결과를 평가합니다. 여기서는 학습이 끝난 인공 신경망 함수에 x_test 값을 주어 학습 결과를 평가해 봅니다.

❷ ▶ 버튼을 눌러 프로그램을 실행시킵니다. 다음은 실행 결과 화면입니다.

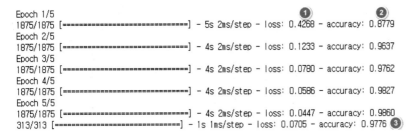

❶ 손실 함수에 의해 측정된 오차 값을 나타냅니다. 학습 회수가 늘어남에 따라 오차 값이 줄어듭니다.

❷ 학습 진행에 따른 정확도가 표시됩니다. 처음에 87.79%에서 시작해서 마지막엔 98.60%의 정확도로 학습이 끝납니다. 즉, 100개의 손글씨가 있다면 98.60개를 맞춘다는 의미입니다.

❸ 학습이 끝난 후에, evalueate 함수로 시험 데이터를 평가한 결과입니다. 손실값이 늘어났고, 정확도가 97.76%로 약간 떨어진 상태입니다.

학습된 인공 신경망 시험하기

여기서는 학습된 신경망에 시험 데이터를 입력하여 예측해 봅니다.

❶ 다음과 같이 예제를 수정합니다.

```
142_6.py
01 : import tensorflow as tf
02 :
03 : mnist = tf.keras.datasets.mnist
04 :
05 : (x_train, y_train),(x_test, y_test) = mnist.load_data()
06 : print(" x_train:%s y_train:%s x_test:%s y_test:%s " %(
07 :     x_train.shape, y_train.shape, x_test.shape, y_test.shape))
```

```
08 :
09 : import matplotlib.pyplot as plt
10 :
11 : plt.figure()
12 : plt.imshow(x_train[0])
13 : plt.show()
14 :
15 : for y in range(28):
16 :   for x in range(28):
17 :     print("%4s "%x_train[0][y][x],end=' ')
18 : print()
19 :
20 : plt.figure(figsize=(10,10))
21 : for i in range(25):
22 :   plt.subplot(5,5,i+1)
23 :   plt.xticks([])
24 :   plt.yticks([])
25 :   plt.imshow(x_train[i], cmap=plt.cm.binary)
26 :   plt.xlabel(y_train[i])
27 : plt.show()
28 :
29 : x_train, x_test = x_train/255.0, x_test/255.0
30 : x_train, x_test = x_train.reshape(60000,784), x_test.reshape(10000,784)
31 :
32 : model = tf.keras.models.Sequential([
33 :   tf.keras.layers.InputLayer(input_shape=(784,)),
34 :   tf.keras.layers.Dense(128, activation='relu'),
35 :   tf.keras.layers.Dense(10, activation='softmax')
36 : ])
37 :
38 : model.compile(optimizer='adam',
39 :               loss='sparse_categorical_crossentropy',
40 :               metrics=['accuracy'])
41 :
42 : model.fit(x_train, y_train, epochs=5)
43 :
44 : model.evaluate(x_test, y_test)
45 :
46 : p_test = model.predict(x_test)
47 : print('p_test[0] : ', p_test[0])
```

46 : model_f.predict 함수를 호출하여 인공 신경망을 시험합니다. 여기서는 학습이 끝난 인공 신경망 함수에 x_test 값을 주어 그 결과를 예측해 봅니다. 예측한 결과값은 p_test 변수로 받습니다. x_test는 1만개의 손글씨 숫자를 가리키고 있으며, 따라서 1만개에 대한 예측을 수행합니다.

47 : print 함수를 호출하여 x_test[0] 손글씨 숫자의 예측값을 출력합니다.

2 ▶ 버튼을 눌러 프로그램을 실행시킵니다. 다음은 실행 결과 화면입니다.

```
p_test[0] : [1.07918666e-07 4.64393946e-09 3.81268319e-06 5.01001021e-04
 2.92917357e-10 3.51789765e-07 5.53046931e-12 9.99484420e-01
 9.99521490e-07 9.21584615e-06]
```

p_test[0]은 x_test[0]이 가리키는 손글씨 숫자에 대해 0~9 각각의 숫자에 대한 확률값 목록을 출력합니다. x_test[0]은 실제로 숫자 7을 가리키고 있습니다. 그래서 p_test[0]의 8번째 값의 확률이 가장 높게 나타납니다. 8번째 값은 9.99484420e−01이며 99.9%로 7이라고 예측합니다. p_test[0]의 1번째 값은 숫자 0일 확률을 나타냅니다.

예측값과 실제값 출력해 보기

여기서는 예측값과 실제값을 출력해 봅니다.

1 다음과 같이 예제를 수정합니다.

142_7.py

```
01 : import tensorflow as tf
02 :
03 : mnist = tf.keras.datasets.mnist
04 :
05 : (x_train, y_train),(x_test, y_test) = mnist.load_data()
06 : print("x_train:%s y_train:%s x_test:%s y_test:%s "%(
07 :     x_train.shape, y_train.shape, x_test.shape, y_test.shape))
08 :
09 : import matplotlib.pyplot as plt
10 :
11 : plt.figure()
12 : plt.imshow(x_train[0])
13 : plt.show()
14 :
15 : for y in range(28):
16 :     for x in range(28):
17 :         print("%4s "%x_train[0][y][x],end=' ')
18 : print()
19 :
20 : plt.figure(figsize=(10,10))
21 : for i in range(25):
22 :   plt.subplot(5,5,i+1)
23 :   plt.xticks([])
24 :   plt.yticks([])
25 :   plt.imshow(x_train[i], cmap=plt.cm.binary)
26 :   plt.xlabel(y_train[i])
27 : plt.show()
28 :
29 : x_train, x_test = x_train/255.0, x_test/255.0
30 : x_train, x_test = x_train.reshape(60000,784), x_test.reshape(10000,784)
31 :
32 : model = tf.keras.models.Sequential([
33 :   tf.keras.layers.InputLayer(input_shape=(784,)),
34 :   tf.keras.layers.Dense(128, activation='relu'),
35 :   tf.keras.layers.Dense(10, activation='softmax')
```

```
36 : ])
37 :
38 : model.compile(optimizer='adam',
39 :              loss='sparse_categorical_crossentropy',
40 :              metrics=['accuracy'])
41 :
42 : model.fit(x_train, y_train, epochs=5)
43 :
44 : model.evaluate(x_test, y_test)
45 :
46 : p_test = model.predict(x_test)
47 : print('p_test[0] :', p_test[0])
48 :
49 : import numpy as np
50 :
51 : print('p_test[0] :', np.argmax(p_test[0]),
52 :      'y_test[0] :',y_test[0])
```

49   : import문을 이용하여 numpy 모듈을 np라는 이름으로 불러옵니다. 여기서는 numpy 모듈의 argmax 함수를 이용하여 51 줄에서 p_test[0] 항목의 가장 큰 값의 항목 번호를 출력합니다.

51, 52 : print 함수를 호출하여 p_test[0] 항목의 가장 큰 값의 항목 번호와 y_test[0] 항목이 가리키는 실제 라벨값을 출력합니다.

2 ◉ 버튼을 눌러 프로그램을 실행시킵니다. 다음은 실행 결과 화면입니다.

```
p_test[0] : 7 y_test[0] : 7
```

p_test[0] 항목의 가장 큰 값의 항목 번호와 y_test[0] 항목이 가리키는 실제 라벨값이 같습니다. x_test[0] 항목의 경우 예측값과 실제값이 같아 인공 신경망이 옳게 예측합니다.

시험 데이터 그림 그려보기

여기서는 시험용 데이터의 그림을 화면에 출력해 봅니다.

1 다음과 같이 예제를 수정합니다.

142_8.py

```
01 : import tensorflow as tf
02 :
03 : mnist = tf.keras.datasets.mnist
04 :
05 : (x_train, y_train),(x_test, y_test) = mnist.load_data()
06 : print("x_train:%s y_train:%s x_test:%s y_test:%s "%(
07 :     x_train.shape, y_train.shape, x_test.shape, y_test.shape))
08 :
```

```
09 : import matplotlib.pyplot as plt
10 :
11 : plt.figure()
12 : plt.imshow(x_train[0])
13 : plt.show()
14 :
15 : for y in range(28):
16 :    for x in range(28):
17 :       print( "%4s "%x_train[0][y][x],end=' ' )
18 : print()
19 :
20 : plt.figure(figsize=(10,10))
21 : for i in range(25):
22 :    plt.subplot(5,5,i+1)
23 :    plt.xticks([])
24 :    plt.yticks([])
25 :    plt.imshow(x_train[i], cmap=plt.cm.binary)
26 :    plt.xlabel(y_train[i])
27 : plt.show()
28 :
29 : x_train, x_test = x_train/255.0, x_test/255.0
30 : x_train, x_test = x_train.reshape(60000,784), x_test.reshape(10000,784)
31 :
32 : model = tf.keras.models.Sequential([
33 :    tf.keras.layers.InputLayer(input_shape=(784,)),
34 :    tf.keras.layers.Dense(128, activation='relu'),
35 :    tf.keras.layers.Dense(10, activation='softmax')
36 : ])
37 :
38 : model.compile(optimizer='adam',
39 :               loss='sparse_categorical_crossentropy',
40 :               metrics=['accuracy'])
41 :
42 : model.fit(x_train, y_train, epochs=5)
43 :
44 : model.evaluate(x_test, y_test)
45 :
46 : p_test = model.predict(x_test)
47 : print('p_test[0] :', p_test[0])
48 :
49 : import numpy as np
50 :
51 : print('p_test[0] :', np.argmax(p_test[0]),
52 :    'y_test[0] :',y_test[0])
53 :
54 : x_test = x_test.reshape(10000,28,28)
55 :
56 : plt.figure()
57 : plt.imshow(x_test[0])
58 : plt.show()
```

54 : reshape 함수를 호출하여 x_test가 가리키는 그림을 원래 모양으로 돌려 놓습니다. 그래야 pyplot 모듈을 이용하여 그림을 화면에 표시할 수 있습니다.

56 : plt.figure 함수를 호출하여 새로운 그림을 만들 준비를 합니다. figure 함수는 내부적으로 그림을 만들고 편집할 수 있게 해 주는 함수입니다.

57 : plt.imshow 함수를 호출하여 x_test[0] 항목의 그림을 내부적으로 그립니다.

58 : plt.show 함수를 호출하여 내부적으로 그린 그림을 화면에 그립니다.

2 ▶ 버튼을 눌러 프로그램을 실행시킵니다. 다음은 실행 결과 화면입니다.

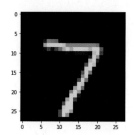

x_test[0] 항목의 손글씨 숫자 그림은 7입니다.

시험 데이터 그림 그려보기 2

여기서는 시험 데이터의 그림 25개를 화면에 출력해 봅니다.

1 다음과 같이 예제를 수정합니다.

```
142_9.py
01 : import tensorflow as tf
02 :
03 : mnist = tf.keras.datasets.mnist
04 :
05 : (x_train, y_train),(x_test, y_test) = mnist.load_data()
06 : print("x_train:%s y_train:%s x_test:%s y_test:%s "%(
07 :     x_train.shape, y_train.shape, x_test.shape, y_test.shape))
08 :
09 : import matplotlib.pyplot as plt
10 :
11 : plt.figure()
12 : plt.imshow(x_train[0])
13 : plt.show()
14 :
15 : for y in range(28):
16 :     for x in range(28):
17 :         print("%4s "%x_train[0][y][x],end=' ')
18 : print()
19 :
```

```
20 : plt.figure(figsize=(10,10))
21 : for i in range(25):
22 :     plt.subplot(5,5,i+1)
23 :     plt.xticks([])
24 :     plt.yticks([])
25 :     plt.imshow(x_train[i], cmap=plt.cm.binary)
26 :     plt.xlabel(y_train[i])
27 : plt.show()
28 :
29 : x_train, x_test = x_train/255.0, x_test/255.0
30 : x_train, x_test = x_train.reshape(60000,784), x_test.reshape(10000,784)
31 :
32 : model = tf.keras.models.Sequential([
33 :     tf.keras.layers.InputLayer(input_shape=(784,)),
34 :     tf.keras.layers.Dense(128, activation='relu'),
35 :     tf.keras.layers.Dense(10, activation='softmax')
36 : ])
37 :
38 : model.compile(optimizer='adam',
39 :               loss='sparse_categorical_crossentropy',
40 :               metrics=['accuracy'])
41 :
42 : model.fit(x_train, y_train, epochs=5)
43 :
44 : model.evaluate(x_test, y_test)
45 :
46 : p_test = model.predict(x_test)
47 : print('p_test[0] :', p_test[0])
48 :
49 : import numpy as np
50 :
51 : print('p_test[0] :', np.argmax(p_test[0]),
52 :       'y_test[0] :',y_test[0])
53 :
54 : x_test = x_test.reshape(10000,28,28)
55 :
56 : plt.figure()
57 : plt.imshow(x_test[0])
58 : plt.show()
59 :
60 : plt.figure(figsize=(10,10))
61 : for i in range(25):
62 :     plt.subplot(5,5,i+1)
63 :     plt.xticks([])
64 :     plt.yticks([])
65 :     plt.imshow(x_test[i], cmap=plt.cm.binary)
66 :     plt.xlabel(np.argmax(p_test[i]))
67 : plt.show()
```

60 : plt.figure 함수를 호출하여 새로운 그림을 만들 준비를 합니다. figure 함수는 내부적으로 그림을 만들고 편집할 수 있게 해 주는 함수입니다. figsize는 그림의 인치 단위의 크기를 나타냅니다. 여기서는 가로 10인치, 세로 10인치의 그림을 그린다는 의미입니다.

61 : 0에서 24에 대해

62 : plt.subplot 함수를 호출하여 그림 창을 분할하여 하위 그림을 그립니다. 5,5는 각각 행의 개수와 열의 개수를 의미합니다. i+1은 하위 그림의 위치를 나타냅니다.

63, 64 : plt.xticks, plt.yticks 함수를 호출하여 x, y 축 눈금을 설정합니다. 여기서는 빈 목록을 주어 눈금 표시를 하지 않습니다.

65 : plt.imshow 함수를 호출하여 x_test[i] 항목의 그림을 내부적으로 그립니다. cmap는 color map의 약자로 binary는 그림을 이진화해서 표현해 줍니다.

66 : plt.xlabel 함수를 호출하여 x 축에 라벨을 붙여줍니다. 라벨의 값은 y_train[i]입니다.

67 : plt.show 함수를 호출하여 내부적으로 그린 그림을 화면에 그립니다.

2 ▶ 버튼을 눌러 프로그램을 실행시킵니다. 다음은 실행 결과 화면입니다.

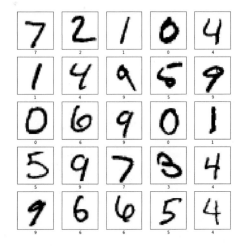

x_test 변수가 가리키는 손글씨 숫자 그림 25개를 볼 수 있습니다. x_test 변수는 이런 그림을 1만개를 가리키고 있습니다.

잘못된 예측 살펴보기

여기서는 시험 데이터 중 잘못된 예측이 몇 개나 되는지 또 몇 번째 그림이 잘 못 예측되었는지 살펴보도록 합니다.

1 다음과 같이 예제를 수정합니다.

```
142_10.py

01 : import tensorflow as tf
02 :
03 : mnist = tf.keras.datasets.mnist
04 :
```

```
05 : (x_train, y_train),(x_test, y_test) = mnist.load_data()
06 : print( " x_train:%s y_train:%s x_test:%s y_test:%s " %(
07 :     x_train.shape, y_train.shape, x_test.shape, y_test.shape))
08 :
09 : import matplotlib.pyplot as plt
10 :
11 : plt.figure()
12 : plt.imshow(x_train[0])
13 : plt.show()
14 :
15 : for y in range(28):
16 :    for x in range(28):
17 :        print( " %4s " %x_train[0][y][x],end=' ' )
18 : print()
19 :
20 : plt.figure(figsize=(10,10))
21 : for i in range(25):
22 : plt.subplot(5,5,i+1)
23 :   plt.xticks([])
24 :   plt.yticks([])
25 :   plt.imshow(x_train[i], cmap=plt.cm.binary)
26 :   plt.xlabel(y_train[i])
27 : plt.show()
28 :
29 : x_train, x_test = x_train/255.0, x_test/255.0
30 : x_train, x_test = x_train.reshape(60000,784), x_test.reshape(10000,784)
31 :
32 : model = tf.keras.models.Sequential([
33 :   tf.keras.layers.InputLayer(input_shape=(784,)),
34 :   tf.keras.layers.Dense(128, activation=' relu '),
35 :   tf.keras.layers.Dense(10, activation=' softmax ')
36 : ])
37 :
38 : model.compile(optimizer=' adam ',
39 :             loss=' sparse_categorical_crossentropy ',
40 :             metrics=[ ' accuracy ' ])
41 :
42 : model.fit(x_train, y_train, epochs=5)
43 :
44 : model.evaluate(x_test, y_test)
45 :
46 : p_test = model.predict(x_test)
47 : print( ' p_test[0] : ', p_test[0])
48 :
49 : import numpy as np
50 :
51 : print( ' p_test[0] : ', np.argmax(p_test[0]),
52 :     ' y_test[0] : ',y_test[0])
53 :
54 : x_test = x_test.reshape(10000,28,28)
```

```
55 :
56 : plt.figure()
57 : plt.imshow(x_test[0])
58 : plt.show()
59 :
60 : plt.figure(figsize=(10,10))
61 : for i in range(25):
62 :   plt.subplot(5,5,i+1)
63 :   plt.xticks([])
64 :   plt.yticks([])
65 :   plt.imshow(x_test[i], cmap=plt.cm.binary)
66 :   plt.xlabel(np.argmax(p_test[i]))
67 : plt.show()
68 :
69 : cnt_wrong = 0
70 : p_wrong = []
71 : for i in range(10000):
72 :   if np.argmax(p_test[i]) != y_test[i]:
73 :     p_wrong.append(i)
74 :     cnt_wrong +=1
75 :
76 : print('cnt_wrong : ', cnt_wrong)
77 : print('predicted wrong 10 : ', p_wrong[:10])
```

69 : cnt_wrong 변수를 선언한 후, 0으로 초기화합니다. cnt_wrong 변수는 잘못 예측된 그림의 개수를 저장할 변수입니다.

70 : p_wrong 변수를 선언한 후, 빈 목록으로 초기화합니다. p_wrong 변수는 잘못 예측된 그림의 번호를 저장할 변수입니다.

71 : 0부터 10000미만까지

72 : p_test[i] 항목의 가장 큰 값의 항목 번호와 y_test[0] 항목이 가리키는 실제 라벨값이 다르면

73 : p_wrong 목록에 해당 그림 번호를 추가하고

74 : cnt_wrong 값을 하나 증가시킵니다.

76 : print 함수를 호출하여 cnt_wrong 값을 출력합니다.

77 : print 함수를 호출하여 p_wrong에 저장된 값 중, 앞에서 10개까지 출력합니다. p_wrong[:10]은 p_wrong 목록의 0번 항목부터 시작해서 10번 항목 미만인 9번 항목까지를 의미합니다.

2 ▶ 버튼을 눌러 프로그램을 실행시킵니다. 다음은 실행 결과 화면입니다.

```
cnt_wrong : 224
predicted wrong 10 : [115, 247, 320, 321, 340, 381, 445, 582, 610, 619]
```

학습이 끝난 인공 신경망은 시험 데이터에 대해 10000개 중 224개에 대해 잘못된 예측을 하였습니다. 즉, 10000개 중 9776(=10000-224)개는 바르게 예측을 했으며, 나머지 224개에 대해서는 잘못된 예측을 하였습니다. 예측 정확도는 97.76%, 예측 오류도는 2.24%입니다. 잘못 예측한 데이터 번호 10개에 대해서도 확인해 봅니다. 115번 데이터로 시작해서 619번 데이터까지 10개의 데이터 번호를 출력하고 있습니다.

잘못 예측한 그림 살펴보기

여기서는 시험 데이터 중 잘못 예측한 그림을 출력해봅니다.

1 다음과 같이 예제를 수정합니다.

```
142_11.py

01 : import tensorflow as tf
02 :
03 : mnist = tf.keras.datasets.mnist
04 :
05 : (x_train, y_train),(x_test, y_test) = mnist.load_data()
06 : print( "x_train:%s y_train:%s x_test:%s y_test:%s "%(
07 :     x_train.shape, y_train.shape, x_test.shape, y_test.shape))
08 :
09 : import matplotlib.pyplot as plt
10 :
11 : plt.figure()
12 : plt.imshow(x_train[0])
13 : plt.show()
14 :
15 : for y in range(28):
16 :    for x in range(28):
17 :      print( "%4s "%x_train[0][y][x],end=' ' )
18 : print()
19 :
20 : plt.figure(figsize=(10,10))
21 : for i in range(25):
22 :   plt.subplot(5,5,i+1)
23 :   plt.xticks([])
24 :   plt.yticks([])
25 :   plt.imshow(x_train[i], cmap=plt.cm.binary)
26 :   plt.xlabel(y_train[i])
27 : plt.show()
28 :
29 : x_train, x_test = x_train/255.0, x_test/255.0
30 : x_train, x_test = x_train.reshape(60000,784), x_test.reshape(10000,784)
31 :
32 : model = tf.keras.models.Sequential([
33 :    tf.keras.layers.InputLayer(input_shape=(784,)),
34 :    tf.keras.layers.Dense(128, activation='relu' ),
35 :    tf.keras.layers.Dense(10, activation='softmax' )
36 : ])
37 :
38 : model.compile(optimizer='adam' ,
39 :              loss='sparse_categorical_crossentropy' ,
40 :              metrics=['accuracy' ])
```

```
41 :
42 : model.fit(x_train, y_train, epochs=5)
43 :
44 : model.evaluate(x_test, y_test)
45 :
46 : p_test = model.predict(x_test)
47 : print( ' p_test[0] : ' , p_test[0])
48 :
49 : import numpy as np
50 :
51 : print( ' p_test[0] : ' , np.argmax(p_test[0]),
52 :     ' y_test[0] : ' ,y_test[0])
53 :
54 : x_test = x_test.reshape(10000,28,28)
55 :
56 : plt.figure()
57 : plt.imshow(x_test[0])
58 : plt.show()
59 :
60 : plt.figure(figsize=(10,10))
61 : for i in range(25):
62 :   plt.subplot(5,5,i+1)
63 :   plt.xticks([])
64 :   plt.yticks([])
65 :   plt.imshow(x_test[i], cmap=plt.cm.binary)
66 :   plt.xlabel(np.argmax(p_test[i]))
67 : plt.show()
68 :
69 : cnt_wrong = 0
70 : p_wrong = []
71 : for i in range(10000):
72 :   if np.argmax(p_test[i]) != y_test[i]:
73 :     p_wrong.append(i)
74 :     cnt_wrong +=1
75 :
76 : print( ' cnt_wrong : ' , cnt_wrong)
77 : print( ' predicted wrong 10 : ' , p_wrong[:10])
78 :
79 : plt.figure(figsize=(10,10))
80 : for i in range(25):
81 :   plt.subplot(5,5,i+1)
82 :   plt.xticks([])
83 :   plt.yticks([])
84 :   plt.imshow(x_test[p_wrong[i]], cmap=plt.cm.binary)
85 :   plt.xlabel( " %s : p%s y%s " %(
86 :       p_wrong[i], np.argmax(p_test[p_wrong[i]]), y_test[p_wrong[i]]))
87 : plt.show()
```

79 : plt.figure 함수를 호출하여 새로운 그림을 만들 준비를 합니다. figure 함수는 내부적으로 그림을 만들고 편집할 수 있게 해 주는 함수입니다. figsize는 그림의 인치 단위의 크기를 나타냅니다. 여기서는 가로 10인치, 세로 10인치의 그림을 그린다는 의미입니다.

80 : 0에서 24에 대해

81 : plt.subplot 함수를 호출하여 그림 창을 분할하여 하위 그림을 그립니다. 5,5는 각각 행의 개수와 열의 개수를 의미합니다. i+1은 하위 그림의 위치를 나타냅니다.

82, 83 : plt.xticks, plt.yticks 함수를 호출하여 x, y 축 눈금을 설정합니다. 여기서는 빈 목록을 주어 눈금 표시를 하지 않습니다.

84 : plt.imshow 함수를 호출하여 x_test[p_wrong[i]] 항목의 그림을 내부적으로 그립니다. cmap는 color map의 약자로 binary는 그림을 이진화해서 표현해 줍니다.

85, 86 : plt.xlabel 함수를 호출하여 x 축에 라벨을 붙여줍니다. 라벨의 값은 잘못 예측한 그림 번호, 인공 신경망이 예측한 숫자값, 라벨에 표시된 숫자값으로 구성됩니다.

87 : plt.show 함수를 호출하여 내부적으로 그린 그림을 화면에 그립니다.

2 ▶ 버튼을 눌러 프로그램을 실행시킵니다. 다음은 실행 결과 화면입니다.

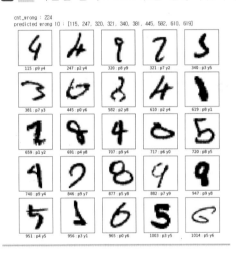

첫 번째 잘못 예측한 숫자는 115번째의 숫자이며, 인공 신경망은 9로 예측하였으며, 실제 값은 4입니다. 언뜻 보면 사람이 보기에도 혼동될 수 있는 형태의 숫자들입니다.

연 습 문 제

[문제] 학습 회수를 다음과 같이 50회로 늘려 정확도를 개선해 봅니다.

```
42 : model.fit(x_train, y_train, epochs=50)
```

이상에서 손글씨 숫자를 이용하여 인공 신경망을 학습시키고, 학습시킨 결과를 예측하는 과정을 자세히 살펴보았습니다. 일반적으로 인공 신경망을 이용할 때, 달라지는 부분은 데이터의 종류와 인공 신경망의 구성 형태입니다. 나머지 부분은 프레임워크처럼 비슷한 형태로 작성될 가능성이 높습니다.

04-3 패션 MNIST 데이터셋 인식시켜보기

여기서는 이전에 작성했던 예제를 부분적으로 수정해 가며 또다른 데이터셋인 패션 MNIST 데이터 셋을 사용해서 인공 신경망을 학습시켜봅니다. 패션 MNIST 데이터셋은 10개의 범주(category)와 70,000개의 흑백 이미지로 구성됩니다. 패션 MNIST 데이터셋의 그림은 손글씨 데이터 셋과 마찬 가지로 28x28 픽셀의 해상도를 가지며 다음처럼 신발, 옷, 가방 등의 품목을 나타냅니다.

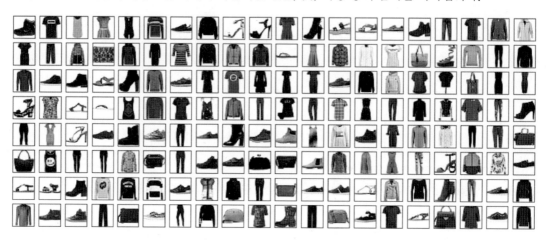

1 다음과 같이 예제를 수정합니다.

```
143_1.py
01 : import tensorflow as tf
02 :
03 : mnist = tf.keras.datasets.fashion_mnist
04 :
05 : (x_train, y_train),(x_test, y_test) = mnist.load_data()
06 : print( "x_train:%s y_train:%s x_test:%s y_test:%s "%(
07 :     x_train.shape, y_train.shape, x_test.shape, y_test.shape))
08 :
09 : import matplotlib.pyplot as plt
10 :
11 : plt.figure()
12 : plt.imshow(x_train[0])
13 : plt.show()
14 :
15 : for y in range(28):
16 :     for x in range(28):
17 :         print( "%4s "%x_train[0][y][x],end=' ')
18 : print()
19 :
20 : class_names = ['T-shirt/top', 'Trouser', 'Pullover', 'Dress', 'Coat',
21 :                 'Sandal', 'Shirt', 'Sneaker', 'Bag', 'Ankle boot']
```

```
22 :
23 : plt.figure(figsize=(10,10))
24 : for i in range(25):
25 :   plt.subplot(5,5,i+1)
26 :   plt.xticks([])
27 :   plt.yticks([])
28 :   plt.imshow(x_train[i], cmap=plt.cm.binary)
29 :   plt.xlabel(class_names[y_train[i]])
30 : plt.show()
31 :
32 : x_train, x_test = x_train/255.0, x_test/255.0
33 : x_train, x_test = x_train.reshape(60000,784), x_test.reshape(10000,784)
34 :
35 : model = tf.keras.models.Sequential([
36 :   tf.keras.layers.InputLayer(input_shape=(784,)),
37 :   tf.keras.layers.Dense(128, activation='relu'),
38 :   tf.keras.layers.Dense(10, activation='softmax')
39 : ])
40 :
41 : model.compile(optimizer='adam',
42 :               loss='sparse_categorical_crossentropy',
43 :               metrics=['accuracy'])
44 :
45 : model.fit(x_train, y_train, epochs=5)
46 :
47 : model.evaluate(x_test, y_test)
48 :
49 : p_test = model.predict(x_test)
50 : print('p_test[0] :', p_test[0])
51 :
52 : import numpy as np
53 :
54 : print('p_test[0] :', np.argmax(p_test[0]), class_names[np.argmax(p_test[0])],
55 :    'y_test[0] :', y_test[0], class_names[y_test[0]])
56 :
57 : x_test = x_test.reshape(10000,28,28)
58 :
59 : plt.figure()
60 : plt.imshow(x_test[0])
61 : plt.show()
62 :
63 : plt.figure(figsize=(10,10))
64 : for i in range(25):
65 :   plt.subplot(5,5,i+1)
66 :   plt.xticks([])
67 :   plt.yticks([])
```

```
68 :    plt.imshow(x_test[i], cmap=plt.cm.binary)
69 :    plt.xlabel(class_names[np.argmax(p_test[i])])
70 : plt.show()
71 :
72 : cnt_wrong = 0
73 : p_wrong = []
74 : for i in range(10000):
75 :    if np.argmax(p_test[i]) != y_test[i]:
76 :        p_wrong.append(i)
77 :        cnt_wrong +=1
78 :
79 : print( 'cnt_wrong : ', cnt_wrong)
80 : print( 'predicted wrong 10 : ', p_wrong[:10])
81 :
82 : plt.figure(figsize=(10,10))
83 : for i in range(25):
84 :   plt.subplot(5,5,i+1)
85 :   plt.xticks([])
86 :   plt.yticks([])
87 :   plt.imshow(x_test[p_wrong[i]], cmap=plt.cm.binary)
88 :   plt.xlabel("%s : p%s y%s "%(
89 :       p_wrong[i], class_names[np.argmax(p_test[p_wrong[i]])],
90 :       class_names[y_test[p_wrong[i]]]))
91 : plt.show()
```

20, 21 : 패션 MNIST 데이터 셋을 이루는 품목의 종류는 손글씨 MNIST 데이터 셋과 마찬가지로 10가지로 구성되며, 품목의 라벨은 숫자 0~9로 구성됩니다. 여기서는 품목의 해당 라벨값에 품목의 이름을 대응시킵니다. class_names 변수를 선언한 후, 품목의 이름 10가지로 초기화합니다. 예를 들어, 품목의 라벨 값 0은 'T-shirt/top'을 의미하며, 9는 'Ankle boot'를 의미합니다.

29 : y_train[i]는 숫자 라벨을 의미하므로 class_names[y_train[i]]로 변경해 줍니다.

54 : np.argmax(p_test[0])는 x_test[0] 항목에 대해 예측한 숫자값을 의미하므로 class_names[np.argmax(p_test[0])]로 변경해 줍니다.

55 : y_test[0]는 숫자 라벨을 의미하므로 class_names[y_test[0]]로 변경해 줍니다.

69 : np.argmax(p_test[i])는 x_test[i] 항목에 대해 예측한 숫자값을 의미하므로 class_names[np.argmax(p_test[i])]로 변경해 줍니다.

89 : np.argmax(p_test[p_wrong[i]])을 class_names[np.argmax(p_test[p_wrong[i]])]으로 변경해 줍니다.

90 : y_test[p_wrong[i]]을 class_names[y_test[p_wrong[i]]]으로 변경해 줍니다.

2 ▶ 버튼을 눌러 프로그램을 실행시킵니다. 다음은 실행 결과 화면입니다.

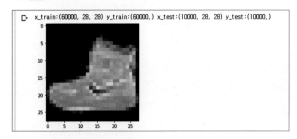

x_train[0] 항목의 그림은 Ankle boot입니다.

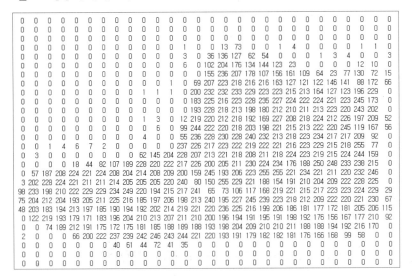

각 픽셀의 값이 0~255 사이의 값에서 출력되는 것을 확인합니다.

x_train 변수가 가리키는 패션 MNIST 그림 25개를 볼 수 있습니다. x_train 변수는 이런 그림을 6만개를 가리키고 있습니다.

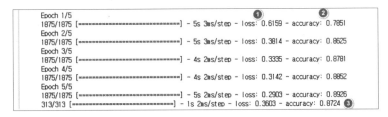

❶ 손실 함수에 의해 측정된 오차 값을 나타냅니다. 학습 회수가 늘어남에 따라 오차 값이 줄어듭니다.

❷ 학습 진행에 따른 정확도가 표시됩니다. 처음에 78.51%에서 시작해서 마지막엔 89.26%의 정확도로 학습이 끝납니다. 즉, 100개의 패션 MNIST 그림이 있다면 89.26개를 맞춘다는 의미입니다.

❸ 학습이 끝난 후에, evalueate 함수로 시험 데이터를 평가한 결과입니다. 손실값이 늘어났고, 정확도가 87.24%로 약간 떨어진 상태입니다.

```
p_test[0] : [1.0160066e-05 3.4290405e-08 3.1461993e-06 1.3471047e-09 1.1331924e-06
 3.7246171e-04 2.3442435e-06 3.2645520e-02 2.5410671e-05 9.6693981e-01]
p_test[0] : 9 Ankle boot y_test[0] : 9 Ankle boot
```

p_test[0]은 x_test[0]이 가리키는 패션 MNIST 그림에 대해 0~9 각각의 숫자에 대한 확률값 목록을 출력합니다. x_test[0]은 실제로 숫자 9를 가리키고 있습니다. 그래서 p_test[0]의 9번째 값의 확률이 가장 높게 나타납니다. 9번째 값은 9.6693981e-01이며 96.7%로 9라고 예측합니다. p_test[0]의 1번째 값은 숫자 0일 확률을 나타냅니다. p_test[0] 항목의 가장 큰 값의 항목 번호와 y_test[0] 항목이 가리키는 실제 라벨값이 같습니다. x_test[0] 항목의 경우 예측값과 실제값이 같아 인공 신경망이 옳게 예측합니다.

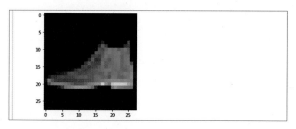

x_test[0] 항목의 그림은 Ankle boot입니다.

x_test 변수가 가리키는 패션 MNIST 그림 25개를 볼 수 있습니다. x_test 변수는 이런 그림을 1만 개를 가리키고 있습니다.

학습이 끝난 인공 신경망은 시험 데이터에 대해 10000개 중 1276개에 대해 잘못된 예측을 하였습니다. 즉, 10000개 중 8724(=10000-1276)개는 바르게 예측을 했으며, 나머지 1276개에 대해서는 잘못된 예측을 하였습니다. 예측 정확도는 87.24%, 예측 오류도는 12.76%입니다. 잘못 예측한 데이터 번호 10개에 대해서도 확인해 봅니다. 17번 데이터로 시작해서 67번 데이터까지 10개의 데이터 번호를 출력하고 있습니다. 첫 번째 잘못 예측한 패션 MNIST 그림은 17번째 그림이며, 인공 신경망은 Pullover로 예측하였으며, 실제 값은 Coat입니다. 두 번째 잘못 예측한 패션 MNIST 그림은 21번째의 그림이며, 인공 신경망은 Sneaker로 예측하였으며, 실제 값은 Sandal입니다. 언뜻 보면 사람이 보기에도 혼동될 수 있는 형태의 품목들입니다.

✎ 연 습 문 제

[문제] 학습 회수를 다음과 같이 50회로 늘려 정확도를 개선해 봅니다.

```
45 : model.fit(x_train, y_train, epochs=50)
```

이상에서 이전 예제를 수정한 후, 패션 MNIST 그림을 이용하여 인공 신경망을 학습시키고, 학습시킨 결과를 예측하는 과정을 살펴보았습니다. 패션 MNIST 그림의 경우 숫자 MNIST 그림보다 인식률이 낮습니다. 패션 MNIST 그림에 대한 낮은 인식률은 인공 신경망의 구성을 바꾸어서 높일 수 있습니다.

A i with Arduino

CHAPTER 02

인공지능의 딥러닝
알고리즘 기초

이번 Chapter에서는 아두이노를 이용하여 기초적인 딥러닝 알고리즘을 살펴보고 구현해 봅니다. 첫 번째, 딥러닝의 단일 인공 신경 알고리즘을 살펴보고 구현해 봅니다. 이 과정에서 순전파, 오차함수, 경사 하강법, 최적화 함수, 예측값, 가중치, 편향, 오차 역전파, 딥러닝의 인공 신경 학습 등에 대한 용어를 이해하고 구현에 적용해 봅니다. 두 번째, 딥러닝의 단일 출력 3층 인공 신경망 알고리즘을 살펴보고 구현해 봅니다.

01 _ 단일 인공 신경 알고리즘

여기서는 아두이노 상에서 C/C++로 단일 인공 신경을 직접 구현해 보면서 인공 신경의 동작을 이해하고 응용할 수 있도록 합니다. 또 인공 신경과 관련된 중요한 용어들, 예를 들어, 순전파, 오차함수, 경사 하강법, 역전파, 최적화 함수와 같은 용어들을 아두이노 상에서 구현을 통해 이해해 보도록 합니다.

01-1 아두이노 개발 환경 구성하기

인공 신경 알고리즘을 아두이노 상에서 구현해 보기 위해 아두이노 개발 환경을 구성합니다.

아두이노 소프트웨어 설치하기

먼저 인공 신경망을 구현하고, 컴파일하고, 아두이노 보드에 업로드하기 위한 개발 환경을 제공하는 아두이노 소프트웨어를 설치하도록 합니다.

우리는 이 프로그램을 이용하여

❶ 아두이노 스케치를 작성하고,

❷ 작성한 스케치를 컴파일하고,

❸ 컴파일한 스케치를 아두이노 보드상에 업로드하고,

❹ 시리얼 모니터를 통해 결과를 확인하게 됩니다.

1 [www.arduino.cc] 사이트에 접속합니다.

2 홈페이지가 열립니다. [SOFTWARE] 메뉴를 선택합니다.

3 새로 열린 페이지에서 아래로 조금 이동하여 다음 부분을 찾습니다.

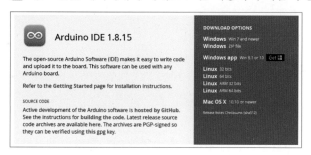

※ 2021년 6월 기준 ARDUINO 1.8.15이 사용되며, 버전은 다운로드 시점에 따라 변경될 수 있습니다.

4 [Windows Win 7 and newer]를 마우스 클릭합니다.

Windows Win 7 and newer

5 다음 페이지로 연결됩니다. 하단에 있는 [JUST DOWNLOAD] 부분을 누릅니다.

※ 맥 OS 사용자의 경우엔 다음을 선택합니다.

Mac OS X 10.10 or newer

※ 리눅스 OS 사용자의 경우엔 다음 중 하나를 선택합니다.

Linux 32 bits
Linux 64 bits
Linux ARM 32 bits
Linux ARM 64 bits

[Linux ARM 32 bits]나 [Linux ARM 64 bits]의 경우엔 라즈베리파이와 같이 ARM 기반 SOC에서 동작하는 리눅스에서 사용합니다.

6 다운로드가 완료되면 마우스 클릭하여 설치 프로그램을 실행시킵니다.

7 다음과 같이 [Arduino Setup: License Agreement] 창이 뜹니다. 사용 조건 동의에 대한 내용입니다. [I Agree] 버튼을 눌러 동의합니다.

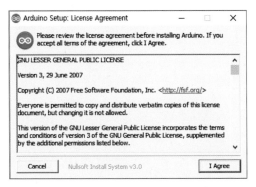

8 다음과 같이 [Arduino Setup: Installation Options] 창이 뜹니다. 설치 선택에 대한 내용입니다. 기본 상태로 둔 채 [Next] 버튼을 누릅니다.

9 다음과 같이 [Arduino Setup: Installation Folder] 창이 뜹니다. 설치 폴더 선택 창입니다. 기본 상태로 둔 채 [Install] 버튼을 누릅니다.

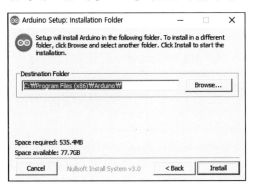

🔟 다음과 같이 설치가 진행됩니다.

1️⃣1️⃣ 설치 마지막 단계에 다음과 같은 창이 하나 이상 뜹니다. 아두이노 보드에 접근하기 위해 필요한 드라이버 설치 창입니다. [설치(I)] 버튼을 눌러줍니다.

1️⃣2️⃣ 다음과 같이 [Arduino Setup: Completed] 창이 뜹니다. 설치 완료 창입니다. [Close] 버튼을 눌러 설치를 마칩니다.

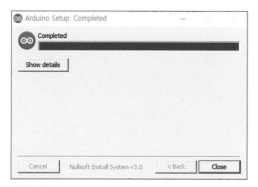

1️⃣3️⃣ 바탕 화면에 다음 아이콘이 설치됩니다. 아이콘을 눌러 아두이노 소프트웨어를 실행시킵니다.

14 처음엔 다음과 같은 보안 경고 창이 뜹니다. 아두이노 소프트웨어를 사용하기 위해 필요한 부분이기 때문에 [액세스 허용(A)] 버튼을 누릅니다.

15 다음과 같이 아두이노 소프트웨어 프로그램이 실행되는 것을 볼 수 있습니다.

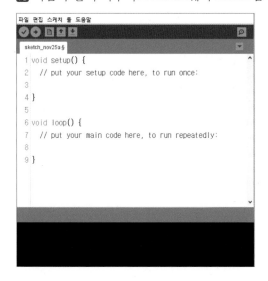

아두이노 보드에 컴퓨터 연결하기

이제 아두이노 보드와 컴퓨터를 연결해 봅니다. 아두이노 보드의 USB는 다음과 같이 세 가지 기능을 제공합니다.

❶ 전원을 공급 받을 수 있고,

❷ 시리얼 포트를 통해 컴파일한 프로그램을 업로드할 수 있고,

❸ 시리얼 포트를 통해 디버깅 메시지를 볼 수 있습니다.

그래서 아두이노 보드는 USB 케이블 하나로 컴퓨터로 연결될 수 있으며, 간단한 인터페이스를 이용하여, 개발을 진행할 수 있습니다.

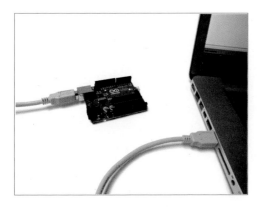

1 아두이노 우노 보드를 준비합니다. 아두이노 우노 보드는 가장 먼저 나온 아두이노 보드로 많은 사람들이 사용하고 있는 보드입니다.

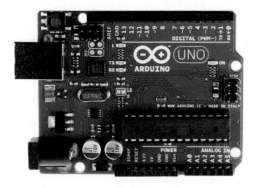

2 다음과 같은 모양의 USB 케이블을 준비합니다. 이 케이블을 이용하여 아두이노 보드와 컴퓨터를 연결합니다.

컴퓨터에 연결   아두이노에 연결

3 USB 케이블의 한쪽 끝을 아두이노 보드에 연결합니다.

4 USB 케이블의 다른 쪽 끝을 컴퓨터에 연결합니다.

아두이노 보드와 시리얼 포트 선택하기

여기서는

❶ 아두이노 소프트웨어에서 사용할 보드로 아두이노 우노를 선택하고,

❷ 아두이노 스케치 프로그램을 업로드 할 포트를 선택하는

방법을 살펴봅니다.

❶ 보드 선택

1 다음과 같이 아두이노 소프트웨어에서 [툴]−[보드]−[Arduino/Genuino Uno] 보드를 선택합니다. 사용하는 보드에 대한 선택은 이 메뉴를 통해서 하면 됩니다.

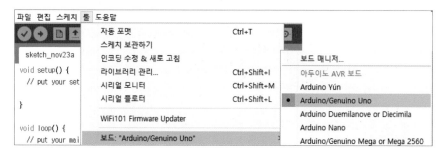

❷ 포트 선택

2 다음과 같이 [툴]−[포트]−[COM10]을 선택합니다. 독자 여러분의 경우 이 부분이 달라질 수 있습니다. 예를 들어, COM6 등으로 표시될 수 있습니다.

※ 우리는 포트를 통해서 아두이노 스케치 프로그램을 업로드하고, 시리얼 모니터를 통한 디버깅 메시지를 확인합니다.

스케치 작성해 보기

여기서는

❶ Hello PC 스케치를 작성한 후,

❷ 컴파일하고,

❸ 아두이노 보드에 업로드하고,

❹ 시리얼 모니터를 통해 결과를 확인해 봅니다.

❶ 스케치 작성하기

1 다음과 같이 예제를 작성합니다.

```
sketch_nov25a §
1  void setup() {
2    Serial.begin(115200);
3
4  }
5
6  void loop() {
7    Serial.println("Hello PC^^. I'm an Arduino~");
8
9  }
```

2 : 아두이노가 Serial.begin 명령을 수행하여 PC로 연결된 Serial의 통신 속도를 115200bps로 설정하게 합니다. 115200bps 는 초당 115200 비트를 보내는 속도입니다. 시리얼 포트를 통해 문자 하나를 보내는데 10비트가 필요합니다. 그러므로 1초에 115200/10 = 11520 문자를 보내는 속도입니다. 11520 문자는 A4 용지 기준 5~6페이지 정도의 양입니다. 비트는 0 또는 1을 담을 수 있는 데이터 저장의 가장 작은 단위입니다.

7 : 아두이노가 Serial.println 명령을 수행하여 "Hello PC^^. I'm an Arduino~" 문자열을 PC로 출력하게 합니다. println은 print line의 약자입니다. ln의 l은 영문 대문자 아이(I)가 아니고 소문자 엘(l)입니다.

시리얼 통신은 다음 부분을 통해서 이루어집니다.

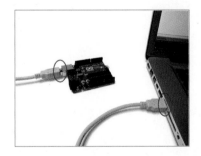

시리얼 통신의 원리는 종이컵과 실을 이용하여 말하고 들을 수 있는 원리와 같습니다. 우리가 하는 말이 실을 통해 순차적으로 전달되는 원리로 아두이노 보드와 컴퓨터도 통신을 하게 됩니다.

 스케치 저장하기

2 다섯 번째 아이콘인 [저장] 버튼을 누릅니다.

3 그러면 다음과 같은 "스케치 폴더를 다른 이름으로 저장…] 창이 뜹니다.

4 프로젝트 디렉터리를 만들기 위해 오른쪽 상단에 있는 [새 폴더 만들기] 버튼(🗐)을 누릅니다. 디렉터리 이름을 [exercises]로 합니다. 한글 이름은 오류가 발생할 수 있으므로 사용하지 않습니다.

5 [exercises] 디렉터리로 이동하여 [00_hello_pc]를 입력한 후, [저장] 버튼을 누릅니다.

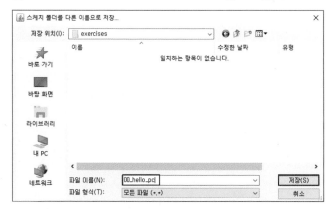

❸ 스케치 컴파일하기

7 첫 번째 아이콘인 [확인] 버튼을 눌러 컴파일을 수행합니다.

8 [컴파일 완료]를 확인합니다.

> 컴파일 완료.
> 스케치는 프로그램 저장 공간 1506 바이트(4%)를 사용.
> 전역 변수는 동적 메모리 216바이트(10%)를 사용, 1832년

❹ 스케치 업로드하기

컴파일한 스케치를 아두이노 보드 상에 있는 마이컴에 쓰는 작업입니다. 업로드를 하면 전원을 꺼도 컴파일한 스케치의 내용은 마이컴 상에 남아 있습니다.

확인하기: '아두이노 보드와 시리얼 포트 선택하기'을 참고하여 업로드 직전에 아두이노 보드와 포트를 선택합니다.

9 [업로드] 버튼을 눌러줍니다.

10 메시지 영역에 "업로드 완료."와 콘솔에 다음과 같은 메시지를 확인합니다.

> 업로드 완료.
> 스케치는 프로그램 저장 공간 1506 바이트(4%)를 사용.
> 전역 변수는 동적 메모리 216바이트(10%)를 사용, 1832년

❺ 시리얼 모니터 확인

이제 결과를 시리얼 모니터를 통해 확인합니다. 시리얼 모니터에는 컴퓨터와 아두이노가 USB를 통해 수행하는 시리얼 통신 내용이 표시됩니다.

11 [시리얼 모니터] 버튼을 눌러줍니다.

> 시리얼 모니터 🔎

12 시리얼 모니터 창이 뜨면, 우측 하단에서 통신 속도를 115200으로 맞춰줍니다.

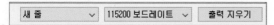

⑬ 다음과 같은 메시지가 반복적으로 뜨는 것을 확인합니다.

```
Hello PC^^. I'm an Arduino~
Hello PC^^. I'm an Arduino~
Hello PC^^. I'm an Arduino~
Hello PC^^. I'm an Arduino~
Hello PC^^. I'm an Arduino~
```

loop 함수가 반복돼서 호출되기 때문에 메시지도 반복돼서 뿌려지게 됩니다.

❻ 아두이노 오류 발생 시 대처방법

앞으로 여러분은 아두이노를 다루는 과정에서 몇 가지 정형화된 오류를 반복적으로 접하게 됩니다. 이때는 다음 순서로 문제를 해결해 보도록 합니다.

❶ USB 포트 연결에 문제가 발생하는 경우가 있습니다. 이 경우엔 USB 연결을 해제한 후 다시 연결합니다.
❷ 아두이노 소프트웨어에서 설정이 제대로 안되어 있는 경우가 있습니다. 이 경우엔 아두이노 소프트웨어의 tool 메뉴에서 보드와 포트가 제대로 선택되어 있는지 확인합니다.
❸ 아두이노 스케치에 C 문법 오류가 있는 경우가 있습니다. 이 경우엔 반점(;–세미콜론), 괄호(소괄호(), 중괄호{}, 대괄호[]), 점(.), 함수 색상 순서로 확인해 봅니다.
❹ 아두이노 보드 자체에 하드웨어적인 문제가 있는 경우가 있습니다. 이 경우엔 blink 예로 아두이노 보드의 상태를 확인합니다.

01-2 단일 인공 신경 구현해 보기

여기서는 다음과 같은 형태의 단일 인공 신경을 아두이노 스케치로 구현해 봅니다. 이 인공 신경은 입력 노드 1개, 출력 노드 1개, 편향으로 구성된 단일 인공 신경입니다.

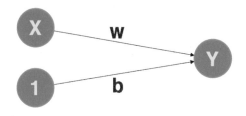

그리고 다음과 같은 숫자들의 집합 X, Y를 이용하여, 인공 신경을 학습시켜 봅니다.

X:	-1	0	1	2	3	4
Y:	-2	1	4	7	10	13

그래서 다음 함수를 근사하는 인공 신경 함수를 만들어 보도록 합니다.

y = f(x) = 3*x + 1 (x는 실수)

인공 신경을 학습시키는 과정은 w, b 값을 X, Y 값에 맞추어 가는 과정입니다. 그래서 학습이 진행됨에 따라 w 값은 3에 가까운 값으로, b 값은 1에 가까운 값으로 이동하게 됩니다.

일반 함수 구현해 보기

먼저 위 함수를 아두이노 스케치로 구현해 봅니다.

1 다음과 같이 예제를 작성합니다.

```
212_1.ino
01    double f(double x) {
02            return 3*x + 1;
03    }
04
05    void setup() {
06            Serial.begin(115200);
07            while(!Serial) ;
08
09            double x = 10;
10
11            double y = f(x);
12
13            Serial.print(" y:  ");
14            Serial.print(y);
15
16            Serial.println();
17    }
18
19    void loop() {
20
21    }
```

01~03 : f 함수를 정의합니다. 함수 f는 실수 매개변수 x로 입력을 받고 실수를 내어줍니다.
06 : Serial.begin 함수를 호출하여 시리얼 통신 모듈을 초기화합니다.
07 : 시리얼 통신 모듈 초기화가 될 때까지 기다립니다.
9 : 실수형 x 변수를 생성한 후, 10으로 초기화합니다.
11 : f 함수에 x를 인자로 주어 호출한 후, 결과 값을 실수형 y 변수로 받습니다.
13, 14 : Serial.print 함수를 호출하여 y 값을 출력합니다.
16 : Serial.println 함수를 호출하여 새줄을 출력합니다.

2 [툴] 메뉴를 이용하여 보드, 포트를 다음과 같이 선택합니다.

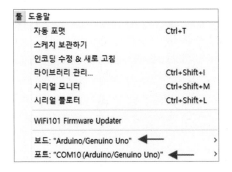

3 컴파일과 업로드를 수행합니다.

4 [시리얼 모니터] 버튼을 클릭합니다.

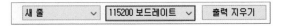

5 시리얼 모니터 창이 뜨면, 우측 하단에서 통신 속도를 115200으로 맞춰줍니다.

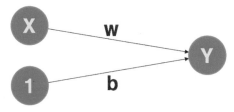

6 출력결과를 확인합니다.

```
y: 31.00
```

y 값이 31로 표시되는 것을 확인합니다.

단일 인공 신경 구현과 순전파

다음은 단일 인공 신경을 아두이노 스케치로 구성해 봅니다.

X →(W)→ Y
1 →(b)→ Y

이 신경의 수식은 다음과 같습니다.

$$y = xw + b$$

또 다음과 같은 숫자들의 집합 X, Y를 입력값과 목표값으로 준비합니다.

1 다음과 같이 예제를 작성합니다.

```
212_2.ino
01      double xs[] = {-1.0,0.0,1.0,2.0, 3.0, 4.0};
02      double ys[] = {-2.0,1.0,4.0,7.0,10.0,13.0};
03
04      double w = 10;
05      double b = 10;
06
07      void setup() {
08              Serial.begin(115200);
09              while(!Serial) ;
10
11              double y = xs[0]*w + 1*b;
12
13              Serial.print(" x: ");
14              Serial.print(xs[0]);
15              Serial.print(" y: ");
16              Serial.print(y);
17
18              Serial.println();
19      }
20
21      void loop() {
22
23      }
```

01, 02 : 실수형 배열 변수 xs, ys를 선언한 후, 다음 X, Y 값으로 초기화합니다.

X:	-1	0	1	2	3	4
Y:	-2	1	4	7	10	13

배열에 항목 개수를 정하지 않으면, 값에 들어가 있는 개수로 초기화됩니다.

04 :입력값의 가중치값을 저장할 실수형 변수 w를 선언한 후, 10으로 초기화합니다. 10은 임의로 선택한 값입니다.
입력값의 가중치는 입력값의 강도, 세기라고도 하며 입력값을 증폭 시키거나 감소시키는 역할을 합니다. 인공
신경도 가지돌기의 두께에 따라 입력 신호가 증폭되거나 감소될 수 있는데, 이런 관점에서 가중치는 가지돌기의
두께에 해당되는 변수로 생각할 수 있습니다.

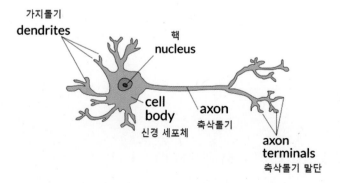

05　: 인공 신경의 편향값을 저장할 실수형 변수 b를 선언한 후, 10으로 초기화합니다. 10은 임의로 선택한 값입니다. 편향값은 가중치를 거친 입력값의 합(=전체 입력신호)에 더해지는 값으로 입력신호를 좀 더 세게 해주거나 약하게 하는 역할을 합니다.

11　: 다음과 같이 단일 인공 신경을 수식으로 표현합니다.

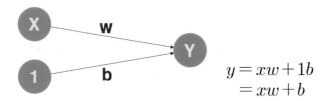

$$y = xw + 1b$$
$$= xw + b$$

　일단 xs[0] 항목을 w에 곱한 후, b를 더해준 후, 실수형 변수 y에 대입해 줍니다. 이 과정에서 순전파가 이루어집니다. 즉, xs[0] 항목이 w에 곱해지고 b와 더해져 y에 도달하는 과정을 순전파라고 합니다. 순전파 결과 얻어진 y 값을 인공 신경망에 의한 예측값이라고 합니다.

13, 14 : Serial.print 함수를 호출하여 xs[0] 값을 출력합니다.

15, 16 : Serial.print 함수를 호출하여 y 값을 출력합니다.

2 [툴] 메뉴를 이용하여 보드, 포트를 다음과 같이 선택합니다.

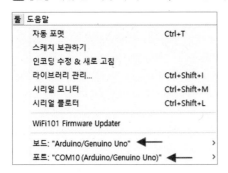

3 컴파일과 업로드를 수행합니다.

4 [시리얼 모니터] 버튼을 클릭합니다.

시리얼 모니터 🔎

5 시리얼 모니터 창이 뜨면, 우측 하단에서 통신 속도를 115200으로 맞춰줍니다.

6 출력결과를 확인합니다.

```
x: -1.00 y: 0.00
```

x 값은 -1.00, y 값은 0.00으로 표시되는 것을 확인합니다. 아직은 가중치 w, 편향 b에 대한 학습이 이루어지지 않았기 때문에 우리가 원하는 값이 나오지는 않습니다.

오차 함수 구현

여기서는 인공 신경망을 통해 얻어진 예측값과 목표값의 오차를 계산하는 부분을 추가해 봅니다. 오차(error)는 손실(loss) 또는 비용(cost)이라고도 합니다. 오차값이 작을수록 예측을 잘하는 인공 신경망입니다. 다음 그림은 단일 인공 신경을 통해 예측값 p를 구한 후, p값을 이용하여 오차값 E를 계산하는 과정을 보여줍니다. t는 목표값을 나타냅니다.

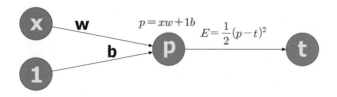

1 다음과 같이 예제를 수정합니다.

```
212_3.ino
01    double xs[] = {-1.0,0.0,1.0,2.0, 3.0, 4.0};
02    double ys[] = {-2.0,1.0,4.0,7.0,10.0,13.0};
03
04    double w = 10;
05    double b = 10;
06
07    void setup() {
08            Serial.begin(115200);
09            while(!Serial) ;
10
11            double y = xs[0]*w + 1*b;
12
13            double prediction = y;
14            double target = ys[0];
15            double Error = 0.5*pow((prediction-target), 2);
16
17            Serial.print("x: ");
18            Serial.print(xs[0]);
19            Serial.print(" y: ");
20            Serial.print(y);
21            Serial.println();
22            Serial.print("E: ");
23            Serial.print(Error);
24
25            Serial.println();
26    }
27
28    void loop() {
29
30    }
```

13 : 실수형 변수 prediction을 선언한 후, 예측값을 가진 y값을 받습니다.

14 : 실수형 변수 target을 선언한 후, ys[0]값을 받습니다. ys[0]은 인공 신경망에 대한 xs[0]값의 목표값입니다.

15 : 실수형 변수 Error를 선언한 후, 다음과 같은 형태의 수식을 구현합니다.

$$E = \frac{1}{2}(p-t)^2, \ (p: prediction, t: target)$$

p의 값이 t에 가까울수록 E의 값은 0에 가까워집니다. 즉, 오차값이 0에 가까워집니다. 이 수식을 오차함수 또는 손실함수 또는 비용함수라고 합니다. pow는 거듭제곱함수입니다. pow 함수의 첫 번째 매개변수는 거듭제곱할 대상, 두 번째 매개변수는 거듭제곱 횟수입니다.

22, 23 : Serial.print 함수를 호출하여 Error 값을 출력합니다.

2 [툴] 메뉴를 이용하여 보드, 포트를 다음과 같이 선택합니다.

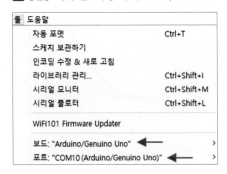

3 컴파일과 업로드를 수행합니다.

4 [시리얼 모니터] 버튼을 클릭합니다.

5 시리얼 모니터 창이 뜨면, 우측 하단에서 통신 속도를 115200으로 맞춰줍니다.

새 줄 ∨	115200 보드레이트 ∨	출력 지우기

6 출력결과를 확인합니다.

```
x: -1.00 y: 0.00
E: 2.00
```

Error 값이 2.00으로 표시되는 것을 확인합니다. 아직은 가중치 w, 편향 b에 대한 학습이 이루어지지 않았기 때문에 오차값이 큽니다. 이 오차값을 0에 가까운 값이 되도록 우리는 뒤에서 w, b에 대한 학습을 수행하게 됩니다.

경사 하강법

※ 경사 하강법은 기울기 하강법, 미분 하강법, 도함수 하강법, 변화율 하강법이라고도 할수 있습니다.

여기서는 인공 신경망 학습에 아주 중요한 요소인 경사 하강법에 대해 소개합니다. 경사 하강법은 경사 방향으로 하강하는 방법이라는 의미입니다. 다음 그림과 같이 공이 기운 방향으로 이동하여 단계적으로 최저점에 도달하는 원리를 수식으로 표현한 것을 경사 하강법이라고 합니다. 경사 하강법에 대해 예제를 통해 이해해 보도록 합니다.

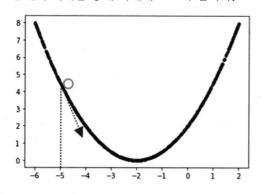 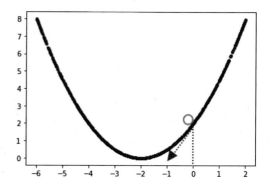

다음은 경사 하강법을 나타내는 수식으로 p의 최적화 함수라고도 합니다.

$$p = p - \alpha \frac{dE}{dp}$$

이전 예제에서 우리는 다음 수식을 구현하였습니다.

$$E = \frac{1}{2}(p-t)^2, \ (p : prediction, t : target)$$

이 식에서는 p의 값이 t의 값에 가까울수록 E의 값은 0에 가까워집니다. 이전 예제에서 t의 값은 -2.0이었으므로 이 식은 다음과 같이 변경할 수 있습니다.

$$E = \frac{1}{2}(p+2)^2$$

이 수식을 p값이 -6에서 2사이 범위에서 그래프를 그려보도록 합니다.

1 다음과 같이 예제를 작성합니다. 구글 코랩을 이용하여 작성합니다.

```
212_4.ino
01 : import numpy as np
02 : import time
03 : import matplotlib.pyplot as plt
```

```
04 :
05 : NUM_SAMPLES = 1000
06 :
07 : np.random.seed(int(time.time()))
08 :
09 : ps = np.random.uniform(-6, 2, NUM_SAMPLES)
10 :
11 : es = 0.5*(ps+2)**2
12 :
13 : plt.plot(ps, es, 'b.')
14 : plt.show()
```

01 : import문을 이용하여 numpy 모듈을 np라는 이름으로 불러옵니다. 07, 09, 11 줄에서 사용합니다.

02 : import문을 이용하여 time 모듈을 불러옵니다. 07줄에서 임의 숫자(난수) 생성 초기화에 사용합니다.

03 : import문을 이용하여 matplotlib.pyplot 모듈을 plt라는 이름으로 불러옵니다. 여기서는 matplotlib.pyplot 모듈을 이용하여 13, 14줄에서 그래프를 그립니다.

05 : NUM_SAMPLES 변수를 생성한 후, 1000으로 초기화합니다. NUM_SAMPLES 변수는 생성할 데이터의 개수 값을 가지는 변수입니다.

07 : np.random.seed 함수를 호출하여 임의 숫자 생성을 초기화합니다. time.time 함수를 호출하여 현재 시간을 얻어낸후, 정수값으로 변환하여 np.random.seed 함수의 인자로 줍니다. 이렇게 하면 현재 시간에 맞춰 임의 숫자 생성이 초기화됩니다.

09 : np.random.uniform 함수를 호출하여 (-6, 2) 범위에서 NUM_SAMPLES 만큼의 임의 값을 차례대로 고르게 추출하여 ps 변수에 저장합니다.

11 : 다음 식을 이용하여 추출된 ps 값에 해당하는 es 값을 계산합니다. es 값도 NUM_SAMPLES 개수만큼 추출됩니다.

$$E = \frac{1}{2}(p+2)^2$$

파이썬에서 *는 곱셈기호, **는 거듭제곱기호를 나타냅니다.

13 : plt.plot 함수를 호출하여 ps, es 좌표 값에 맞추어 그래프를 내부적으로 그립니다. 그래프의 색깔은 파란색으로 그립니다. 'b.'은 파란색을 의미합니다.

14 : plt.show 함수를 호출하여 화면에 그래프를 표시합니다.

2 ▶ 버튼을 눌러 프로그램을 실행시킵니다. 다음은 실행 결과 화면입니다.

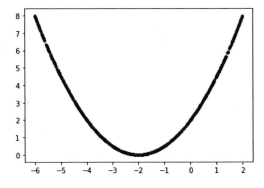

이 그래프에서 p값이 -2일 때 E는 최소값 0이 됩니다.

❶ 왼쪽 이동 경사 하강법

다음 그림을 살펴봅니다. 이전 예제에서 p값은 0이었습니다. E값이 최소가 되기 위해서 p값은 0에서 −2로 옮겨가야 합니다. 그러기 위해서 p값은 기울어진 방향으로 이동하여야 합니다. 이 그림에서 p값은 왼쪽으로 이동하여야 합니다.

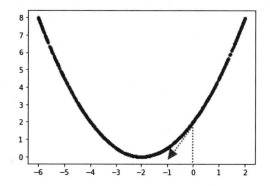

다음 그림에서 p값이 왼쪽으로 이동하면 E값은 아래로 이동합니다.

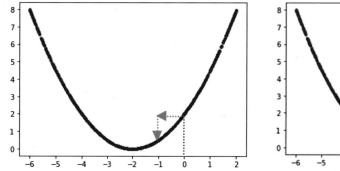 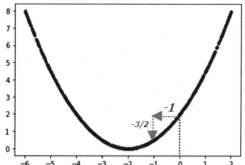

예를 들어, p값이 현재 위치 0에서 −1(왼쪽으로 1)만큼 이동하면 E값은 −3/2(아래로 3/2)만큼 이동합니다. 다음은 이 과정에 대한 수식입니다.

$$E_0 = \frac{1}{2}(0+2)^2 = 2$$

$$E_{-1} = \frac{1}{2}(-1+2)^2 = \frac{1}{2}$$

$$E_{-1} - E_0 = \frac{1}{2} - 2 = -\frac{3}{2}$$

p값이 왼쪽으로 아주 조금 이동하면 E값은 아래로 아주 조금 이동합니다. 이것을 그림으로 나타내면 다음과 같습니다.

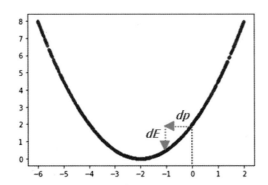

dp에 대한 dE의 비율을 다음과 같이 표현합니다.

$$\frac{dE}{dp}$$

이 표현법은 p값이 아주 작게 변할 때, E값이 아주 작게 변하는 비율을 나타냅니다. 이 표현법을 E의 p에 대한 기울기 또는 경사도라고 합니다. 다음 그림은 p값이 0일 때 해당 위치에서의 기울기를 나타냅니다.

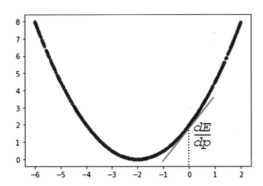

이 그림의 경우 기울기 $\frac{dE}{dp} > 0$ 입니다.

$\frac{dE}{dp} > 0$ 일 경우 p값은 현재 위치에서 왼쪽으로 이동해야 E값이 작아집니다. 이 경우 다음 수식에 의해 p 값은 기울어진 방향(왼쪽 방향)으로 이동합니다.

$$p = p - \frac{dE}{dp}$$

즉, 새로운 p값은 이전 p값보다 작아집니다. p의 이동정도를 조절하기 위해서 다음과 같이 수식을 변경할 수 있습니다.

$$p = p - \alpha \frac{dE}{dp}$$

이 수식을 p의 최적화 함수라고 합니다. α 는 학습률(learning rate)라고 하며, p값의 이동 정도를 조절합니다.

❷ 오른쪽 이동 경사 하강법

다음 그림을 살펴봅니다. 이번엔 p값이 −5라고 가정해 봅니다. E값이 최소가 되기 위해서 p값은 −5에서 −2로 옮겨가야 합니다. 그러기 위해서 p값은 기울어진 방향으로 이동하여야 합니다. 이 그림에서 p값은 오른쪽으로 이동하여야 합니다.

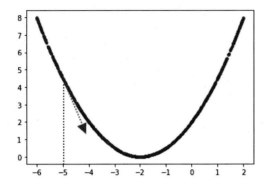

다음 그림에서 p값이 오른쪽으로 이동하면 E값은 아래로 이동합니다.

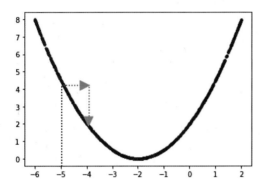 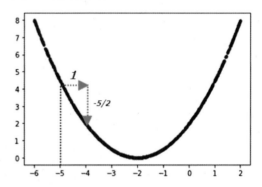

예를 들어, p값이 현재 위치 −5에서 +1(오른쪽으로 1)만큼 이동하면 E값은 −5/2(아래로 5/2만큼) 이동합니다. 다음은 이 과정에 대한 수식입니다.

$$E_{-5} = \frac{1}{2}(-5+2)^2 = \frac{9}{2}$$
$$E_{-4} = \frac{1}{2}(-4+2)^2 = 2$$
$$E_{-4} - E_{-5} = 2 - \frac{9}{2} = -\frac{5}{2}$$

p값이 오른쪽으로 아주 조금 이동하면 E값은 아래로 아주 조금 이동합니다. 이것을 그림으로 나타내면 다음과 같습니다.

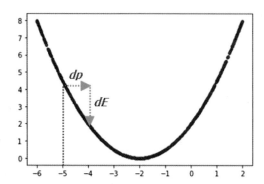

dp에 대한 dE의 비율을 다음과 같이 표현합니다.

$$\frac{dE}{dp}$$

이 표현법은 p값이 아주 작게 변할 때, E값이 아주 작게 변하는 비율을 나타냅니다. 이 표현법을 E의 p에 대한 기울기 또는 경사도라고 합니다. 다음 그림은 p값이 −5일 때 해당 위치에서의 기울기를 나타냅니다.

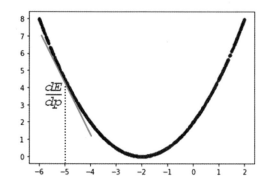

이 그림의 경우 기울기 $\frac{dE}{dp} < 0$ 입니다.

$\frac{dE}{dp} < 0$ 일 경우 p값은 현재 위치에서 오른쪽으로 이동해야 E값이 작아집니다. 이 경우 다음 수식에 의해 p 값은 기울어진 방향(오른쪽 방향)으로 이동합니다.

$$p = p - \frac{dE}{dp}$$

즉, 새로운 p값은 이전 p값보다 커집니다. p의 이동정도를 조절하기 위해서 다음과 같이 수식을 변경할 수 있습니다.

$$p = p - \alpha\frac{dE}{dp}$$

이 수식을 p의 최적화 함수라고 합니다. α 는 학습률(learning rate)라고 하며, p값의 이동 정도를 조절합니다.

❸ 오차 함수 기울기 구하기

다음 수식에 대해

$$E = \frac{1}{2}(p+2)^2$$

$\frac{dE}{dp}$ 는 다음과 같습니다.

$$\frac{dE}{dp} = p+2$$

그래서 p의 최적화 함수는 다음과 같습니다.

$$p = p - \alpha\frac{dE}{dp}$$
$$= p - \alpha(p+2)$$

최적화 함수 왼쪽 이동하기

그러면 최적화 함수를 이용하여 p값이 0에서 −2로 가까워지는 예제를 수행해 봅니다.

1 다음과 같이 이전 예제를 수정합니다.

212_5.ino

```
01 : import numpy as np
02 : import time
03 : import matplotlib.pyplot as plt
04 :
05 : NUM_SAMPLES = 1000
06 :
07 : np.random.seed(int(time.time()))
08 :
09 : ps = np.random.uniform(-6, 2, NUM_SAMPLES)
10 :
11 : es = 0.5*(ps+2)**2
12 :
13 : plt.plot(ps, es, 'b.')
14 : plt.show()
15 :
16 : p = 0
17 : E = 0.5*(p+2)**2
18 : lr = 0.5
19 :
```

```
20 : DpE = p+2
21 : p = p - lr*DpE
22 : print('p : ', p)
```

16 : p 변수를 선언한 후, 0으로 초기화합니다.
17 : 다음 수식을 구현합니다.

$$E = \frac{1}{2}(p+2)^2$$

18 : lr 변수를 선언한 후, 0.5로 초기화합니다. lr은 학습률을 나타냅니다. 이 값에 따라 학습의 정도가 빠르거나 늦어집니다.
20 : 다음 수식을 구현합니다.

$$\frac{dE}{dp} = p + 2$$

21 : 다음 수식을 구현합니다.

$$p = p - \alpha \frac{dE}{dp}$$

22 : print 함수를 호출하여 왼쪽으로 이동한 p값을 출력해 봅니다.

2 ▶ 버튼을 눌러 프로그램을 실행시킵니다. 다음은 실행 결과 화면입니다.

```
p : -1.0
```

p값이 0에서 -1로 이동한 것을 확인합니다.

최적화 함수 반복 적용해 보기

여기서는 이 과정을 2회 수행해 보도록 합니다.

1 다음과 같이 예제를 수정합니다.

212_6.ino

```
01 : import numpy as np
02 : import time
03 : import matplotlib.pyplot as plt
04 :
05 : NUM_SAMPLES = 1000
06 :
07 : np.random.seed(int(time.time()))
08 :
09 : ps = np.random.uniform(-6, 2, NUM_SAMPLES)
10 :
11 : es = 0.5*(ps+2)**2
```

```
12 :
13 : plt.plot(ps, es, 'b.')
14 : plt.show()
15 :
16 : p = 0
17 : E = 0.5*(p+2)**2
18 : lr = 0.5
19 :
20 : for i in range(2):
21 :     DpE = p+2
22 :     p = p - lr*DpE
23 :     print('p :', p)
```

20 : for 문을 이용하여 21~23 과정을 2회 수행합니다.

2 ▶ 버튼을 눌러 프로그램을 실행시킵니다. 다음은 실행 결과 화면입니다.

```
p : -1.0
p : -1.5
```

p값이 −1.0에서 −1.5로 한 번 더 이동한 것을 확인합니다.

3 다음과 같이 예제를 수정합니다.

```
20 : for i in range(4):
```

20 : for 문을 이용하여 4회 수행합니다.

4 ▶ 버튼을 눌러 프로그램을 실행시킵니다. 다음은 실행 결과 화면입니다.

```
p : -1.0
p : -1.5
p : -1.75
p : -1.875
```

p값이 −1.875까지 이동한 것을 확인합니다.

5 다음과 같이 예제를 수정합니다.

```
20 : for i in range(8):
```

20 : for 문을 이용하여 21~23 과정을 2회 수행합니다.

6 ▶ 버튼을 눌러 프로그램을 실행시킵니다. 다음은 실행 결과 화면입니다.

```
p : -1.0
p : -1.5
p : -1.75
p : -1.875
p : -1.9375
p : -1.96875
p : -1.984375
p : -1.9921875
```

p값이 −1.9921875까지 이동한 것을 확인합니다.

7 다음과 같이 예제를 수정합니다.

```
20 : for i in range(16):
```

20 : for 문을 이용하여 21~23 과정을 2회 수행합니다.

8 ▶ 버튼을 눌러 프로그램을 실행시킵니다. 다음은 실행 결과 화면입니다.

```
p : -1.0
p : -1.5
p : -1.75
p : -1.875
p : -1.9375
p : -1.96875
p : -1.984375
p : -1.9921875
p : -1.99609375
p : -1.998046875
p : -1.9990234375
p : -1.99951171875
p : -1.999755859375
p : -1.9998779296875
p : -1.99993896484375
p : -1.999969482421875
```

p값이 −1.999969까지 이동한 것을 확인합니다.

최적화 함수 오른쪽 이동하기

이번엔 최적화 함수를 이용하여 p값이 −5에서 −2로 가까워지는 예제를 수행해 봅니다.

1 다음과 같이 예제를 수정합니다.

```
212_7.ino

01 : import numpy as np
02 : import time
03 : import matplotlib.pyplot as plt
04 :
05 : NUM_SAMPLES = 1000
06 :
```

```
07 : np.random.seed(int(time.time()))
08 :
09 : ps = np.random.uniform(-6, 2, NUM_SAMPLES)
10 :
11 : es = 0.5*(ps+2)**2
12 :
13 : plt.plot(ps, es, 'b.')
14 : plt.show()
15 :
16 : p = -5
17 : E = 0.5*(p+2)**2
18 : lr = 0.5
19 :
20 : for i in range(16):
21 :     DpE = p+2
22 :     p = p - lr*DpE
23 :     print('p :', p)
```

16 : p값을 -5로 변경합니다.

2 ▶ 버튼을 눌러 프로그램을 실행시킵니다. 다음은 실행 결과 화면입니다.

```
p : -3.5
p : -2.75
p : -2.375
p : -2.1875
p : -2.09375
p : -2.046875
p : -2.0234375
p : -2.01171875
p : -2.005859375
p : -2.0029296875
p : -2.00146484375
p : -2.000732421875
p : -2.0003662109375
p : -2.00018310546875
p : -2.000091552734375
p : -2.0000457763671875
```

p값이 -2.0000까지 이동한 것을 확인합니다.

예측치, 가중치, 편향의 오차에 대한 경사 구하기

여기서는 단일 인공 신경의 예측치, 가중치, 편향의 오차에 대한 경사를 구해봅니다. 다음 그림을 살펴봅니다.

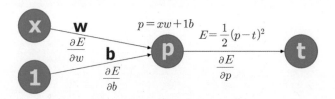

그림에서 다음은 순전파 과정을 나타내는 수식입니다.

$$p = xw + 1b$$

다음은 순전파를 수행한 후, 오차를 계산하는 식입니다.

$$E = \frac{1}{2}(p-t)^2$$

❶ 예측치 p에 대한 E의 변화율 : $\frac{\partial E}{\partial p}$

이 수식에서 오차 E는 p에 의해 영향을 받습니다. 즉, p값과 t값과의 차가 클수록 오차는 커집니다.
다음은 p에 대한 E의 변화율을 나타내는 수식입니다.

$$\frac{\partial E}{\partial p} = p - t$$

이 식에서 p값과 t값과의 차가 클수록 p에 대한 E의 변화율은 커집니다. p값과 t값이 같아지면 p에 대한 E의 변화율은 0이 됩니다.

다음 수식에 의해 예측 p는 가중치 w와 편향 b에 의해 영향을 받습니다. 즉, x값이 일정한 상황에서 w값이나 b값이 변하면 p값도 변하게 됩니다.

$$p = xw + 1b$$

오차 E는 p에 의해 영향을 받고, p는 w와 b에 의해 영향을 받기 때문에 오차 E는 w와 b에 의해 영향을 받습니다.

❷ 가중치 w에 대한 E의 변화율 : $\frac{\partial E}{\partial w}$

다음은 가중치 w에 대한 E의 변화율을 나타내는 식입니다.

$$\frac{\partial E}{\partial w} = \frac{\partial p}{\partial w} \frac{\partial E}{\partial p}$$

이 수식을 연쇄법칙이라고 합니다.

다음 수식에 의해

$$p = xw + 1b$$

w에 대한 p의 변화율은 다음과 같습니다.

$$\frac{\partial p}{\partial w} = x$$

즉, w에 대한 p의 변화율은 입력값 x가 됩니다. 따라서 w에 대한 E의 변화율은 다음과 같습니다.

$$\frac{\partial E}{\partial w} = x(p-t)$$

즉, w에 대한 E의 변화율 은 x값과 (p-t)값의 영향을 받습니다.

❸ 편향 b에 대한 E의 변화율 : $\frac{\partial E}{\partial b}$

다음은 편향 b에 대한 E의 변화율을 나타내는 식입니다.

$$\frac{\partial E}{\partial b} = \frac{\partial p}{\partial b} \frac{\partial E}{\partial p}$$

다음 수식에 의해

$$p = xw + 1b$$

b에 대한 p의 변화율은 다음과 같습니다.

$$\frac{\partial p}{\partial b} = 1$$

즉, b에 대한 p의 변화율은 1이 됩니다. 따라서 b에 대한 E의 변화율은 다음과 같습니다.

$$\frac{\partial E}{\partial b} = 1(p-t)$$

즉, b에 대한 E의 변화율 $\frac{\partial E}{\partial b}$ 은 (p-t)값의 영향을 받습니다.

오차 역전파

여기서는 단일 인공 신경에서의 오차 역전파 과정을 살펴봅니다. 다음 그림을 살펴봅니다. pb는 prediction back propagatoin의 약자입니다.

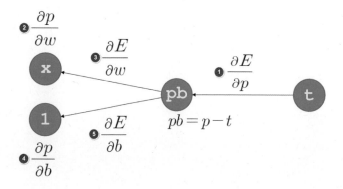

이 그림에서 pb는 예측치 p에 대한 E의 변화율을 나타내며, 다음과 같습니다.

❶ $pb = \dfrac{\partial E}{\partial p} = p - t$

이 그림에서 pb는 일차 오차 역전파값을 갖게 됩니다. 단일 신경에서 오차 역전파는 일차에서 끝납니다. pb는 예측값 p에 대한 오차값 E의 기울기를 나타냅니다. 즉, 예측값 p의 미세 변화에 따른 오차값 E의 미세 변화정도를 나타냅니다. 또, 예측값 p의 미세 변화가 오차값 E의 미세 변화에 미치는 영향의 정도를 나타냅니다. 달리 말해, 예측값 p가 아주 조금 변할 때 오차값 E가 얼마나 변하는가를 나타냅니다.

❷ $\dfrac{\partial p}{\partial w} = x$ 는 $p = xw + 1b$ 수식을 통해 구했습니다. 위 그림에서 $\dfrac{\partial p}{\partial w}$ 는 입력값 x임을 확인합니다.

❸ $\dfrac{\partial E}{\partial w} = \dfrac{\partial p}{\partial w}\dfrac{\partial E}{\partial p}$ 는 $\dfrac{\partial E}{\partial w} = x(p-t)$ 와 같고 $\dfrac{\partial E}{\partial w} = x \times pb$ 와 같습니다.

❹ $\dfrac{\partial p}{\partial b} = 1$ 는 $p = xw + 1b$ 수식을 통해 구했습니다. 위 그림에서 $\dfrac{\partial p}{\partial b}$ 는 1임을 확인합니다.

❺ $\dfrac{\partial E}{\partial b} = \dfrac{\partial p}{\partial b}\dfrac{\partial E}{\partial p}$ 는 $\dfrac{\partial E}{\partial b} = 1(p-t)$ 와 같고 $\dfrac{\partial E}{\partial b} = 1 \times pb$ 와 같습니다.

이 과정을 정리하면 다음과 같습니다.

$pb = p - t$ 이므로 $\frac{\partial E}{\partial w}, \frac{\partial E}{\partial b}$는 다음 그림과 같습니다.

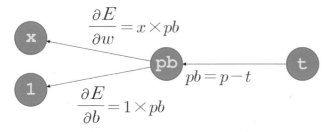

pb는 오차 역전파 값을 나타내며, x는 가중치 w로의 순전파 값, 1은 편향 b로의 고정된 입력값을 나타냅니다. 다음 그림을 살펴봅니다. $\frac{\partial E}{\partial w}, \frac{\partial E}{\partial b}$은 각각 순전파 x값과 역전파 pb의 곱, 1과 역전파 pb의 곱과 같습니다.

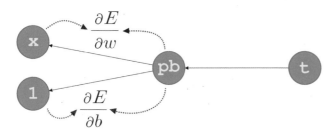

정리하면, $\frac{\partial E}{\partial w}$, $\frac{\partial E}{\partial b}$은 각각 양쪽 노드에서의 역전파 값과 순전파값의 곱이 됩니다. 이 부분은 인공 신경 학습에서 핵심적인 부분이며 꼭 기억하도록 합니다.

최적화 함수

다음은 경사 하강법에 의한 w, b의 최적화 함수를 나타냅니다.

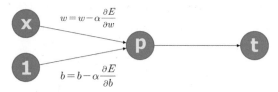

α 는 학습률(learning rate)을 의미합니다.

단일 인공 신경에서 일차 오차 역전파 구하기

단일 인공 신경 예제로 돌아와서 앞에서 계산한 일차 오차 역전파를 구해봅니다. 다음 그림을 참고합니다.

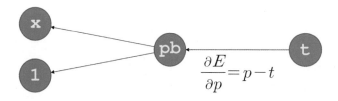

1 다음과 같이 예제를 수정합니다.

```
212_8.ino
01    double xs[] = {-1.0,0.0,1.0,2.0, 3.0, 4.0};
02    double ys[] = {-2.0,1.0,4.0,7.0,10.0,13.0};
03
04    double w = 10;
05    double b = 10;
06
07    void setup() {
08            Serial.begin(115200);
09            while(!Serial) ;
10
11            double y = xs[0]*w + 1*b;
12
13            double prediction = y;
14            double target = ys[0];
15            double Error = 0.5*pow((prediction - target),2);
16
17            double DpE = prediction - target;
18
19            Serial.print("x: ");
```

```
20          Serial.print(xs[0]);
21          Serial.print(" y: ");
22          Serial.print(y);
23          Serial.println();
24          Serial.print("E: ");
25          Serial.print(Error);
26          Serial.println();
27          Serial.print("DpE: ");
28          Serial.print(DpE);
29
30          Serial.println();
31      }
32
33      void loop() {
34
35      }
```

17   : 실수형 변수 DpE를 선언한 후, 다음과 같은 형태의 수식을 구현합니다.

$$\nabla_p E = \frac{\partial E}{\partial p} = p - t \text{ (델타pE = 델타E/델타p = p−t)}$$

$\nabla_p E$ 는 델타pE라고 읽으며, 예측값 p에 대한 오차값 E의 변화율을 의미합니다. p값이 아주 조금 변할 때, E값이 변하는 비율을 의미합니다. 예를 들어, xs[0] 값 −1이 인공 신경을 거쳐 예측된 현재 p값은 0입니다. 또 목표값 ys[0] 값은 −2입니다. 따라서 p값이 0에서 조금 변하면 $\nabla_p E$ 는 0−(−2)가 되어 2가 됩니다. 즉, p = 0에서 $\nabla_p E$ = 2입니다.

27, 28   : Serial.print 함수를 호출하여 DpE 값을 출력합니다.

2 [툴] 메뉴를 이용하여 보드, 포트를 다음과 같이 선택합니다.

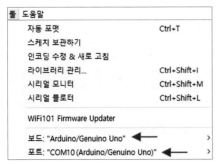

3 컴파일과 업로드를 수행합니다.

4 [시리얼 모니터] 버튼을 클릭합니다.

시리얼 모니터 🔎

5 시리얼 모니터 창이 뜨면, 우측 하단에서 통신 속도를 115200으로 맞춰줍니다.

새 줄	115200 보드레이트	출력 지우기

6 출력결과를 확인합니다.

```
x: -1.00 y: 0.00
E: 2.00
DpE: 2.00
```

DpE 값이 2.00으로 표시되는 것을 확인합니다. 아직은 가중치 w, 편향 b에 대한 학습이 이루어지지 않았기 때문에 DpE값이 큽니다. DpE값을 0에 가까운 값이 되도록 우리는 뒤에서 w, b에 대한 학습을 수행하게 됩니다.

가중치, 편향의 오차에 대한 경사 구하기

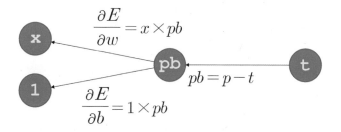

다음은 앞에서 구한 일차 오차 역전파 값과 순전파값을 이용하여 가중치, 편향의 오차에 대한 경사를 구해봅니다. 다음 그림을 참고합니다.

1 다음과 같이 예세를 수정합니다.

```
212_9.ino
01    double xs[] = {-1.0,0.0,1.0,2.0, 3.0, 4.0};
02    double ys[] = {-2.0,1.0,4.0,7.0,10.0,13.0};
03
04    double w = 10;
05    double b = 10;
06
07    void setup() {
08            Serial.begin(115200);
09            while(!Serial) ;
10
11            double y = xs[0]*w + 1*b;
12
13            double prediction = y;
```

```
14              double target = ys[0];
15              double Error = 0.5*pow((prediction - target),2);
16
17              double DpE = prediction - target;
18
19              double p_b = DpE;
20
21              double DwE = xs[0]*p_b;
22              double DbE = 1*p_b;
23
24              Serial.print("x: ");
25              Serial.print(xs[0]);
26              Serial.print(" y: ");
27              Serial.print(y);
28              Serial.println();
29              Serial.print("E: ");
30              Serial.print(Error);
31              Serial.println();
32              Serial.print("DpE: ");
33              Serial.print(DpE);
34              Serial.println();
35              Serial.print("DwE: ");
36              Serial.print(DwE);
37              Serial.print(" DbE: ");
38              Serial.print(DbE);
39
40              Serial.println();
41      }
42
43      void loop() {
44
45      }
```

19 : 실수형 변수 p_b를 선언한 후, DpE값을 대입합니다. p_b는 그림에서 다음 그림에서 pb를 나타냅니다.

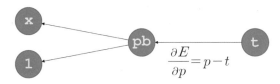

pb는 예측값 p에 대한 오차값 E의 기울기를 나타냅니다. 즉, 예측값 p의 미세 변화에 따른 오차값 E의 미세 변화정도를 나타냅니다. 또, 예측값 p의 미세 변화가 오차값 E의 미세 변화에 미치는 영향의 정도를 나타냅니다.

21, 22 : 실수형 변수 DwE, DbE를 선언한 후, 다음 그림의 수식을 구현합니다.

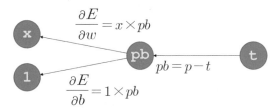

35~28 : Serial.print 함수를 호출하여 DwE, DbE 값을 출력합니다.

② [툴] 메뉴를 이용하여 보드, 포트를 다음과 같이 선택합니다.

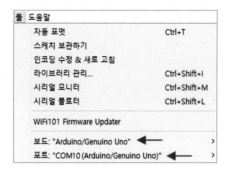

③ 컴파일과 업로드를 수행합니다.

④ [시리얼 모니터] 버튼을 클릭합니다.

⑤ 시리얼 모니터 창이 뜨면, 우측 하단에서 통신 속도를 115200으로 맞춰줍니다.

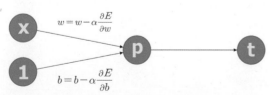

⑥ 출력결과를 확인합니다.

```
x: -1.00 y: 0.00
E: 2.00
DpE: 2.00
DwE: -2.00 DbE: 2.00
```

DwE, DbE 값이 각각 -2.00, 2.00으로 표시되는 것을 확인합니다.

최적화 함수 적용하기

이제 w, b에 최적화 함수를 적용하여 w, b의 값을 갱신해 봅니다. 이 과정에서 w, b에 대한 최초 학습이 이루어집니다. 다음 그림을 참고합니다.

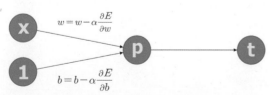

α는 학습률(learning rate)을 의미합니다.

1 다음과 같이 예제를 수정합니다.

```
01      double xs[] = {-1.0,0.0,1.0,2.0, 3.0, 4.0};
02      double ys[] = {-2.0,1.0,4.0,7.0,10.0,13.0};
03
04      double w = 10;
05      double b = 10;
06
07      void setup() {
08              Serial.begin(115200);
09              while(!Serial) ;
10
11              double y = xs[0]*w + 1*b;
12
13              double prediction = y;
14              double target = ys[0];
15              double Error = 0.5*pow((prediction - target),2);
16
17              double DpE = prediction - target;
18
19              double p_b = DpE;
20
21              double DwE = xs[0]*p_b;
22              double DbE = 1*p_b;
23
24              double lr = 0.05;
25              w = w - lr*DwE;
26              b = b - lr*DbE;
27
28              Serial.print("x: ");
29              Serial.print(xs[0]);
30              Serial.print(" y: ");
31              Serial.print(y);
32              Serial.println();
33              Serial.print("E: ");
34              Serial.print(Error);
35              Serial.println();
36              Serial.print("DpE: ");
37              Serial.print(DpE);
38              Serial.println();
39              Serial.print("DwE: ");
40              Serial.print(DwE);
41              Serial.print(" DbE: ");
42              Serial.print(DbE);
43              Serial.println();
```

```
44            Serial.print("w: ");
45            Serial.print(w);
46            Serial.print(" b: ");
47            Serial.print(b);
48
49            Serial.println();
50        }
51
52    void loop() {
53
54        }
```

24 : 실수형 변수 lr을 선언한 후, 0.05로 초기화합니다.

25, 26 : 가중치 w, 편향 b에 대해 다음 그림의 수식을 적용합니다.

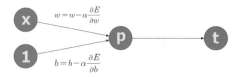

$$\alpha$$ 는 학습률(learning rate)을 의미합니다.

44~47 : Serial.print 함수를 호출하여 w, b 값을 출력합니다.

2 [툴] 메뉴를 이용하여 보드, 포트를 다음과 같이 선택합니다.

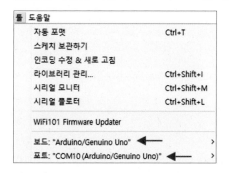

3 컴파일과 업로드를 수행합니다.

4 [시리얼 모니터] 버튼을 클릭합니다.

시리얼 모니터 🔎

5 시리얼 모니터 창이 뜨면, 우측 하단에서 통신 속도를 115200으로 맞춰줍니다.

6 출력결과를 확인합니다.

```
x: -1.00 y: 0.00
E: 2.00
DpE: 2.00
DwE: -2.00 DbE: 2.00
w: 10.10 b: 9.90
```

w, b 값이 각각 10.10, 9.90으로 표시되는 것을 확인합니다.

입력 좌표에 대한 학습 수행하기

이제 다음 좌표값 전체에 대해 1회 학습을 수행해 봅니다.

X:	-1	0	1	2	3	4
Y:	-2	1	4	7	10	13

1 다음과 같이 예제를 수정합니다.

212_11.ino

```
01      double xs[] = {-1.0,0.0,1.0,2.0, 3.0, 4.0};
02      double ys[] = {-2.0,1.0,4.0,7.0,10.0,13.0};
03
04      double w = 10;
05      double b = 10;
06
07      void setup() {
08              Serial.begin(115200);
09              while(!Serial) ;
10
11              for(int n=0;n<6;n++) {
12
13                      double y = xs[n]*w + 1*b;
14
15                      double prediction = y;
16                      double target = ys[n];
17                      double Error = 0.5*pow((prediction - target),2);
18
19                      double DpE = prediction - target;
20
21                      double p_b = DpE;
22
23                      double DwE = xs[n]*p_b;
24                      double DbE = 1*p_b;
25
26                      double lr = 0.05;
27                      w = w - lr*DwE;
28                      b = b - lr*DbE;
```

```
29
30                        Serial.print( " x:  " );
31                        Serial.print(xs[n]);
32                        Serial.print( "  y:  " );
33                        Serial.print(y);
34                        Serial.println();
35                        Serial.print( " E:  " );
36                        Serial.print(Error);
37                        Serial.println();
38                        Serial.print( " DpE:  " );
39                        Serial.print(DpE);
40                        Serial.println();
41                        Serial.print( " DwE:  " );
42                        Serial.print(DwE);
43                        Serial.print( "  DbE:  " );
44                        Serial.print(DbE);
45                        Serial.println();
46                        Serial.print( " w:  " );
47                        Serial.print(w);
48                        Serial.print( "  b:  " );
49                        Serial.print(b);
50
51                        Serial.println();
52                        Serial.println( " ================= " );
53
54              }
55          }
56
57      void loop() {
58
59          }
```

11　　：n값을 0에서 6 미만까지 바꾸어가며 13~52줄을 6회 수행합니다.

13, 23, 31：xs[0]을 xs[n]으로 변경합니다.

16　　：ys[0]을 ys[n]으로 변경합니다.

52　　：실행 경계를 표시하기 위해 "================="을 출력합니다.

2 [툴] 메뉴를 이용하여 보드, 포트를 다음과 같이 선택합니다.

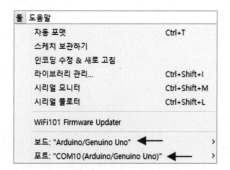

3 컴파일과 업로드를 수행합니다.

4 [시리얼 모니터] 버튼을 클릭합니다.

시리얼 모니터 🔍

5 시리얼 모니터 창이 뜨면, 우측 하단에서 통신 속도를 115200으로 맞춰줍니다.

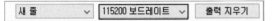

6 출력결과를 확인합니다.

```
x: -1.00 y: 0.00
E: 2.00
DpE: 2.00
DwE: -2.00 DbE: 2.00
w: 10.10 b: 9.90
====================
x: 0.00 y: 9.90
E: 39.60
DpE: 8.90
DwE: 0.00 DbE: 8.90
w: 10.10 b: 9.46
====================
x: 1.00 y: 19.55
E: 120.98
DpE: 15.56
DwE: 15.56 DbE: 15.56
w: 9.32 b: 8.68
====================
```

```
x: 2.00 y: 27.32
E: 206.49
DpE: 20.32
DwE: 40.64 DbE: 20.32
w: 7.29 b: 7.66
====================
x: 3.00 y: 29.53
E: 190.74
DpE: 19.53
DwE: 58.59 DbE: 19.53
w: 4.36 b: 6.68
====================
x: 4.00 y: 24.13
E: 61.89
DpE: 11.13
DwE: 44.50 DbE: 11.13
w: 2.14 b: 6.13
====================
```

가중치, 편향값 학습과정 살펴보기

가중치와 편향값만 확인해 봅니다.

1 다음과 같이 예제를 수정합니다.

212_11.ino

```
01      double xs[] = {-1.0,0.0,1.0,2.0, 3.0, 4.0};
02      double ys[] = {-2.0,1.0,4.0,7.0,10.0,13.0};
03
04      double w = 10;
05      double b = 10;
06
07      void setup() {
08              Serial.begin(115200);
```

```
09              while(!Serial) ;
10
11              for(int n=0;n<6;n++) {
12
13                      double y = xs[n]*w + 1*b;
14
15                      double prediction = y;
16                      double target = ys[n];
17                      double Error = 0.5*pow((prediction - target),2);
18
19                      double DpE = prediction - target;
20
21                      double p_b = DpE;
22
23                      double DwE = xs[n]*p_b;
24                      double DbE = 1*p_b;
25
26                      double lr = 0.05;
27                      w = w - lr*DwE;
28                      b = b - lr*DbE;
29
30                      Serial.print(" w:  ");
31                      Serial.print(w);
32                      Serial.print(" b:  ");
33                      Serial.print(b);
34
35                      Serial.println();
36
37              }
38      }
39
40      void loop() {
41
42      }
```

30~33 : w, b에 대한 출력만 합니다.

2 [툴] 메뉴를 이용하여 보드, 포트를 다음과 같이 선택합니다.

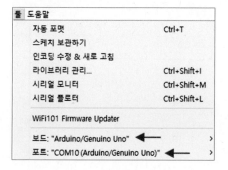

3 컴파일과 업로드를 수행합니다.

4 [시리얼 모니터] 버튼을 클릭합니다.

시리얼 모니터 🔎

5 시리얼 모니터 창이 뜨면, 우측 하단에서 통신 속도를 115200으로 맞춰줍니다.

6 출력결과를 확인합니다.

```
w: 10.10  b:  9.90
w: 10.10  b:  9.46
w:  9.32  b:  8.68
w:  7.29  b:  7.66
w:  4.36  b:  6.68
w:  2.14  b:  6.13
```

학습 회수에 따라 w, b값이 바뀌는 것을 확인합니다.

반복 학습 2회 수행하기

여기서는 반복 학습 2회를 수행해 봅니다.

1 다음과 같이 예제를 수정합니다.

```
212_13.ino

01    double xs[] = {-1.0,0.0,1.0,2.0, 3.0, 4.0};
02    double ys[] = {-2.0,1.0,4.0,7.0,10.0,13.0};
03
04    double w = 10;
05    double b = 10;
06
07    void setup() {
08            Serial.begin(115200);
09            while(!Serial) ;
10
11            for(int epoch=0;epoch<2;epoch++) {
12                    for(int n=0;n<6;n++) {
13
14                            double y = xs[n]*w + 1*b;
```

```
15
16                              double prediction = y;
17                              double target = ys[n];
18                              double Error = 0.5*pow((prediction - target),2);
19
20                              double DpE = prediction - target;
21
22                              double p_b = DpE;
23
24                              double DwE = xs[n]*p_b;
25                              double DbE = 1*p_b;
26
27                              double lr = 0.05;
28                              w = w - lr*DwE;
29                              b = b - lr*DbE;
30
31                              Serial.print(" w: ");
32                              Serial.print(w);
33                              Serial.print(" b: ");
34                              Serial.print(b);
35
36                              Serial.println();
37
38                      }
39              }
40      }
41
42      void loop() {
43
44      }
```

11 : epoch값을 0에서 2 미만까지 바꾸어가며 12~39줄을 2회 수행합니다.

2 [툴] 메뉴를 이용하여 보드, 포트를 다음과 같이 선택합니다.

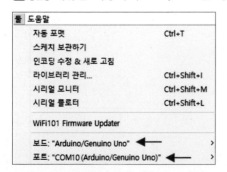

3 컴파일과 업로드를 수행합니다.

4 [시리얼 모니터] 버튼을 클릭합니다.

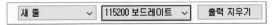

5 시리얼 모니터 창이 뜨면, 우측 하단에서 통신 속도를 115200으로 맞춰줍니다.

새 줄 ∨	115200 보드레이트 ∨	출력 지우기

6 출력결과를 확인합니다.

```
w: 10.10 b: 9.90
w: 10.10 b: 9.46
w: 9.32 b: 8.68
w: 7.29 b: 7.66
w: 4.36 b: 6.68
w: 2.14 b: 6.13
w: 2.43 b: 5.83
w: 2.43 b: 5.59
w: 2.23 b: 5.39
w: 1.95 b: 5.24
w: 1.79 b: 5.19
w: 1.92 b: 5.22
```

학습 회수에 따라 w, b값이 바뀌는 것을 확인합니다.

반복 학습 20회 수행하기

여기서는 반복 학습 20회를 수행해 봅니다.

1 다음과 같이 예제를 수정합니다.

```
212_14.ino
01    double xs[] = {-1.0,0.0,1.0,2.0, 3.0, 4.0};
02    double ys[] = {-2.0,1.0,4.0,7.0,10.0,13.0};
03
04    double w = 10;
05    double b = 10;
06
07    void setup() {
08            Serial.begin(115200);
09            while(!Serial) ;
10
```

```
11                for(int epoch=0;epoch<20;epoch++) {
12                    for(int n=0;n<6;n++) {
13
14                        double y = xs[n]*w + 1*b;
15
16                        double prediction = y;
17                        double target = ys[n];
18                        double Error = 0.5*pow((prediction - target),2);
19
20                        double DpE = prediction - target;
21
22                        double p_b = DpE;
23
24                        double DwE = xs[n]*p_b;
25                        double DbE = 1*p_b;
26
27                        double lr = 0.05;
28                        w = w - lr*DwE;
29                        b = b - lr*DbE;
30
31                        if(epoch%2==1 && n==0) {
32                            Serial.print("w: ");
33                            Serial.print(w);
34                            Serial.print(" b: ");
35                            Serial.print(b);
36
37                            Serial.println();
38                        }
39
40                    }
41                }
42        }
43
44      void loop() {
45
46      }
```

11 : epoch값을 0에서 20 미만까지 바꾸어가며 12~41줄을 20회 수행합니다.
31 : epoch값을 2로 나눈 나머지가 1이고 n값이 0일 때 32~38줄을 수행합니다.

2 [툴] 메뉴를 이용하여 보드, 포트를 다음과 같이 선택
합니다.

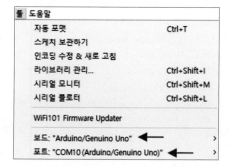

3 컴파일과 업로드를 수행합니다.

4 [시리얼 모니터] 버튼을 클릭합니다.

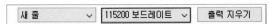

5 시리얼 모니터 창이 뜨면, 우측 하단에서 통신 속도를 115200으로 맞춰줍니다.

새 줄 ∨	115200 보드레이트 ∨	출력 지우기

6 출력결과를 확인합니다.

```
w: 2.43 b: 5.83
w: 2.29 b: 4.35
w: 2.49 b: 3.41
w: 2.63 b: 2.73
w: 2.74 b: 2.25
w: 2.81 b: 1.90
w: 2.86 b: 1.65
w: 2.90 b: 1.47
w: 2.93 b: 1.33
w: 2.95 b: 1.24
```

학습 회수에 따라 w, b값이 바뀌는 것을 확인합니다. w값은 3에 b값은 1에 가까워지는 것을 확인합니다.

반복 학습 200회 수행하기

여기서는 반복 학습 200회를 수행해 봅니다.

1 다음과 같이 예제를 수정합니다.

```
212_15.ino
01   double xs[] = {-1.0,0.0,1.0,2.0, 3.0, 4.0};
02   double ys[] = {-2.0,1.0,4.0,7.0,10.0,13.0};
03
04   double w = 10;
05   double b = 10;
06
07   void setup() {
08       Serial.begin(115200);
09       while(!Serial) ;
10
```

```
11              for(int epoch=0;epoch<200;epoch++) {
12                      for(int n=0;n<6;n++) {
13
14                              double y = xs[n]*w + 1*b;
15
16                              double prediction = y;
17                              double target = ys[n];
18                              double Error = 0.5*pow((prediction - target),2);
19
20                              double DpE = prediction - target;
21
22                              double p_b = DpE;
23
24                              double DwE = xs[n]*p_b;
25                              double DbE = 1*p_b;
26
27                              double lr = 0.05;
28                              w = w - lr*DwE;
29                              b = b - lr*DbE;
30
31                              if(epoch%20==1 && n==0) {
32                                      Serial.print(" w: ");
33                                      Serial.print(w);
34                                      Serial.print(" b: ");
35                                      Serial.print(b);
36
37                                      Serial.println();
38                              }
39
40                      }
41              }
42      }
43
44      void loop() {
45
46      }
```

11 : epoch값을 0에서 200 미만까지 바꾸어가며 12~41줄을 200회 수행합니다.
31 : epoch값을 20으로 나눈 나머지가 1이고 n값이 0일 때 32~38줄을 수행합니다.

2 [툴] 메뉴를 이용하여 보드, 포트를 다음과 같이 선택
합니다.

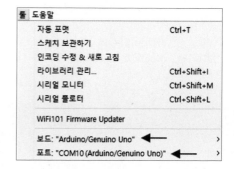

3 컴파일과 업로드를 수행합니다.

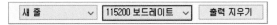

4 [시리얼 모니터] 버튼을 클릭합니다.

시리얼 모니터 🔍

5 시리얼 모니터 창이 뜨면, 우측 하단에서 통신 속도를 115200으로 맞춰줍니다.

| 새 줄 ∨ | 115200 보드레이트 ∨ | 출력 지우기 |

6 출력결과를 확인합니다.

```
w: 2.43 b: 5.83
w: 2.96 b: 1.17
w: 3.00 b: 1.01
w: 3.00 b: 1.00
w: 3.00 b: 1.00
w: 3.00 b: 1.00
w: 3.00 b: 1.00
w: 3.00 b: 1.00
w: 3.00 b: 1.00
w: 3.00 b: 1.00
```

학습 회수에 따라 w, b값이 바뀌는 것을 확인합니다. w값은 3에 b값은 1에 수렴하는 것을 확인합니다.

가중치, 편향 바꿔보기 1

여기서는 가중치와 편향 값을 바꾸어 실습을 진행해 봅니다.

1 다음과 같이 예제를 수정합니다.

212_15.ino

```
04    double w = -10;
05    double b = 10;
```

04 : 가중치 w값을 -10으로 바꿉니다.
05 : 편향 b값은 10으로 둡니다.

2 [툴] 메뉴를 이용하여 보드, 포트를 다음과 같이 선택
합니다.

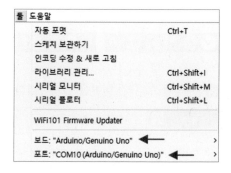

3 컴파일과 업로드를 수행합니다.

4 [시리얼 모니터] 버튼을 클릭합니다.

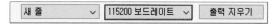

5 시리얼 모니터 창이 뜨면, 우측 하단에서 통신 속도를 115200으로 맞춰줍니다.

새 줄	∨	115200 보드레이트	∨	출력 지우기

6 출력결과를 확인합니다.

```
w: 0.40 b: 10.80
w: 2.92 b: 1.37
w: 3.00 b: 1.01
w: 3.00 b: 1.00
w: 3.00 b: 1.00
w: 3.00 b: 1.00
w: 3.00 b: 1.00
w: 3.00 b: 1.00
w: 3.00 b: 1.00
```

w값은 3에 b값은 1에 수렴하는 것을 확인합니다.

가중치, 편향 바꿔보기 2

1 다음과 같이 예제를 수정합니다.

```
212_15.ino
04        double w = -100;
05        double b = 200;
```

04 : 가중치 w값을 -100으로 바꿉니다.
05 : 편향 b값은 200으로 바꿉니다.

2 [툴] 메뉴를 이용하여 보드, 포트를 다음과 같이 선택합니다.

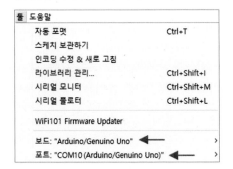

3 컴파일과 업로드를 수행합니다.

4 [시리얼 모니터] 버튼을 클릭합니다.

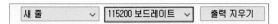

5 시리얼 모니터 창이 뜨면, 우측 하단에서 통신 속도를 115200으로 맞춰줍니다.

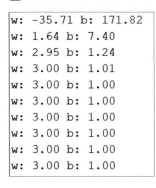

6 출력결과를 확인합니다.

```
w: -35.71 b: 171.82
w: 1.64 b: 7.40
w: 2.95 b: 1.24
w: 3.00 b: 1.01
w: 3.00 b: 1.00
w: 3.00 b: 1.00
w: 3.00 b: 1.00
w: 3.00 b: 1.00
w: 3.00 b: 1.00
w: 3.00 b: 1.00
```

w값은 3에 b값은 1에 수렴하는 것을 확인합니다.

02 _ 단일 출력 3층 인공 신경망 알고리즘

여기서는 출력이 1개인 3층 인공 신경망을 구현해 보면서 인공 신경망의 동작을 이해하고 응용할 수 있도록 합니다. 우리가 구현할 인공 신경망은 입력 노드 2개, 은닉 노드 2개, 출력 노드 1개로 구성되었으며 편향은 없습니다. 편향은 다음 단원에서 추가해 보기로 합니다. 다음 그림은 이 단원에서 구현할 인공 신경망을 나타냅니다.

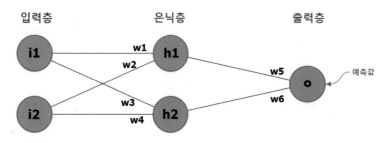

02-1 순전파 구현해 보기

먼저 우리는 입력값과 가중치를 이용해 순전파 과정을 구현해 봅니다. 다음은 순전파 과정에서 사용할 수식입니다.

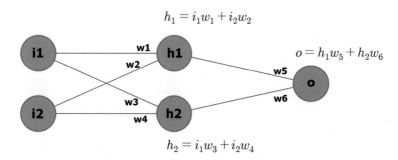

가중치

신경망 훈련은 예측 오차를 최소화하는 가중치를 찾는 것입니다. 우리는 대개 훈련을 무작위로 생성된 가중치의 집합으로 시작합니다. 그리고 나서, 오차 역전파를 이용하여 임의의 입력을 출력으로 바르게 연결시키는 방향으로 가중치를 갱신합니다. 가중치는 입력의 강도를 세게 하거나 약하게 하는 역할을 합니다. 즉, 입력 신호의 강도를 결정하는 역할을 합니다.

우리가 실습할 초기 가중치는 다음 그림과 같습니다.

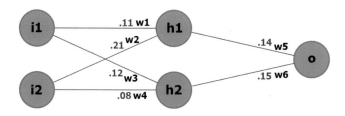

데이터셋

우리가 사용할 데이터셋은 2 개의 입력과 1개의 출력에 대한 목표값입니다. 다음과 같이 입력값은 2, 3, 목표값은 1을 사용합니다. 다음 그림의 맨 오른쪽에 추가된 노드는 목표값을 나타내며, 출력층으로 나오는 예측값을 목표값에 가깝도록 가중치를 조정하게 됩니다.

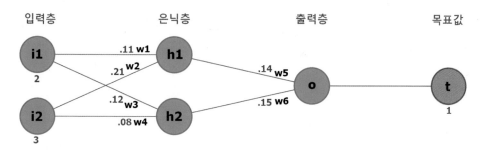

순전파

우리는 주어진 가중치와 입력을 사용하여 출력을 예측합니다. 입력은 가중치에 곱해집니다. 그리고 나서, 그 결과는 다음 층으로 전진 전달됩니다. 다음은 이 과정을 나타낸 그림입니다.

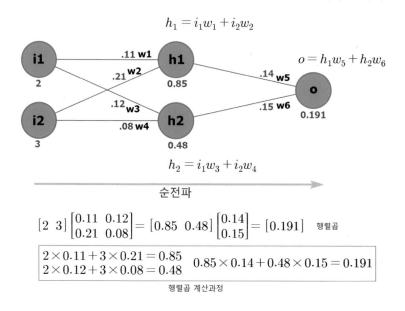

지금까지의 과정을 예제를 통해 확인해 봅니다.

1 다음과 같이 예제를 작성합니다.

```
01      double i1 = 2, i2 = 3;
02      double t = 1;
03
04      double w1 = 0.11, w3 = 0.12;
05      double w2 = 0.21, w4 = 0.08;
06
07      double w5 = 0.14, w6 = 0.15;
08
09      void setup() {
10
11              Serial.begin(115200);
12              while(!Serial) ;
13
14              double h1 = i1*w1 + i2*w2;
15              double h2 = i1*w3 + i2*w4;
16
17              double o = h1*w5 + h2*w6;
18
19              Serial.print(" h1: ");
20              Serial.print(h1);
21              Serial.print(" h2: ");
22              Serial.print(h2);
23              Serial.println();
24
25              Serial.print(" o : ");
26              Serial.print(o);
27
28              Serial.println();
29
30      }
31
32      void loop() {
33
34      }
```

01   : 실수형 변수 i1, i2를 선언한 후, 아래 그림과 같이 초기화합니다.

02   : 실수형 변수 t를 선언한 후, 아래 그림과 같이 초기화합니다.

04~05 : 실수형 변수 w1, w3, w2, w4를 선언한 후, 아래 그림과 같이 초기화합니다.

07   : 실수형 변수 w5, w6을 선언한 후, 아래 그림과 같이 초기화합니다.

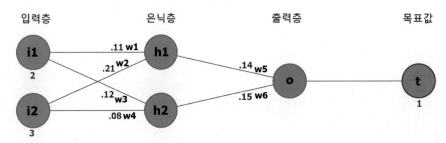

14~15 : 입력층, 은닉층, 출력층을 연결하는 인공 신경망을 수식으로 표현합니다. 다음 그림을 참조합니다.

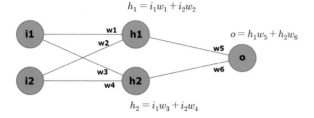

$$h_1 = i_1 w_1 + i_2 w_2$$

$$o = h_1 w_5 + h_2 w_6$$

$$h_2 = i_1 w_3 + i_2 w_4$$

19~28 : Serial.print 함수를 호출하여 h1, h2, o 값을 출력합니다.

2 [툴] 메뉴를 이용하여 보드, 포트를 다음과 같이 선택합니다.

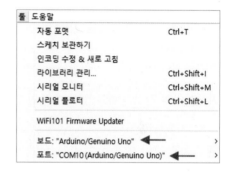

3 컴파일과 업로드를 수행합니다. [시리얼 모니터] 버튼을 클릭합니다.

4 시리얼 모니터 창이 뜨면, 우측 하단에서 통신 속도를 115200으로 맞춰줍니다.

새 줄 ∨	115200 보드레이트 ∨	출력 지우기

5 출력결과를 확인합니다.

```
h1: 0.85 h2: 0.48
o : 0.19
```

다음 그림을 참조합니다.

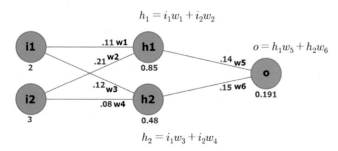

$$h_1 = i_1 w_1 + i_2 w_2$$

$$o = h_1 w_5 + h_2 w_6$$

$$h_2 = i_1 w_3 + i_2 w_4$$

02-2 오차 계산하기

이제 목표값과 예측값의 차이를 계산하여 인공 신경망이 어떻게 예측을 수행 하는지 확인합니다. 인공 신경망의 출력값, 즉, 예측값이 목표값과 가깝지 않다는 것은 명확합니다. 우리는 그 차이, 즉, 오차를 다음과 같이 계산할 수 있습니다.

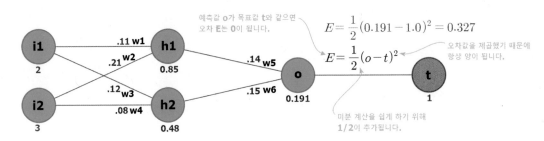

지금까지의 과정을 예제를 통해 확인해 봅니다.

1 다음과 같이 예제를 수정합니다.

```
222_1.ino
01    double i1 = 2, i2 = 3;
02    double t = 1;
03
04    double w1 = 0.11, w3 = 0.12;
05    double w2 = 0.21, w4 = 0.08;
06
07    double w5 = 0.14, w6 = 0.15;
08
09    void setup() {
10
11        Serial.begin(115200);
12        while(!Serial) ;
13
14        double h1 = i1*w1 + i2*w2;
15        double h2 = i1*w3 + i2*w4;
16
17        double o = h1*w5 + h2*w6;
18
19        double prediction = o;
20        double target = t;
21        double Error = 0.5*pow(prediction-target, 2);
22
23        Serial.print(" h1: ");
24        Serial.print(h1);
25        Serial.print(" h2: ");
```

```
26              Serial.print(h2);
27              Serial.println();
28
29              Serial.print(" o : ");
30              Serial.print(o);
31
32              Serial.println();
33
34              Serial.print(" E : ");
35              Serial.print(Error);
36
37              Serial.println();
38
39       }
40
41       void loop() {
42
43       }
```

19 : 실수형 변수 prediction을 선언한 후, 예측값을 가진 o값을 받습니다.

20 : 실수형 변수 target을 선언한 후, t값을 받습니다. t는 인공 신경망에 대한 i1, i2값의 목표값입니다.

21 : 실수형 변수 Error를 선언한 후, 다음과 같은 형태의 수식을 구현합니다.

$$E = \frac{1}{2}(p-t)^2, \ (p: prediction, t: target)$$

p의 값이 t에 가까울수록 E의 값은 0에 가까워집니다. 즉, 오차값이 0에 가까워집니다. 이 수식을 오차함수 또는 손실함수 또는 비용함수라고 합니다. pow는 거듭제곱함수입니다. pow 함수의 첫 번째 매개변수는 거듭제곱할 대상, 두 번째 매개변수는 거듭제곱 횟수입니다.

34, 35 : Serial.print 함수를 호출하여 Error 값을 출력합니다.

2 [툴] 메뉴를 이용하여 보드, 포트를 다음과 같이 선택합니다.

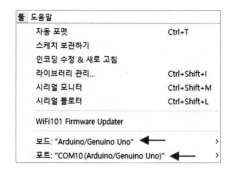

3 컴파일과 업로드를 수행합니다.

④ [시리얼 모니터] 버튼을 클릭합니다.

시리얼 모니터 🔍

⑤ 시리얼 모니터 창이 뜨면, 우측 하단에서 통신 속도를 115200으로 맞춰줍니다.

| 새 줄 ∨ | 115200 보드레이트 ∨ | 출력 지우기 |

⑥ 출력결과를 확인합니다.

```
h1: 0.85 h2: 0.48
o : 0.19
E : 0.33
```

오차 값이 0.33으로 표시되는 것을 확인합니다. 다음 그림을 참조합니다.

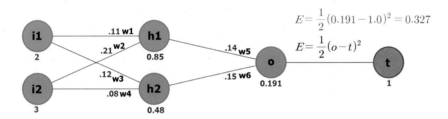

02-3 오차 줄이기

인공 신경망 훈련의 주 목표는 오차, 즉, 예측값과 목표값 사이의 차이를 줄이는 것입니다. 목표값은 일정하기 때문에, 즉, 변하지 않기 때문에, 오차를 줄이는 유일한 방법은 예측값을 바꾸는 것입니다. 질문은 이제 예측값을 어떻게 바꿀까?입니다. 예측을 구성하는 수식을 살펴보면 가중치가 예측값에 영향을 주는 변수 요소라는 것을 알 수 있습니다. 달리 말하면, 예측값을 바꾸기 위해, 우리는 가중치 값을 바꾸어야 합니다.

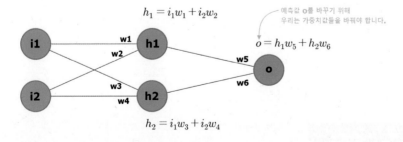

질문은 이제 어떻게 가중치 값을 바꿔서 오차를 줄이느냐입니다. 답은 오차 역전파입니다!

02-4 오차 역전파 이해하기

오차 역전파는 "오차 후진 전파"의 줄임말로 경사 하강법을 이용한 가중치 갱신 방법입니다. 경사 하강법에 대해서는 이전 단원에서 자세히 살펴보았습니다. 오차 역전파는 예측값에 대한 오차 함수의 기울기를 신경망의 가중치와 함께 계산합니다. 가중치 계산은 망을 통해 거꾸로 진행합니다. 경사 하강은 함수의 최소값을 찾기 위한 반복적인 최적화 알고리즘입니다. 우리는 오차 함수를 최소화하고 싶습니다. 우리는 경사 하강을 이용하여 함수의 최소값을 찾기 위해, 현재 위치에서 함수 기울기 값에 비례해 반대 방향으로 이동하는 단계를 취합니다. 다음은 각 가중치에 대해 경사 하강법을 적용한 수식입니다.

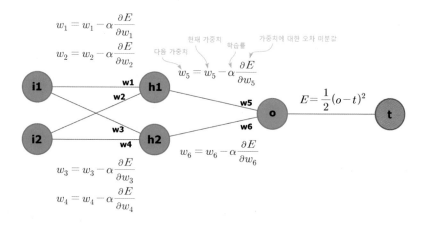

1차 오차 역전파

w5를 생각해 봅니다. 우리는 w5의 변화가 전체 오차에 얼마나 많이 영향을 주는지 알고 싶습니다. w5값을 갱신하는 과정에서 1차 오차 역전파가 발생합니다. w5를 갱신하기 위해, 우리는 현재 w5를 선택하여 w5에 대한 오차 함수의 편미분을 비례적으로 뺍니다. 적당히 선택한 학습률을 곱한 오차 함수의 미분값을 현재 가중치에서 빼서 현재 가중치에 대입해 새로 갱신된 가중치가 오차 함수를 최소화하도록 합니다. 오차 함수의 미분은 다음과 같이 연쇄법칙을 적용하여 계산합니다.

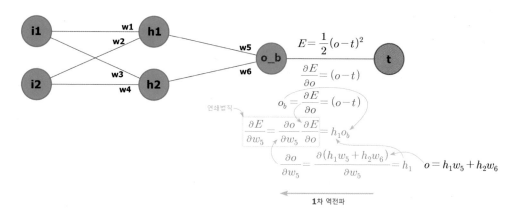

앞의 그림에 적용된 수식 계산 과정을 순서대로 살펴봅니다.

❶ 다음과 같이 예측값 o에 대한 오차 미분을 구합니다. 이 값이 오차 역전파의 시작값이 됩니다. 즉, 오차 역전파의 입력값이 됩니다. 예측값 o에 대한 오차 미분은 예측값 o가 오차에 미치는 영향의 정도를 나타냅니다.

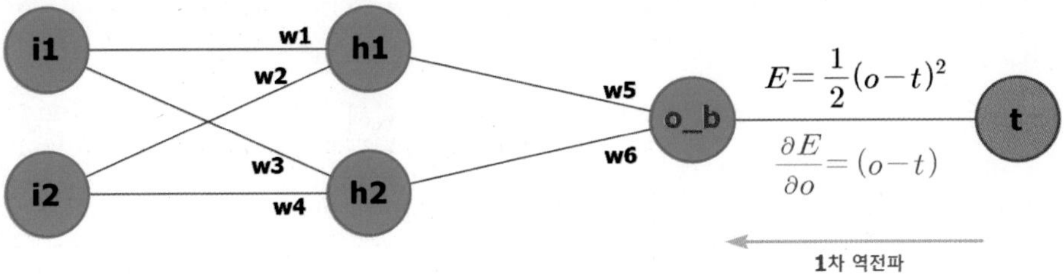
i1
i2
h1
h2
w1
w2
w3
w4
w5
w6
o_b
t
$E=\frac{1}{2}(o-t)^2$
$\frac{\partial E}{\partial o}=(o-t)$
1차 역전파

❷ 다음과 같이 o_b 노드를 정의합니다. o_b 노드는 역전파 입력값을 받는 노드입니다.

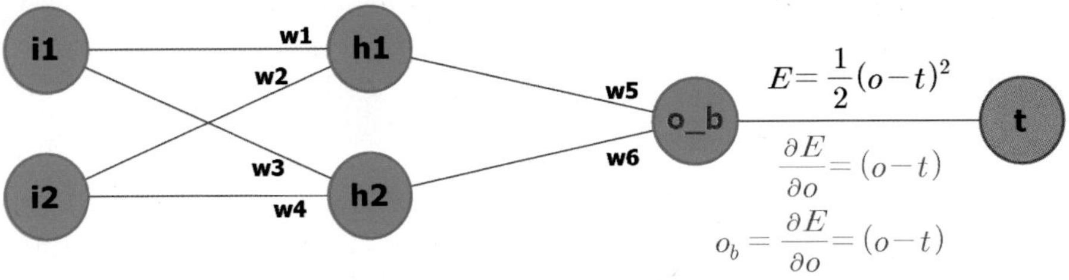
i1
i2
h1
h2
w1
w2
w3
w4
w5
w6
o_b
t
$E=\frac{1}{2}(o-t)^2$
$\frac{\partial E}{\partial o}=(o-t)$
$o_b=\frac{\partial E}{\partial o}=(o-t)$

그림에서 o_b는 예측값 o에 대한 오차값 E의 기울기를 나타냅니다. 즉, 예측값 o의 미세 변화에 따른 오차값 E의 미세 변화정도를 나타냅니다. 또, 예측값 o의 미세 변화가 오차값 E의 미세 변화에 미치는 영향의 정도를 나타냅니다. 달리 말해, 예측값 o가 아주 조금 변할 때 오차값 E가 얼마나 변하는가를 나타냅니다.

❸ 다음과 같이 가중치 w5에 대한 오차 미분을 구합니다. 이 과정에서 연쇄법칙을 적용합니다. 가중치 w5에 대한 오차 미분은 가중치 w5가 오차값 E에 미치는 영향의 정도를 나타냅니다. 가중치 w5에 대한 오차 미분은 순전파 값 h1과 역전파 값 o_b의 곱으로 계산되는 규칙이 있습니다. 이 규칙은 역전파 과정에서 반복적으로 적용되는 규칙으로 잘 기억하도록 합니다.

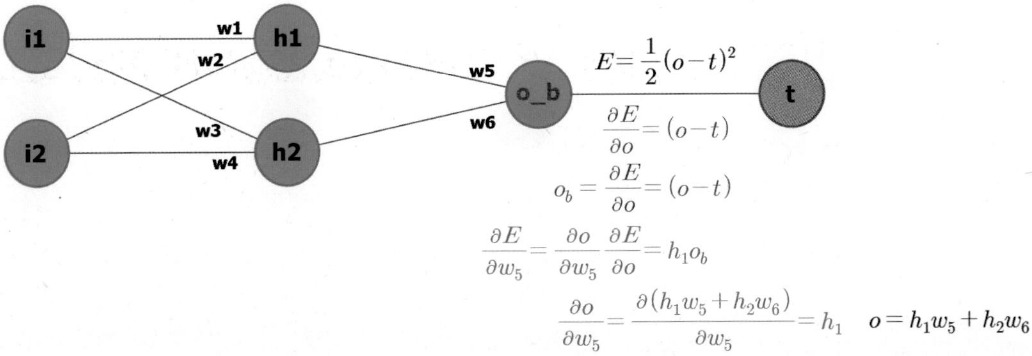
i1
i2
h1
h2
w1
w2
w3
w4
w5
w6
o_b
t
$E=\frac{1}{2}(o-t)^2$
$\frac{\partial E}{\partial o}=(o-t)$
$o_b=\frac{\partial E}{\partial o}=(o-t)$
$\frac{\partial E}{\partial w_5}=\frac{\partial o}{\partial w_5}\frac{\partial E}{\partial o}=h_1o_b$
$\frac{\partial o}{\partial w_5}=\frac{\partial(h_1w_5+h_2w_6)}{\partial w_5}=h_1$
$o=h_1w_5+h_2w_6$

이상에서 가중치 w5, w6에 대한 오차 미분은 다음과 같습니다. 각각 순전파 h1, h2와 역전파 o_b의 곱으로 계산됩니다.

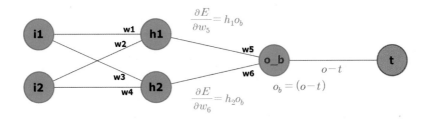

가중치와 편향에 대한 오차 기울기 수식은 다음과 같이 역전파 출력과 순전파 출력의 곱으로 계산됩니다.

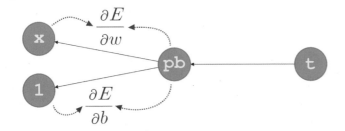

이제 가중치 w5, w6의 새로운 값은 각각에 대한 오차 미분을 이용하여 다음과 같이 경사 하강법을 적용하여 계산할 수 있습니다.

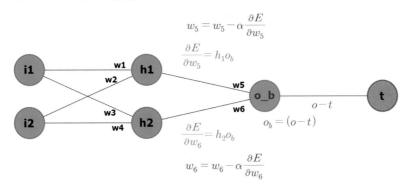

그리고 가중치를 중심으로 양쪽 노드의 순전파 값과 역전파 값을 이용하여 다음과 같이 계산할 수 있습니다.

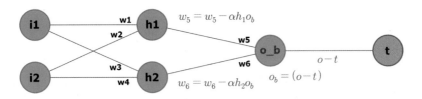

2차 오차 역전파

다음은 w1값을 갱신하는 과정을 살펴봅니다. 이 과정에서 2차 오차 역전파가 발생합니다. 입력과 은 닉층 사이에 존재하는 w1, w2, w3, w4를 갱신하기 위해 역으로 움직일 때, 예를 들어, w1에 대한 오차 함수에 대한 편미분은 다음과 같습니다. w1에 대한 오차 함수의 미분은 다음과 같이 연쇄법칙 을 적용하여 계산합니다.

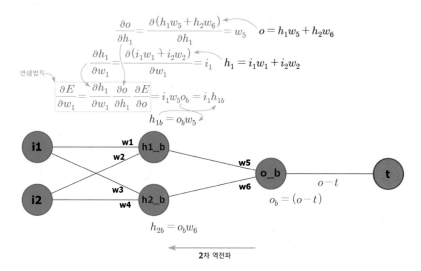

위 그림에 적용된 수식 계산 과정을 순서대로 살펴봅니다.

❶ 다음과 같이 h1_b, h2_b 값을 구합니다. 이 두 값은 각각 o_b 값이 가중치 w5, w6을 통해 2차 역전파된 결과값입니다. o_b 값은 2차 역전파의 입력값이 됩니다.

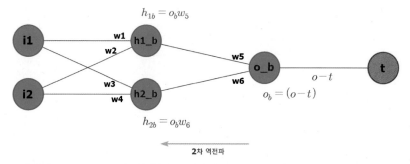

그림에서 h1_b, h2_b는 오차 역전파 값으로 각각 h1, h2 값에 대한 오차값 E의 기울기를 나타냅니다. 즉, h1, h2 값의 미세 변화에 따른 오차값 E의 미세 변화정도를 나타냅니다. 또, h1, h2 값의 미세 변화가 오차값 E의 미세 변화에 미치는 영향의 정도를 나타냅니다. 달리 말해, h1, h2가 아주 조금 변할 때 오차값 E가 얼마나 변하는가를 나타냅니다.

❷ 다음과 같이 가중치 w1에 대한 오차 미분을 구합니다. 이 과정에서 연쇄법칙을 적용합니다. 가중치 w1에 대한 오차 미분은 가중치 w1이 오차값 E에 미치는 영향의 정도를 나타냅니다. 가중치 w1에 대한 오차 미분

은 순전파 값 i1과 역전파 값 h1_b의 곱으로 계산되는 규칙이 있습니다. 이 규칙은 역전파 과정에서 반복적으로 적용되는 규칙으로 잘 기억하도록 합니다.

$$\frac{\partial o}{\partial h_1} = \frac{\partial (h_1 w_5 + h_2 w_6)}{\partial h_1} = w_5 \quad o = h_1 w_5 + h_2 w_6$$

$$\frac{\partial h_1}{\partial w_1} = \frac{\partial (i_1 w_1 + i_2 w_2)}{\partial w_1} = i_1 \quad h_1 = i_1 w_1 + i_2 w_2$$

$$\frac{\partial E}{\partial w_1} = \frac{\partial h_1}{\partial w_1} \frac{\partial o}{\partial h_1} \frac{\partial E}{\partial o} = i_1 w_5 o_b = i_1 h_{1b}$$

$$h_{1b} = o_b w_5$$

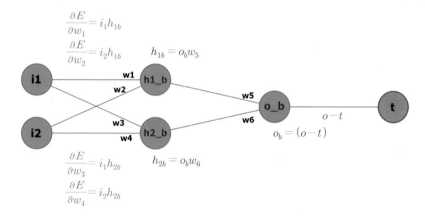

이상에서 가중치 w1, w2, w3, w4에 대한 오차 미분은 다음과 같습니다. 각각 순전파 i1, i2와 역전파 h1_b, h2_b의 곱으로 계산됩니다.

$$\frac{\partial E}{\partial w_1} = i_1 h_{1b}$$

$$\frac{\partial E}{\partial w_2} = i_2 h_{1b} \quad h_{1b} = o_b w_5$$

$$\frac{\partial E}{\partial w_3} = i_1 h_{2b} \quad h_{2b} = o_b w_6$$

$$\frac{\partial E}{\partial w_4} = i_2 h_{2b}$$

가중치와 편향에 대한 오차 기울기 수식은 다음과 같이 역전파 출력과 순전파 출력의 곱으로 계산됩니다.

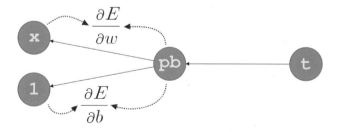

이제 가중치 w1, w2, w3, w4의 새로운 값은 각각에 대한 오차 미분을 이용하여 다음과 같이 경사 하강법을 적용하여 계산할 수 있습니다.

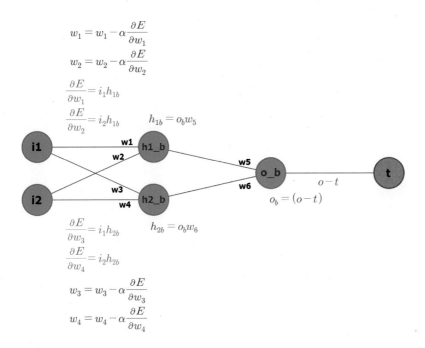

그리고 가중치를 중심으로 양쪽 노드의 순전파 값과 역전파 값을 이용하여 다음과 같이 계산할 수 있습니다.

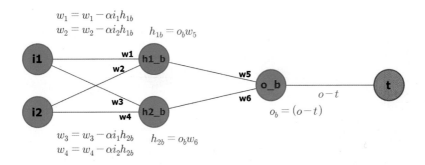

다음은 이상에서 역전파를 통해 구한 가중치 갱신 공식입니다.

$$w_5 = w_5 - \alpha h_1 o_b$$
$$w_6 = w_6 - \alpha h_2 o_b$$
$$w_1 = w_1 - \alpha i_1 h_{1b}$$
$$w_2 = w_2 - \alpha i_2 h_{1b}$$
$$w_3 = w_3 - \alpha i_1 h_{2b}$$
$$w_4 = w_4 - \alpha i_2 h_{2b}$$

우리는 행렬식으로 가중치 갱신 공식을 다음과 같이 쓸 수 있습니다.

$$\begin{bmatrix} w_5 \\ w_6 \end{bmatrix} = \begin{bmatrix} w_5 \\ w_6 \end{bmatrix} - \alpha \begin{bmatrix} h_1 \\ h_2 \end{bmatrix} o_b = \begin{bmatrix} w_5 \\ w_6 \end{bmatrix} - \begin{bmatrix} \alpha h_1 o_b \\ \alpha h_2 o_b \end{bmatrix}$$

$$\begin{bmatrix} w_1 & w_3 \\ w_2 & w_4 \end{bmatrix} = \begin{bmatrix} w_1 & w_3 \\ w_2 & w_4 \end{bmatrix} - \alpha \begin{bmatrix} i_1 \\ i_2 \end{bmatrix} \begin{bmatrix} h_{1b} & h_{2b} \end{bmatrix} = \begin{bmatrix} w_1 & w_3 \\ w_2 & w_4 \end{bmatrix} - \begin{bmatrix} \alpha i_1 h_{1b} & \alpha i_1 h_{2b} \\ \alpha i_2 h_{1b} & \alpha i_2 h_{2b} \end{bmatrix}$$

02-5 역전파 구현하기

유도된 공식을 이용해 우리는 다음과 같이 새롭게 갱신된 가중치를 구할 수 있습니다.

$\alpha = 0.05$ ← 학습률
$o_b = 0.191 - 1 = -0.809$ ← 1차 역전파 오차

$$\begin{bmatrix} w_5 \\ w_6 \end{bmatrix} = \begin{bmatrix} 0.14 \\ 0.15 \end{bmatrix} - 0.05 \begin{bmatrix} 0.85 \\ 0.48 \end{bmatrix} (-0.809) = \begin{bmatrix} 0.14 \\ 0.15 \end{bmatrix} - \begin{bmatrix} -0.034 \\ -0.019 \end{bmatrix} = \begin{bmatrix} 0.17 \\ 0.17 \end{bmatrix}$$

$h_{1b} = -0.113$ ← 2차 역전파 오차
$h_{2b} = -0.121$ ←

$$\begin{bmatrix} w_1 & w_3 \\ w_2 & w_4 \end{bmatrix} = \begin{bmatrix} 0.11 & 0.12 \\ 0.21 & 0.08 \end{bmatrix} - 0.05 \begin{bmatrix} 2 \\ 3 \end{bmatrix} \begin{bmatrix} -0.113 & -0.121 \end{bmatrix} = \begin{bmatrix} 0.11 & 0.12 \\ 0.21 & 0.08 \end{bmatrix} - \begin{bmatrix} -0.011 & -0.012 \\ -0.017 & -0.018 \end{bmatrix} = \begin{bmatrix} 0.12 & 0.13 \\ 0.23 & 0.10 \end{bmatrix}$$

새로운 가중치를 이용하여 다시 순전파를 수행합니다. 다음 그림은 새로운 가중치로 순전파를 수행하는 과정을 나타냅니다.

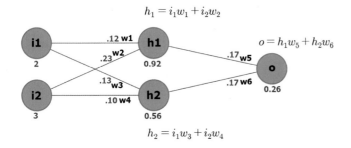

예측값 0.26은 이전 예측값인 0.191보다 좀 더 목표값에 가까워진 값입니다. 우리는 역전파와 순전파의 반복된 과정을 오차가 0에 충분히 가까워질 때까지 반복합니다. 지금까지의 과정을 예제를 통해 확인해 봅니다.

1 다음과 같이 예제를 수정합니다.

```
01 double i1 = 2, i2 = 3;
02 double t = 1;
03
04 double w1 = 0.11, w3 = 0.12;
05 double w2 = 0.21, w4 = 0.08;
06
07 double w5 = 0.14, w6 = 0.15;
08
09 void setup() {
10
11      Serial.begin(115200);
12      while(!Serial) ;
13
14      double h1 = i1*w1 + i2*w2;
15      double h2 = i1*w3 + i2*w4;
16
17      double o = h1*w5 + h2*w6;
18
19      double prediction = o;
20      double target = t;
21      double Error = 0.5*pow(prediction-target, 2);
22
23      double DpE = prediction - target;
24
25      double o_b = DpE;
26
27      double Dw5E = h1*o_b;
28      double Dw6E = h2*o_b;
29
30      double h1_b = o_b*w5;
31      double h2_b = o_b*w6;
32
33      double Dw1E = i1*h1_b;
34      double Dw2E = i2*h1_b;
35      double Dw3E = i1*h2_b;
36      double Dw4E = i2*h2_b;
37
38      double lr = 0.05;
39      w5 = w5 - lr*Dw5E;
40      w6 = w6 - lr*Dw6E;
41      w1 = w1 - lr*Dw1E;
42      w2 = w2 - lr*Dw2E;
43      w3 = w3 - lr*Dw3E;
44      w4 = w4 - lr*Dw4E;
45
46      Serial.print("h1: ");
47      Serial.print(h1);
```

```
48        Serial.print(" h2: ");
49        Serial.print(h2);
50        Serial.println();
51
52        Serial.print(" o : ");
53        Serial.print(o);
54
55        Serial.println();
56
57        Serial.print(" E : ");
58        Serial.print(Error);
59
60        Serial.println();
61
62        Serial.print(" D : ");
63        Serial.print(DpE);
64
65        Serial.println();
66
67        Serial.print(" w5: ");
68        Serial.print(w5);
69        Serial.print(" w6: ");
70        Serial.print(w6);
71
72        Serial.println();
73
74        Serial.print(" w1: ");
75        Serial.print(w1);
76        Serial.print(" w3: ");
77        Serial.print(w3);
78
79        Serial.println();
80
81        Serial.print(" w2: ");
82        Serial.print(w2);
83        Serial.print(" w4: ");
84        Serial.print(w4);
85
86        Serial.println();
87
88 }
89
90        void loop() {
91
92 }
```

25   : 실수형 변수 DpE를 선언한 후, 다음과 같은 형태의 수식을 구현합니다.

$$\nabla_p E = \frac{\partial E}{\partial p} = p - t \, (\text{델타pE = 델타E/델타p = p-t})$$

$\nabla_p E$ 는 델타pE라고 읽으며, 예측값 p에 대한 오차값 E의 변화율을 의미합니다. 예를 들어 p값이 조금 변할 때, E값이 변하는 비율을 의미합니다.

25 : 실수형 변수 o_b를 선언한 후, DpE값을 대입합니다. 다음 그림을 참조합니다.

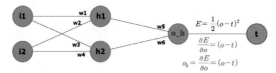

o_b는 오차의 역전파값으로 예측값이 아주 조금 변할 때 오차값 E가 얼마나 변하는가를 나타냅니다.

27, 28 : 실수형 변수 Dw5E, Dw6E를 선언한 후, 다음 그림의 수식을 구현합니다.

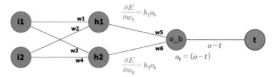

30, 31 : 실수형 변수 h1_b, h2_b를 선언한 후, 각각 o_b에 w5, w6을 곱한 값을 대입합니다. 다음 그림을 참조합니다.

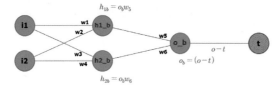

h1_b는 o_b에 w5를 곱한값입니다. 순전파의 경우 h1값이 w5만큼 증폭되거나 감소되어 예측값 out에 영향을 주게 됩니다. o_b는 예측값 out의 미세 변화가 오차값 E의 미세 변화에 미치는 영향의 정도를 나타냅니다. 역전파에서 o_b는 순전파 때와 마찬가지로 w5만큼 증폭되거나 감소되어 h1_b에 영향을 주게 됩니다. h1_b는 예측값 h1의 미세 변화가 오차값 E의 미세 변화에 미치는 영향의 정도를 나타냅니다.

33~36 : 실수형 변수 Dw1E, Dw2E, Dw3E, Dw4E를 선언한 후, 다음 그림의 수식을 구현합니다.

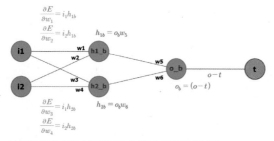

38 : 실수형 변수 lr을 선언한 후, 0.05로 초기화합니다.

39~44 : 가중치 w1~w6에 대해 다음 그림의 수식을 적용합니다.

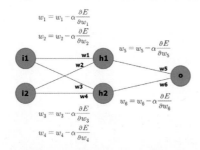

62, 63 : Serial.print 함수를 호출하여 DpE 값을 출력합니다.

67~84 : Serial.print 함수를 호출하여 w1~w6 값을 출력합니다.

2 [툴] 메뉴를 이용하여 보드, 포트를 다음과 같이 선택합니다.

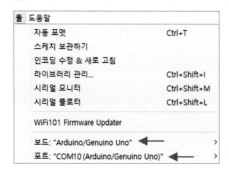

3 컴파일과 업로드를 수행합니다. [시리얼 모니터] 버튼을 클릭합니다.

4 시리얼 모니터 창이 뜨면, 우측 하단에서 통신 속도를 115200으로 맞춰줍니다.

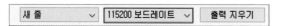

5 출력결과를 확인합니다.

```
h1: 0.85 h2: 0.48
o : 0.19
E : 0.33
D : -0.81
w5: 0.17 w6: 0.17
w1: 0.12 w3: 0.13
w2: 0.23 w4: 0.10
```

D 값이 −0.81로 표시되는 것을 확인합니다. w1~w6의 값이 다음 그림과 같이 표시되는 것을 확인
합니다.

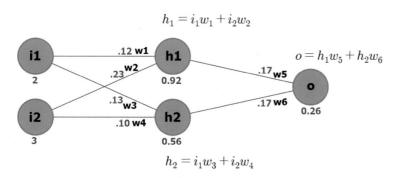

반복 학습 2회 수행하기

새로운 가중치를 사용하여 우리는 순 전파를 반복합니다. 여기서는 반복 학습 2회를 수행해 봅니다.

1 다음과 같이 예제를 수정합니다.

```
225_2.ino
01 double i1 = 2, i2 = 3;
02 double t = 1;
03
04 double w1 = 0.11, w3 = 0.12;
05 double w2 = 0.21, w4 = 0.08;
06
07 double w5 = 0.14, w6 = 0.15;
08
09 void setup() {
10
11      Serial.begin(115200);
12      while(!Serial) ;
13
14      for(int n=0;n<2;n++) {
15
16              double h1 = i1*w1 + i2*w2;
17              double h2 = i1*w3 + i2*w4;
18
19              double o = h1*w5 + h2*w6;
20
21              double prediction = o;
22              double target = t;
23              double Error = 0.5*pow(prediction-target, 2);
24
25              double DpE = prediction - target;
26
27              double o_b = DpE;
28
29              double Dw5E = h1*o_b;
30              double Dw6E = h2*o_b;
31
32              double h1_b = o_b*w5;
33              double h2_b = o_b*w6;
34
35              double Dw1E = i1*h1_b;
36              double Dw2E = i2*h1_b;
37              double Dw3E = i1*h2_b;
38              double Dw4E = i2*h2_b;
39
40              double lr = 0.05;
41              w5 = w5 - lr*Dw5E;
42              w6 = w6 - lr*Dw6E;
43              w1 = w1 - lr*Dw1E;
```

```
44              w2 = w2 - lr*Dw2E;
45              w3 = w3 - lr*Dw3E;
46              w4 = w4 - lr*Dw4E;
47
48              Serial.print( " h1: " );
49              Serial.print(h1);
50              Serial.print( " h2: " );
51              Serial.print(h2);
52              Serial.println();
53
54              Serial.print( " o : " );
55              Serial.print(o);
56
57              Serial.println();
58
59              Serial.print( " E : " );
60              Serial.print(Error);
61
62              Serial.println();
63
64              Serial.print( " D : " );
65              Serial.print(DpE);
66
67              Serial.println();
68
69              Serial.print( " w5: " );
70              Serial.print(w5);
71              Serial.print( " w6: " );
72              Serial.print(w6);
73
74              Serial.println();
75
76              Serial.print( " w1: " );
77              Serial.print(w1);
78              Serial.print( " w3: " );
79              Serial.print(w3);
80
81              Serial.println();
82
83              Serial.print( " w2: " );
84              Serial.print(w2);
85              Serial.print( " w4: " );
86              Serial.print(w4);
87
88              Serial.println();
89
90              Serial.println( " ================ " );
91
92 }
93 }
```

```
94
95 void loop() {
96
97 }
```

11 : n값을 0에서 2 미만까지 바꾸어가며 16~90줄을 2회 수행합니다.
90 : 실행 경계를 표시하기 위해 "━━━━━━━━━━━━━━━━━"을 출력합니다.

2 [툴] 메뉴를 이용하여 보드, 포트를 다음과 같이 선택합니다.

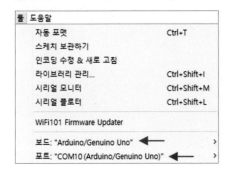

3 컴파일과 업로드를 수행합니다. [시리얼 모니터] 버튼을 클릭합니다.

4 시리얼 모니터 창이 뜨면, 우측 하단에서 통신 속도를 115200으로 맞춰줍니다.

5 출력결과를 확인합니다.

```
h1: 0.85 h2: 0.48
o : 0.19
E : 0.33
D : -0.81
w5: 0.17 w6: 0.17
w1: 0.12 w3: 0.13
w2: 0.23 w4: 0.10
===================
h1: 0.92 h2: 0.56
o : 0.26
E : 0.28
D : -0.74
w5: 0.21 w6: 0.19
w1: 0.13 w3: 0.14
w2: 0.25 w4: 0.12
===================
```

h1, h2, o의 값이 다음 그림과 같이 표시되는 것을 확인합니다.

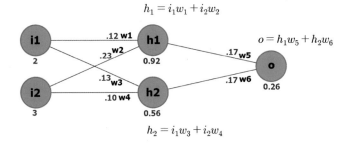

$$h_1 = i_1 w_1 + i_2 w_2$$

$$o = h_1 w_5 + h_2 w_6$$

$$h_2 = i_1 w_3 + i_2 w_4$$

예측값 살펴보기

예측값만 확인하도록 예제를 수정해 봅니다.

1 다음과 같이 예제를 수정합니다.

```
225_3.ino

01 double i1 = 2, i2 = 3;
02 double t = 1;
03
04 double w1 = 0.11, w3 = 0.12;
05 double w2 = 0.21, w4 = 0.08;
06
07 double w5 = 0.14, w6 = 0.15;
08
09 void setup() {
10
11     Serial.begin(115200);
12     while(!Serial) ;
13
14     for(int n=0;n<2;n++) {
15
16         double h1 = i1*w1 + i2*w2;
17         double h2 = i1*w3 + i2*w4;
18
19         double o = h1*w5 + h2*w6;
20
21         double prediction = o;
22         double target = t;
23         double Error = 0.5*pow(prediction-target, 2);
24
25         double DpE = prediction - target;
26
27         double o_b = DpE;
28
29         double Dw5E = h1*o_b;
30         double Dw6E = h2*o_b;
```

```
31
32          double h1_b = o_b*w5;
33          double h2_b = o_b*w6;
34
35          double Dw1E = i1*h1_b;
36          double Dw2E = i2*h1_b;
37          double Dw3E = i1*h2_b;
38          double Dw4E = i2*h2_b;
39
40          double lr = 0.05;
41          w5 = w5 - lr*Dw5E;
42          w6 = w6 - lr*Dw6E;
43          w1 = w1 - lr*Dw1E;
44          w2 = w2 - lr*Dw2E;
45          w3 = w3 - lr*Dw3E;
46          w4 = w4 - lr*Dw4E;
47
48          Serial.print( "o : " );
49          Serial.print(o);
50
51          Serial.println();
52
53      }
54 }
55
56 void loop() {
57
58 }
```

48~49 : 예측값 o에 대한 출력만 합니다.

2 [툴] 메뉴를 이용하여 보드, 포트를 다음과 같이 선택합니다.

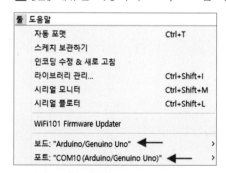

3 컴파일과 업로드를 수행합니다. [시리얼 모니터] 버튼을 클릭합니다.

4 시리얼 모니터 창이 뜨면, 우측 하단에서 통신 속도를 115200으로 맞춰줍니다.

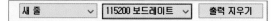

5 출력결과를 확인합니다.

```
o : 0.19
o : 0.26
```

학습 회수에 따라 o값이 바뀌는 것을 확인합니다.

반복 학습 20회 수행하기

여기서는 반복 학습 20회를 수행해 봅니다.

1 다음과 같이 예제를 수정합니다.

```
225_4.ino

01 double i1 = 2, i2 = 3;
02 double t = 1;
03
04 double w1 = 0.11, w3 = 0.12;
05 double w2 = 0.21, w4 = 0.08;
06
07 double w5 = 0.14, w6 = 0.15;
08
09 void setup() {
10
11     Serial.begin(115200);
12     while(!Serial) ;
13
14     for(int n=0;n<20;n++) {
15
16         double h1 = i1*w1 + i2*w2;
17         double h2 = i1*w3 + i2*w4;
18
19         double o = h1*w5 + h2*w6;
20
21         double prediction = o;
22         double target = t;
23         double Error = 0.5*pow(prediction-target, 2);
24
25         double DpE = prediction - target;
26
27         double o_b = DpE;
28
29         double Dw5E = h1*o_b;
30         double Dw6E = h2*o_b;
```

```
31
32          double h1_b = o_b*w5;
33          double h2_b = o_b*w6;
34
35          double Dw1E = i1*h1_b;
36          double Dw2E = i2*h1_b;
37          double Dw3E = i1*h2_b;
38          double Dw4E = i2*h2_b;
39
40          double lr = 0.05;
41          w5 = w5 - lr*Dw5E;
42          w6 = w6 - lr*Dw6E;
43          w1 = w1 - lr*Dw1E;
44          w2 = w2 - lr*Dw2E;
45          w3 = w3 - lr*Dw3E;
46          w4 = w4 - lr*Dw4E;
47
48          if(n%2==1) {
49                  Serial.print(" o : ");
50                  Serial.print(o);
51
52                  Serial.println();
53          }
54
55      }
56 }
57
58 void loop() {
59
60 }
```

14 : n값을 0에서 20 미만까지 바꾸어가며 16~53줄을 20회 수행합니다.
48 : n값을 2로 나눈 나머지가 1이일 때 49~52줄을 수행합니다.

2 [툴] 메뉴를 이용하여 보드, 포트를 다음과 같이 선택합니다.

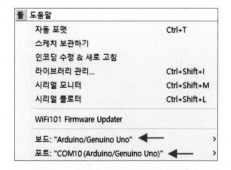

3 컴파일과 업로드를 수행합니다. [시리얼 모니터] 버튼을 클릭합니다.

4 시리얼 모니터 창이 뜨면, 우측 하단에서 통신 속도를 115200으로 맞춰줍니다.

새 줄 ∨	115200 보드레이트 ∨	출력 지우기

5 출력결과를 확인합니다.

```
o : 0.26
o : 0.42
o : 0.61
o : 0.78
o : 0.89
o : 0.95
o : 0.98
o : 0.99
o : 1.00
o : 1.00
```

학습 회수에 따라 o값이 바뀌는 것을 확인합니다. o값이 1에 가까워지는 것을 확인합니다. 입력값 2, 3에 대해 목표값은 1입니다.

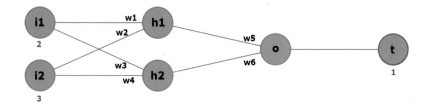

반복 학습 200회 수행하기

여기서는 반복 학습 200회를 수행해 봅니다.

1 다음과 같이 예제를 수정합니다.

```
225_5.ino
01 double i1 = 2, i2 = 3;
02 double t = 1;
03
04 double w1 = 0.11, w3 = 0.12;
05 double w2 = 0.21, w4 = 0.08;
06
07 double w5 = 0.14, w6 = 0.15;
08
09 void setup() {
10
11      Serial.begin(115200);
12      while(!Serial) ;
```

```
13
14        for(int n=0;n<200;n++) {
15
16            double h1 = i1*w1 + i2*w2;
17            double h2 = i1*w3 + i2*w4;
18
19            double o = h1*w5 + h2*w6;
20
21            double prediction = o;
22            double target = t;
23            double Error = 0.5*pow(prediction-target, 2);
24
25            double DpE = prediction - target;
26            ,
27            double o_b = DpE;
28
29            double Dw5E = h1*o_b;
30            double Dw6E = h2*o_b;
31
32            double h1_b = o_b*w5;
33            double h2_b = o_b*w6;
34
35            double Dw1E = i1*h1_b;
36            double Dw2E = i2*h1_b;
37            double Dw3E = i1*h2_b;
38            double Dw4E = i2*h2_b;
39
40            double lr = 0.05;
41            w5 = w5 - lr*Dw5E;
42            w6 = w6 - lr*Dw6E;
43            w1 = w1 - lr*Dw1E;
44            w2 = w2 - lr*Dw2E;
45            w3 = w3 - lr*Dw3E;
46            w4 = w4 - lr*Dw4E;
47
48            if(n%20==1) {
49                Serial.print(" o : ");
50                Serial.print(o);
51
52                Serial.println();
53            }
54
55        }
56 }
57
58 void loop() {
59
60 }
```

14 : n값을 0에서 200 미만까지 바꾸어가며 16~53줄을 20회 수행합니다.

48 : n값을 20으로 나눈 나머지가 10일 때 49~52줄을 수행합니다.

2 [툴] 메뉴를 이용하여 보드, 포트를 다음과 같이 선택합니다.

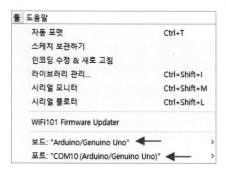

3 컴파일과 업로드를 수행합니다. [시리얼 모니터] 버튼을 클릭합니다.

4 시리얼 모니터 창이 뜨면, 우측 하단에서 통신 속도를 115200으로 맞춰줍니다.

5 출력결과를 확인합니다.

```
o : 0.26
o : 1.00
o : 1.00
o : 1.00
o : 1.00
o : 1.00
o : 1.00
o : 1.00
o : 1.00
o : 1.00
```

학습 회수에 따라 o값이 바뀌는 것을 확인합니다. o값이 1에 가까워지는 것을 확인합니다. 입력값 2, 3에 대해 목표값은 1입니다.

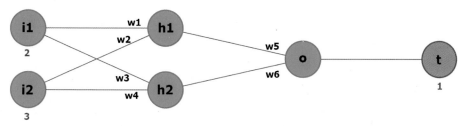

이상에서 출력 신경이 1개인 3층 인공 신경망을 구현해 보았습니다.

A i with Arduino

CHAPTER 03

인공지능의 딥러닝
알고리즘 심화

이번 Chapter에서는 아두이노를 이용하여 심화된 딥러닝 알고리즘을 살펴보고 구현해 봅니다. 첫 번째, 딥러닝의 다중 출력 3층 인공 신경망 알고리즘을 살펴보고 구현해 봅니다. 이 과정에서 다중 출력의 오차가 역전파 되는 과정을 자세히 살펴봅니다. 두 번째, 딥러닝의 활성화 함수 알고리즘을 살펴보고 구현해 봅니다. 활성화 함수 중, sigmoid 함수의 순전파, 역전파 과정을 자세히 살펴봅니다.

01 _ 다중 출력 3층 인공 신경망 알고리즘

여기서는 출력이 2개인 3층 인공 신경망을 구현해 보면서 인공 신경망의 동작을 이해하고 응용할 수 있도록 합니다. 우리는 2개의 입력, 2개의 은닉 신경, 2개의 출력 신경을 가진 인공 신경망을 사용합니다. 거기에 더해, 은닉 신경과 출력 신경은 편향을 포함합니다. 다음 그림은 이 단원에서 구현할 인공 신경망을 나타냅니다.

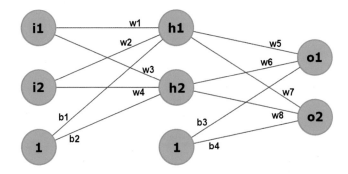

순전파는 다음과 같이 입력 신호가 출력단으로 전파됩니다.

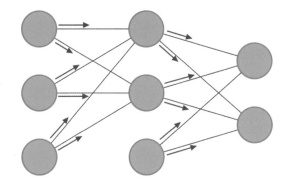

역전파는 다음과 같이 오차 신호가 전파됩니다.

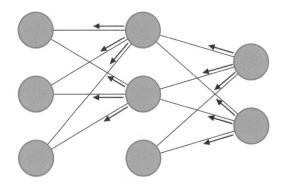

01-1 순전파 구현해 보기

먼저 우리는 입력값과 가중치, 편향을 이용해 순전파 과정을 구현해 봅니다. 다음은 순전파 과정에서 사용할 수식입니다. 이전 단원에서 구현한 신경망에 편향이 추가되고, 출력 노드가 1개 더 추가되었습니다.

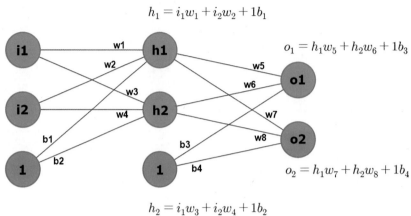

$$h_1 = i_1 w_1 + i_2 w_2 + 1b_1$$

$$o_1 = h_1 w_5 + h_2 w_6 + 1b_3$$

$$o_2 = h_1 w_7 + h_2 w_8 + 1b_4$$

$$h_2 = i_1 w_3 + i_2 w_4 + 1b_2$$

가중치와 편향

먼저 인공 신경망이 현재 주어진 가중치와 편향, 그리고 입력에 대해 어떤 값을 예측하는지 살펴봅니다. 그러기 위해 우리는 입력을 인공 신경망을 통해 정 방향으로 입력합니다. 우리는 인공 신경망의 모든 입력이 각각의 은닉층 신경으로 흘러가는 과정을 살펴봅니다. 계속해서 은닉층의 출력이 출력층 신경으로 흘러가는 과정을 살펴봅니다.

다음은 인공 신경망에서 사용할 초기 가중치, 편향입니다.

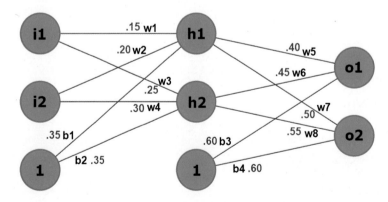

데이터셋

우리가 사용할 데이터셋은 2개의 입력과 2개의 출력에 대한 목표값입니다. 다음과 같이 입력값은 0.05, 0.10, 목표값은 0.01, 0.99를 사용합니다. 다음 그림의 맨 오른쪽에 추가된 2개의 노드는 목표값을 나타내며, 출력층으로 나오는 예측값을 목표값에 가깝도록 가중치를 조정하게 됩니다.

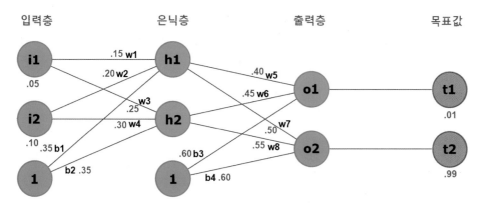

순전파

우리는 주어진 가중치와 입력을 사용하여 출력을 예측합니다. 입력은 가중치에 곱해집니다. 그리고 나서, 그 결과는 다음 층으로 전진 전달됩니다. 다음은 이 과정을 나타낸 그림입니다.

$$h_1 = i_1 w_1 + i_2 w_2 + 1b_1$$

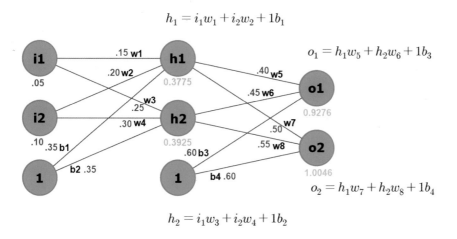

$$o_1 = h_1 w_5 + h_2 w_6 + 1b_3$$

$$o_2 = h_1 w_7 + h_2 w_8 + 1b_4$$

$$h_2 = i_1 w_3 + i_2 w_4 + 1b_2$$

지금까지의 과정을 예제를 통해 확인해 봅니다.

1 다음과 같이 예제를 작성합니다.

```
01    double i1 = 0.05, i2 = 0.10;
02    double t1 = 0.01, t2 = 0.99;
03
04    double w1 = 0.15, w3 = 0.25;
05    double w2 = 0.20, w4 = 0.30;
06
07    double w5 = 0.40, w7 = 0.50;
08    double w6 = 0.45, w8 = 0.55;
09
10    double b1 = 0.35, b2 = 0.35;
11    double b3 = 0.60, b4 = 0.60;
12
13    void setup() {
14
15            Serial.begin(115200);
16            while(!Serial) ;
17
18            double h1 = i1*w1 + i2*w2 + 1*b1;
19            double h2 = i1*w3 + i2*w4 + 1*b2;
20
21            double o1 = h1*w5 + h2*w6 + 1*b3;
22            double o2 = h1*w7 + h2*w8 + 1*b4;
23
24            Serial.print(" h1: ");
25            Serial.print(h1, 4);
26            Serial.print(" h2: ");
27            Serial.print(h2, 4);
28            Serial.println();
29
30            Serial.print(" o1: ");
31            Serial.print(o1, 4);
32            Serial.print(" o2: ");
33            Serial.print(o2, 4);
34
35            Serial.println();
36
37    }
38
39    void loop() {
40
41    }
```

01 : 실수형 변수 i1, i2를 선언한 후, 아래 그림과 같이 초기화합니다.
02 : 실수형 변수 t1, t2를 선언한 후, 아래 그림과 같이 초기화합니다.
04~05 : 실수형 변수 w1, w3, w2, w4를 선언한 후, 아래 그림과 같이 초기화합니다.
07~08 : 실수형 변수 w5, w6, w7, w8을 선언한 후, 아래 그림과 같이 초기화합니다.
11~12 : 실수형 변수 b1, b3, b2, b4를 선언한 후, 아래 그림과 같이 초기화합니다.

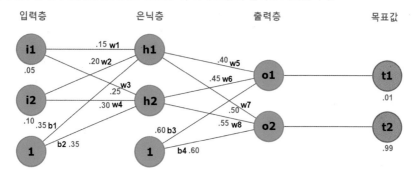

18~22 : 입력층, 은닉층, 출력층을 연결하는 인공 신경망을 수식으로 표현합니다. 다음 그림을 참조합니다.

$$h_1 = i_1 w_1 + i_2 w_2 + 1b_1$$

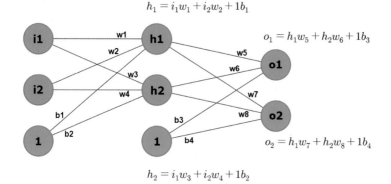

$$o_1 = h_1 w_5 + h_2 w_6 + 1b_3$$

$$o_2 = h_1 w_7 + h_2 w_8 + 1b_4$$

$$h_2 = i_1 w_3 + i_2 w_4 + 1b_2$$

24~33 : Serial.print 함수를 호출하여 h1, h2, o1, o2 값을 출력합니다. h1, h2, o1, o2 값 출력시 소수점 이하 4자리까지 출력합니다.

2 [툴] 메뉴를 이용하여 보드, 포트를 다음과 같이 선택합니다.

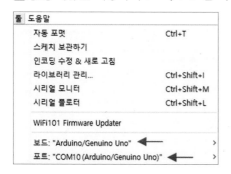

3 컴파일과 업로드를 수행합니다.

④ [시리얼 모니터] 버튼을 클릭합니다.

시리얼 모니터 🔍

⑤ 시리얼 모니터 창이 뜨면, 우측 하단에서 통신 속도를 115200으로 맞춰줍니다.

| 새 줄 ∨ | 115200 보드레이트 ∨ | 출력 지우기 |

⑥ 출력결과를 확인합니다.

```
h1: 0.3775 h2: 0.3925
o1: 0.9276 o2: 1.0046
```

다음 그림을 참조합니다.

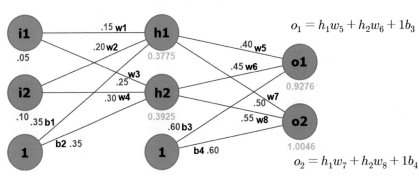

$$h_1 = i_1w_1 + i_2w_2 + 1b_1$$

$$o_1 = h_1w_5 + h_2w_6 + 1b_3$$

$$h_2 = i_1w_3 + i_2w_4 + 1b_2$$

$$o_2 = h_1w_7 + h_2w_8 + 1b_4$$

01-2 오차 계산하기

우리는 이제 거듭제곱 오차 함수를 사용하여 각 출력 신경에 대한 오차를 계산할 수 있습니다. 그리고 각 오차를 더하여 전체 오차를 얻습니다. 다음은 전체 오차를 계산하는 수식입니다.

$$E_{total} = \sum \frac{1}{2}(output - target)^2$$

오차를 계산하는 과정은 다음과 같습니다.

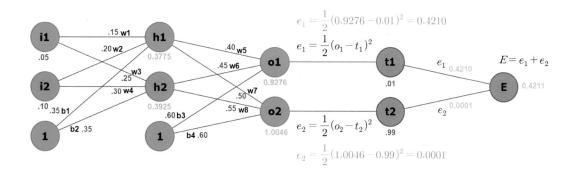

$$e_1 = \frac{1}{2}(0.9276 - 0.01)^2 = 0.4210$$

$$e_1 = \frac{1}{2}(o_1 - t_1)^2$$

$$E = e_1 + e_2$$

$$e_2 = \frac{1}{2}(o_2 - t_2)^2$$

$$e_2 = \frac{1}{2}(1.0046 - 0.99)^2 = 0.0001$$

o1에 대한 목표 출력은 0.01이지만 신경망 출력은 0.9276입니다. 그래서 오차 e1은 0.4210이 됩니다. 같은 방법으로 오차 e2는 0.0001입니다. 신경망에 대한 전체 오차는 e1, e2 합으로 0.4211입니다. 지금까지의 과정을 예제를 통해 확인해 봅니다.

1 다음과 같이 예제를 수정합니다.

```
312_1.ino
01      double i1 = 0.05, i2 = 0.10;
02      double t1 = 0.01, t2 = 0.99;
03
04      double w1 = 0.15, w3 = 0.25;
05      double w2 = 0.20, w4 = 0.30;
06
07      double w5 = 0.40, w7 = 0.50;
08      double w6 = 0.45, w8 = 0.55;
09
10      double b1 = 0.35, b2 = 0.35;
11      double b3 = 0.60, b4 = 0.60;
12
13      void setup() {
14
15          Serial.begin(115200);
16          while(!Serial) ;
17
18          double h1 = i1*w1 + i2*w2 + 1*b1;
19          double h2 = i1*w3 + i2*w4 + 1*b2;
20
21          double o1 = h1*w5 + h2*w6 + 1*b3;
22          double o2 = h1*w7 + h2*w8 + 1*b4;
23
24          double e1 = 0.5*pow(o1-t1, 2);
25          double e2 = 0.5*pow(o2-t2, 2);
26          double Error = e1 + e2;
```

```
27
28              Serial.print( " h1:  " );
29              Serial.print(h1, 4);
30              Serial.print( "  h2:  " );
31              Serial.print(h2, 4);
32              Serial.println();
33
34              Serial.print( " o1:  " );
35              Serial.print(o1, 4);
36              Serial.print( "  o2:  " );
37              Serial.print(o2, 4);
38
39              Serial.println();
40
41              Serial.print( " e1:  " );
42              Serial.print(e1, 4);
43              Serial.print( "  e2:  " );
44              Serial.print(e2, 4);
45
46              Serial.println();
47
48              Serial.print( " E :  " );
49              Serial.print(Error, 4);
50
51              Serial.println();
52
53          }
54
55      void loop() {
56
57          }
```

24~26 : 실수형 변수 e1, e2, Error를 선언한 후, 아래 그림과 같이 구현합니다.

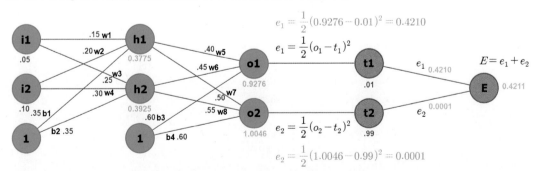

o1, o2의 값이 각각 t1, t2에 가까울수록 e1, e2의 값은 0에 가까워집니다. 즉, 각각의 오차값이 0에 가까워집니다.
pow는 거듭제곱함수입니다. pow 함수의 첫 번째 매개변수는 거듭제곱할 대상, 두 번째 매개변수는 거듭제곱 횟
수입니다. e1, e2가 동시에 0에 가까워질수록 전체 오차값 에러도 0에 가까워집니다.

41~49 : Serial.print 함수를 호출하여 e1, e2, Error 값을 출력합니다.

2 [툴] 메뉴를 이용하여 보드, 포트를 다음과 같이 선택합니다.

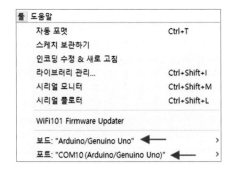

3 컴파일과 업로드를 수행합니다.

4 [시리얼 모니터] 버튼을 클릭합니다.

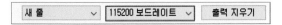

5 시리얼 모니터 창이 뜨면, 우측 하단에서 통신 속도를 115200으로 맞춰줍니다.

새 줄 ∨	115200 보드레이트 ∨	출력 지우기

6 출력결과를 확인합니다.

```
h1: 0.3775 h2: 0.3925
o1: 0.9276 o2: 1.0046
e1: 0.4210 e2: 0.0001
E : 0.4211
```

e1, e2 오차값이 각각 0.4210, 0.0001로 표시되는 것을 확인합니다. 또, 전체 오차값이 0.4211로 표시되는 것을 확인합니다. 다음 그림을 참조합니다.

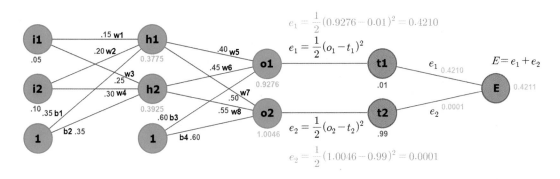

01-3 오차 역전파

오차 역전파의 목적은 인공 신경망 내에 있는 모든 가중치와 편향을 최적화시켜 인공 신경망이 어떻게 올바르게 임의의 입력을 목표 출력으로 연결시킬지 배울 수 있도록 하는 것입니다. 그래서 각 출력 신경에 대한 오차를 최소화하여 망 전체적으로 오차를 최소화합니다. 여기서 우리는 주어진 입력 0.05와 0.10에 대하여, 인공 신경망의 예측 출력을 목표 출력 0.01과 0.99로 연결시키길 원합니다. 가중치와 편향의 최적화는 경사 하강법을 통해 수행됩니다. 다음은 각 가중치와 편향에 대해 경사 하강법을 적용한 수식입니다.

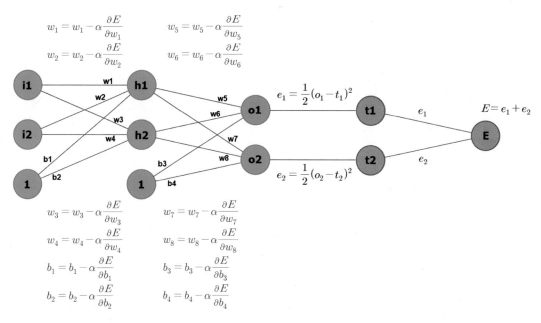

1, 2차 오차 역전파

w5를 생각해 봅니다. 우리는 w5의 변화가 전체 오차에 얼마나 많이 영향을 주는지 알고 싶습니다. w5값을 갱신하는 과정에서 1, 2차 오차 역전파가 발생합니다. w5를 갱신하기 위해, 우리는 현재 w5를 선택하여 w5에 대한 오차 함수의 편미분을 비례적으로 뺍니다. 적당히 선택한 학습률을 곱한 오차 함수의 미분값을 현재 가중치에서 빼서 현재 가중치에 대입해 새로 갱신된 가중치가 오차 함수를 최소화하도록 합니다. 오차 함수의 미분은 다음과 같이 연쇄법칙을 적용하여 계산합니다.

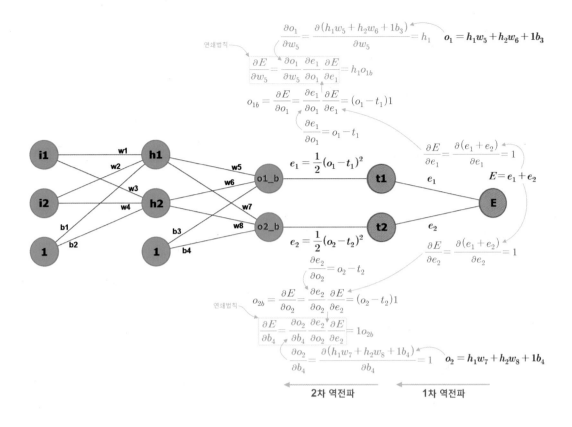

위 그림에 적용된 수식 계산 과정을 순서대로 살펴봅니다.

❶ 다음과 같이 오차값 e1에 대한 오차 미분값($\frac{\partial E}{\partial e_1}$)을 구합니다. 이는 오차값 e1에 대하여 전체 오차 E가 얼마나 변하느냐를 의미합니다. 이 값은 오차 역전파의 시작값이 됩니다. 즉, 오차 역전파의 입력값이 됩니다. 그리고 예측값 o1에 대한 오차 e1 미분값($\frac{\partial e_1}{\partial o_1}$)을 구합니다. 이 두 값을 곱한 값은 예측값 o1에 대한 오차 미분($\frac{\partial E}{\partial o_1}$)이 되며 예측값 o1에 대하여 전체 오차 E가 얼마나 변하느냐를 의미합니다. 또한 이 두 값을 곱한 값은 2차 역전파 입력값이 됩니다.

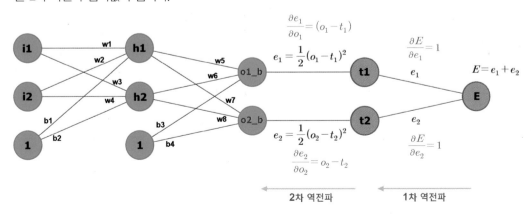

❷ 다음과 같이 o1_b, o2_b 노드를 정의합니다. o1_b, o2_b 노드는 역전파 입력값을 받는 노드입니다.

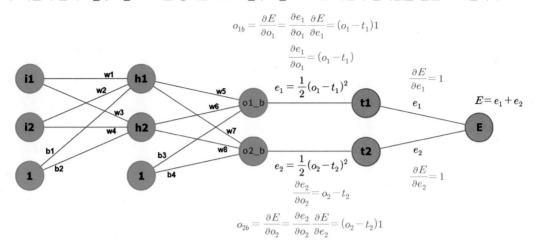

$$o_{1b} = \frac{\partial E}{\partial o_1} = \frac{\partial e_1}{\partial o_1} \frac{\partial E}{\partial e_1} = (o_1 - t_1)1$$

$$\frac{\partial e_1}{\partial o_1} = (o_1 - t_1)$$

$$e_1 = \frac{1}{2}(o_1 - t_1)^2 \qquad \frac{\partial E}{\partial e_1} = 1$$

$$E = e_1 + e_2$$

$$e_2 = \frac{1}{2}(o_2 - t_2)^2 \qquad \frac{\partial E}{\partial e_2} = 1$$

$$\frac{\partial e_2}{\partial o_2} = o_2 - t_2$$

$$o_{2b} = \frac{\partial E}{\partial o_2} = \frac{\partial e_2}{\partial o_2} \frac{\partial E}{\partial e_2} = (o_2 - t_2)1$$

그림에서 o1_b는 예측값 o에 대한 오차값 E의 기울기를 나타냅니다. 즉, 예측값 o1의 미세 변화에 따른 오차값 E의 미세 변화정도를 나타냅니다. 또, 예측값 o1의 미세 변화가 오차값 E의 미세 변화에 미치는 영향의 정도를 나타냅니다. 달리 말해, 예측값 o1이 아주 조금 변할 때 오차값 E가 얼마나 변하는가를 나타냅니다. o2_b의 경우도 마찬가지입니다.

❸ 다음과 같이 가중치 w5에 대한 오차 미분을 구합니다. 이 과정에서 연쇄법칙을 적용합니다. 가중치 w5에 대한 오차 미분은 가중치 w5가 오차값 E에 미치는 영향의 정도를 나타냅니다. 가중치 w5에 대한 오차 미분은 순전파 값 h1과 역전파 값 o1_b의 곱으로 계산되는 규칙이 있습니다. 이 규칙은 역전파 과정에서 반복적으로 적용되는 규칙으로 잘 기억하도록 합니다. 편향 b4에 대한 오차 미분도 같은 방식으로 구합니다.

$$\frac{\partial o_1}{\partial w_5} = \frac{\partial(h_1 w_5 + h_2 w_6 + 1 b_3)}{\partial w_5} = h_1 \qquad o_1 = h_1 w_5 + h_2 w_6 + 1 b_3$$

$$\frac{\partial E}{\partial w_5} = \frac{\partial o_1}{\partial w_5} \frac{\partial e_1}{\partial o_1} \frac{\partial E}{\partial e_1} = h_1 o_{1b}$$

$$o_{1b} = \frac{\partial E}{\partial o_1} = \frac{\partial e_1}{\partial o_1} \frac{\partial E}{\partial e_1} = (o_1 - t_1)1$$

$$\frac{\partial e_1}{\partial o_1} = o_1 - t_1$$

$$e_1 = \frac{1}{2}(o_1 - t_1)^2 \qquad \frac{\partial E}{\partial e_1} = \frac{\partial(e_1 + e_2)}{\partial e_1} = 1$$

$$E = e_1 + e_2$$

$$e_2 = \frac{1}{2}(o_2 - t_2)^2 \qquad \frac{\partial E}{\partial e_2} = \frac{\partial(e_1 + e_2)}{\partial e_2} = 1$$

$$\frac{\partial e_2}{\partial o_2} = o_2 - t_2$$

$$o_{2b} = \frac{\partial E}{\partial o_2} = \frac{\partial e_2}{\partial o_2} \frac{\partial E}{\partial e_2} = (o_2 - t_2)1$$

$$\frac{\partial E}{\partial b_4} = \frac{\partial o_2}{\partial b_4} \frac{\partial e_2}{\partial o_2} \frac{\partial E}{\partial e_2} = 1 o_{2b}$$

$$\frac{\partial o_2}{\partial b_4} = \frac{\partial(h_1 w_7 + h_2 w_8 + 1 b_4)}{\partial b_4} = 1 \qquad o_2 = h_1 w_7 + h_2 w_8 + 1 b_4$$

이상에서 가중치 w5, w6, w7, w8, 편향 b3, b4에 대한 오차 미분은 다음과 같습니다. 가중치의 경우 순전파 h1, h2 와 역전파 o1_b, o2_b의 곱으로 계산됩니다. 편향 b3, b4의 경우 1과 역전파 o1_b, o2_b의 곱으로 계산됩니다.

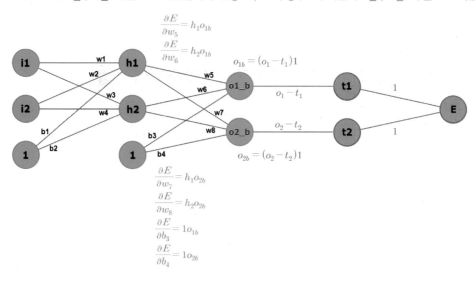

가중치와 편향에 대한 오차 기울기 수식은 다음과 같이 역전파 출력과 순전파 출력의 곱으로 계산됩니다.

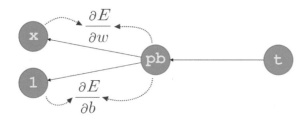

이제 오차를 줄이기 위해 가중치 w5, w6, w7, w8, 편향 b3, b4의 새로운 값은 각각에 대한 오차 미분을 이용하여 다음과 같이 경사 하강법을 적용하여 계산할 수 있습니다.

$$w_5 = w_5 - \alpha \frac{\partial E}{\partial w_5}$$

$$w_6 = w_6 - \alpha \frac{\partial E}{\partial w_6}$$

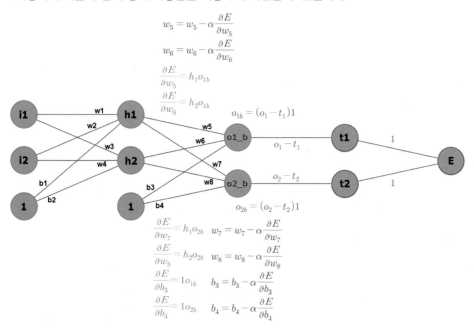

그리고 가중치와 편향을 중심으로 양쪽 노드의 순전파 값과 역전파 값을 이용하여 다음과 같이 계산할 수 있습니다.

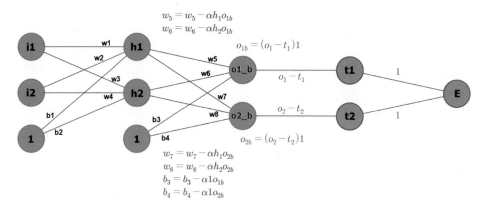

3차 오차 역전파

다음은 w1, b2값을 갱신하는 과정을 살펴봅니다. 이 과정에서 3차 오차 역전파가 발생합니다. 입력과 은닉층 사이에 존재하는 w1, w2, w3, w4, b1, b2를 갱신하기 위해 역으로 움직일 때, 예를 들어, w1, b2에 대한 오차 함수에 대한 편미분은 다음과 같습니다. w1, b2에 대한 오차 함수의 미분은 다음과 같이 연쇄법칙을 적용하여 계산합니다.

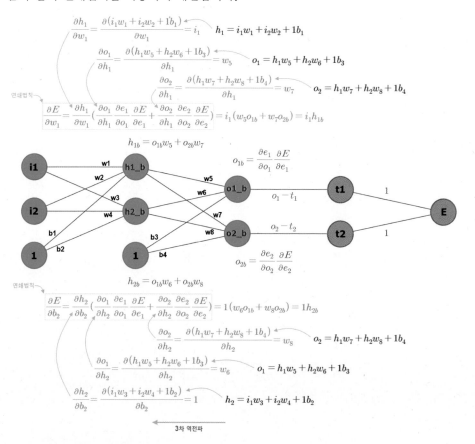

앞의 그림에 적용된 수식 계산 과정을 순서대로 살펴봅니다.

❶ 다음과 같이 h1_b, h2_b 값을 구합니다. 이 두 값은 각각 o1_b, o2_b 값이 가중치 w5, w7, w6, w8을 통해 3차 역전파된 결과값입니다. o1_b, o2_b 값은 3차 역전파의 입력값이 됩니다. h1_b, h2_b는 o1_b, o2_b의 역전파 입력의 합이 되며, 순전파 때 적용되었던 가중치 w5, w6, w7, w8이 그대로 사용됩니다. 예를 들어, h1이 순전파 때 o1, o2에 모두에 영향을 주었기 때문에, 즉, h1의 값이 가중치를 통해 o1, o2 양쪽으로 흘러 갔기 때문에, 역전파 때도 h1_b는 o1_b, o2_b 양쪽으로부터 오차를 입력받아야 합니다. 순전파 때 적용되었던 가중치는 역전파 때도 그대로 적용됩니다.

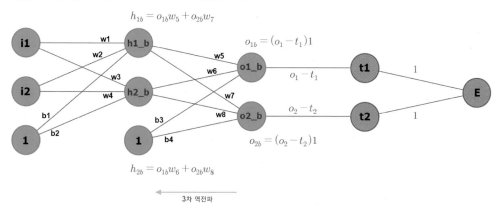

$$h_{1b} = o_{1b}w_5 + o_{2b}w_7$$

$$o_{1b} = (o_1 - t_1)1$$

$$o_1 - t_1$$

$$o_2 - t_2$$

$$o_{2b} = (o_2 - t_2)1$$

$$h_{2b} = o_{1b}w_6 + o_{2b}w_8$$

3차 역전파

그림에서 h1_b, h2_b는 오차 역전파 값으로 각각 h1, h2 값에 대한 오차값 E의 기울기를 나타냅니다. 즉, h1, h2 값의 미세 변화에 따른 오차값 E의 미세 변화정도를 나타냅니다. 또, h1, h2 값의 미세 변화가 오차 값 E의 미세 변화에 미치는 영향의 정도를 나타냅니다. 달리 말해, h1, h2가 아주 조금 변할 때 오차값 E 가 얼마나 변하는가를 나타냅니다.

❷ 다음과 같이 가중치 w1에 대한 오차 미분을 구합니다. 이 과정에서 연쇄법칙을 적용합니다. 가중치 w1에 대한 오차 미분은 가중치 w1이 오차값 E에 미치는 영향의 정도를 나타냅니다. 가중치 w1에 대한 오차 미분은 순전파 값 i1과 역전파 값 h1_b의 곱으로 계산되는 규칙이 있습니다. 이 규칙은 역전파 과정에서 반복적으로 적용되는 규칙으로 잘 기억하도록 합니다.

$$\frac{\partial E}{\partial w_1} = \frac{\partial h_1}{\partial w_1}\left(\frac{\partial o_1}{\partial h_1}\frac{\partial e_1}{\partial o_1}\frac{\partial E}{\partial e_1} + \frac{\partial o_2}{\partial h_1}\frac{\partial e_2}{\partial o_2}\frac{\partial E}{\partial e_2}\right) = i_1(w_5o_{1b} + w_7o_{2b}) = i_1h_{1b}$$

$$h_{1b} = o_{1b}w_5 + o_{2b}w_7$$

$$o_{1b} = (o_1 - t_1)1$$

$$o_1 - t_1$$

$$o_2 - t_2$$

$$o_{2b} = (o_2 - t_2)1$$

$$h_{2b} = o_{1b}w_6 + o_{2b}w_8$$

$$\frac{\partial E}{\partial b_2} = \frac{\partial h_2}{\partial b_2}\left(\frac{\partial o_1}{\partial h_2}\frac{\partial e_1}{\partial o_1}\frac{\partial E}{\partial e_1} + \frac{\partial o_2}{\partial h_2}\frac{\partial e_2}{\partial o_2}\frac{\partial E}{\partial e_2}\right) = 1(w_6o_{1b} + w_8o_{2b}) = 1h_{2b}$$

이상에서 가중치 w1, w2, w3, w4와 편향 b1, b2에 대한 오차 미분은 다음과 같습니다. 가중치의 경우 각각 순전파 i1, i2와 역전파 h1_b, h2_b의 곱으로 계산됩니다. 편향 b1, b2의 경우 1과 역전파 h1_b, h2_b의 곱으로 계산됩니다.

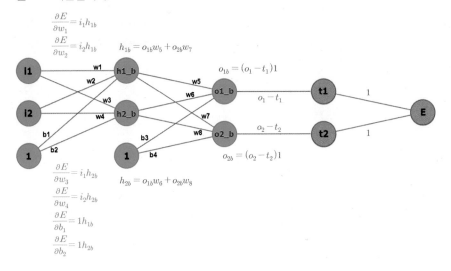

가중치와 편향에 대한 오차 기울기 수식은 다음과 같이 역전파 출력과 순전파 출력의 곱으로 계산됩니다.

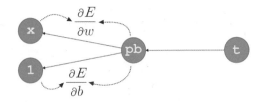

이제 가중치 w1, w2, w3, w4와 편향 b1, b2의 새로운 값은 각각에 대한 오차 미분을 이용하여 다음과 같이 경사 하강법을 적용하여 계산할 수 있습니다.

$$w_1 = w_1 - \alpha \frac{\partial E}{\partial w_1}$$
$$w_2 = w_2 - \alpha \frac{\partial E}{\partial w_2}$$

$$\frac{\partial E}{\partial w_1} = i_1 h_{1b}$$
$$\frac{\partial E}{\partial w_2} = i_2 h_{1b}$$

$$h_{1b} = o_{1b} w_5 + o_{2b} w_7$$

$$o_{1b} = (o_1 - t_1)1$$

$$o_1 - t_1$$

$$o_2 - t_2$$

$$o_{2b} = (o_2 - t_2)1$$

$$\frac{\partial E}{\partial w_3} = i_1 h_{2b}$$

$$h_{2b} = o_{1b} w_6 + o_{2b} w_8$$

$$\frac{\partial E}{\partial w_4} = i_2 h_{2b}$$
$$w_3 = w_3 - \alpha \frac{\partial E}{\partial w_3}$$

$$\frac{\partial E}{\partial b_1} = 1 h_{1b}$$
$$w_4 = w_4 - \alpha \frac{\partial E}{\partial w_4}$$

$$\frac{\partial E}{\partial b_2} = 1 h_{2b}$$
$$b_1 = b_1 - \alpha \frac{\partial E}{\partial b_1}$$

$$b_2 = b_2 - \alpha \frac{\partial E}{\partial b_2}$$

그리고 가중치를 중심으로 양쪽 노드의 순전파 값과 역전파 값을 이용하여 다음과 같이 계산할 수 있습니다.

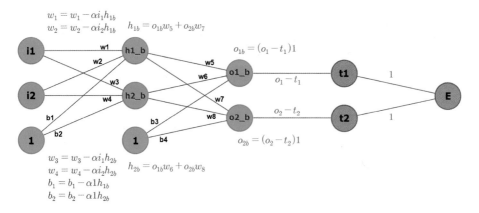

지금까지의 과정을 예제를 통해 확인해 봅니다.

1 다음과 같이 예제를 수정합니다.

```
313_1.ino
001 double i1 = 0.05, i2 = 0.10;
002 double t1 = 0.01, t2 = 0.99;
003
004 double w1 = 0.15, w3 = 0.25;
005 double w2 = 0.20, w4 = 0.30;
006
007 double w5 = 0.40, w7 = 0.50;
008 double w6 = 0.45, w8 = 0.55;
009
010 double b1 = 0.35, b2 = 0.35;
011 double b3 = 0.60, b4 = 0.60;
012
013 void setup() {
014
015     Serial.begin(115200);
016     while(!Serial) ;
017
018     double h1 = i1*w1 + i2*w2 + 1*b1;
019     double h2 = i1*w3 + i2*w4 + 1*b2;
020
021     double o1 = h1*w5 + h2*w6 + 1*b3;
022     double o2 = h1*w7 + h2*w8 + 1*b4;
023
024     double e1 = 0.5*pow(o1-t1, 2);
025     double e2 = 0.5*pow(o2-t2, 2);
```

```
026 d    ouble Error = e1 + e2;
027
028      double De1E = 1;
029      double De2E = 1;
030
031      double Do1e1 = o1 - t1;
032      double Do2e2 = o2 - t2;
033
034      double Do1E = Do1e1*De1E;
035      double Do2E = Do2e2*De2E;
036
037      double o1_b = Do1E;
038      double o2_b = Do2E;
039
040      double Dw5E = h1*o1_b;
041      double Dw6E = h2*o1_b;
042      double Dw7E = h1*o2_b;
043      double Dw8E = h2*o2_b;
044
045      double Db3E = 1*o1_b;
046      double Db4E = 1*o2_b;
047
048      double h1_b = o1_b*w5 + o2_b*w7;
049      double h2_b = o1_b*w6 + o2_b*w8;
050
051      double Dw1E = i1*h1_b;
052      double Dw2E = i2*h1_b;
053      double Dw3E = i1*h2_b;
054      double Dw4E = i2*h2_b;
055
056      double Db1E = 1*h1_b;
057      double Db2E = 1*h2_b;
058
059      double lr = 0.05;
060      w5 = w5 - lr*Dw5E;
061      w6 = w6 - lr*Dw6E;
062      w7 = w7 - lr*Dw7E;
063      w8 = w8 - lr*Dw8E;
064
065      b3 = b3 - lr*Db3E;
066      b4 = b4 - lr*Db4E;
067
068      w1 = w1 - lr*Dw1E;
069      w2 = w2 - lr*Dw2E;
070      w3 = w3 - lr*Dw3E;
071      w4 = w4 - lr*Dw4E;
```

```
072
073     b1 = b1 - lr*Db1E;
074     b2 = b2 - lr*Db2E;
075
076     Serial.print(" h1: ");
077     Serial.print(h1);
078     Serial.print(" h2: ");
079     Serial.print(h2);
080     Serial.println();
081
082     Serial.print(" o1: ");
083     Serial.print(o1);
084     Serial.print(" o2: ");
085     Serial.print(o2);
086
087     Serial.println();
088
089     Serial.print(" e1: ");
090     Serial.print(e1);
091     Serial.print(" e2: ");
092     Serial.print(e2);
093
094     Serial.println();
095
096     Serial.print(" E : ");
097     Serial.print(Error);
098
099     Serial.println();
100
101     Serial.print(" Do1E: ");
102     Serial.print(Do1E);
103     Serial.print(" Do2E: ");
104     Serial.print(Do2E);
105
106     Serial.println();
107
108     Serial.print(" w5: ");
109     Serial.print(w5);
110     Serial.print(" w7: ");
111     Serial.print(w7);
112
113     Serial.println();
114
115     Serial.print(" w6: ");
116     Serial.print(w6);
117     Serial.print(" w8: ");
```

```
118        Serial.print(w8);
119
120        Serial.println();
121
122        Serial.print( " b3:  " );
123        Serial.print(b3);
124        Serial.print( " b4:  " );
125        Serial.print(b4);
126
127        Serial.println();
128
129        Serial.print( " w1:  " );
130        Serial.print(w1);
131        Serial.print( " w3:  " );
132        Serial.print(w3);
133
134        Serial.println();
135
136        Serial.print( " w2:  " );
137        Serial.print(w2);
138        Serial.print( " w4:  " );
139        Serial.print(w4);
140
141        Serial.println();
142
143        Serial.print( " b1:  " );
144        Serial.print(b1);
145        Serial.print( " b2:  " );
146        Serial.print(b2);
147
148        Serial.println();
149
150 }
151
152 void loop() {
153
154 }
```

28, 29 : 실수형 변수 De1E, De2E를 선언한 후, 아래 그림의 ❶, ❷ 수식에 맞춰 초기화합니다.

31, 32 : 실수형 변수 Do1e1, Do2e2를 선언한 후, 아래 그림의 ❸, ❹ 수식에 맞춰 초기화합니다.

34, 35 : 실수형 변수 Do1E, Do2E를 선언한 후, 아래 그림의 ❺, ❻ 수식에 맞춰 초기화합니다.

31, 32 : 실수형 변수 o1_b, o2_b를 선언한 후, 아래 그림의 ❼, ❽ 수식에 맞춰 초기화합니다.

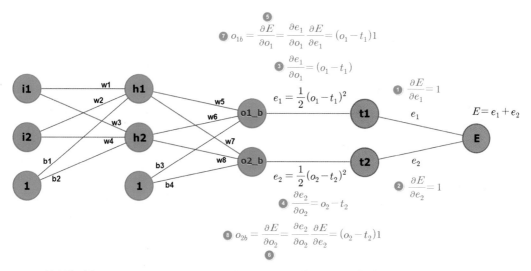

$$\text{⑦} \; o_{1b} = \frac{\partial E}{\partial o_1} = \frac{\partial e_1}{\partial o_1} \frac{\partial E}{\partial e_1} = (o_1 - t_1)1$$

$$\text{③} \; \frac{\partial e_1}{\partial o_1} = (o_1 - t_1)$$

$$e_1 = \frac{1}{2}(o_1 - t_1)^2$$

$$\text{①} \; \frac{\partial E}{\partial e_1} = 1$$

$$E = e_1 + e_2$$

$$e_2 = \frac{1}{2}(o_2 - t_2)^2$$

$$\text{②} \; \frac{\partial E}{\partial e_2} = 1$$

$$\text{④} \; \frac{\partial e_2}{\partial o_2} = o_2 - t_2$$

$$\text{⑧} \; o_{2b} = \frac{\partial E}{\partial o_2} = \frac{\partial e_2}{\partial o_2} \frac{\partial E}{\partial e_2} = (o_2 - t_2)1$$

40~46 : 실수형 변수 Dw5E, Dw6E, Dw7E, Dw8E, Db3E, Db4E를 선언한 후, 다음 그림의 수식을 구현합니다.

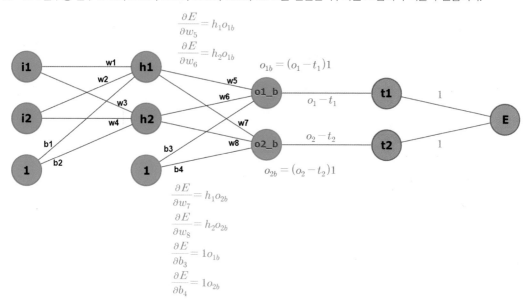

$$\frac{\partial E}{\partial w_5} = h_1 o_{1b}$$

$$\frac{\partial E}{\partial w_6} = h_2 o_{1b}$$

$$o_{1b} = (o_1 - t_1)1$$

$$o_1 - t_1$$

$$o_2 - t_2$$

$$o_{2b} = (o_2 - t_2)1$$

$$\frac{\partial E}{\partial w_7} = h_1 o_{2b}$$

$$\frac{\partial E}{\partial w_8} = h_2 o_{2b}$$

$$\frac{\partial E}{\partial b_3} = 1 o_{1b}$$

$$\frac{\partial E}{\partial b_4} = 1 o_{2b}$$

48, 49 : 실수형 변수 h1_b, h2_b를 선언한 후, 각각 o1_b, o2_b에 w5, w7과 w6, w8을 곱한 값을 대입합니다. 다음 그림을 참조합니다.

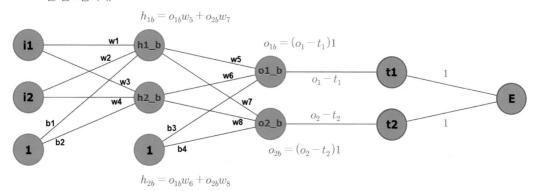

$$h_{1b} = o_{1b} w_5 + o_{2b} w_7$$

$$o_{1b} = (o_1 - t_1)1$$

$$o_1 - t_1$$

$$o_2 - t_2$$

$$o_{2b} = (o_2 - t_2)1$$

$$h_{2b} = o_{1b} w_6 + o_{2b} w_8$$

: 실수형 변수 Dw1E, Dw2E, Dw3E, Dw4E, Db1E, Db2E를 선언한 후, 다음 그림의 수식을 구현합니다.

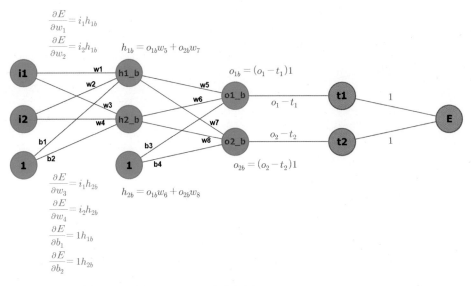

$$\frac{\partial E}{\partial w_1} = i_1 h_{1b}$$

$$\frac{\partial E}{\partial w_2} = i_2 h_{1b}$$

$$h_{1b} = o_{1b} w_5 + o_{2b} w_7$$

$$o_{1b} = (o_1 - t_1)1$$

$$o_1 - t_1$$

$$o_2 - t_2$$

$$o_{2b} = (o_2 - t_2)1$$

$$\frac{\partial E}{\partial w_3} = i_1 h_{2b}$$

$$\frac{\partial E}{\partial w_4} = i_2 h_{2b}$$

$$\frac{\partial E}{\partial b_1} = 1 h_{1b}$$

$$\frac{\partial E}{\partial b_2} = 1 h_{2b}$$

$$h_{2b} = o_{1b} w_6 + o_{2b} w_8$$

59 : 실수형 변수 lr을 선언한 후, 0.05로 초기화합니다.

60~74 : 가중치 w1~w8, 편향 b1~b4에 대해 다음 그림의 수식을 적용합니다.

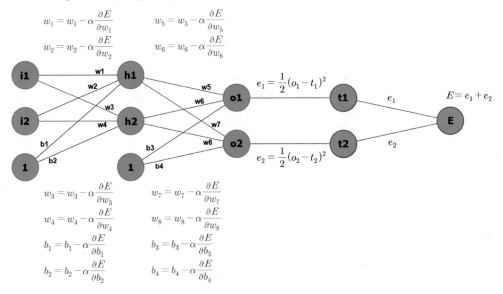

$$w_1 = w_1 - \alpha \frac{\partial E}{\partial w_1}$$

$$w_2 = w_2 - \alpha \frac{\partial E}{\partial w_2}$$

$$w_5 = w_5 - \alpha \frac{\partial E}{\partial w_5}$$

$$w_6 = w_6 - \alpha \frac{\partial E}{\partial w_6}$$

$$e_1 = \frac{1}{2}(o_1 - t_1)^2$$

$$E = e_1 + e_2$$

$$e_2 = \frac{1}{2}(o_2 - t_2)^2$$

$$w_3 = w_3 - \alpha \frac{\partial E}{\partial w_3}$$

$$w_4 = w_4 - \alpha \frac{\partial E}{\partial w_4}$$

$$b_1 = b_1 - \alpha \frac{\partial E}{\partial b_1}$$

$$b_2 = b_2 - \alpha \frac{\partial E}{\partial b_2}$$

$$w_7 = w_7 - \alpha \frac{\partial E}{\partial w_7}$$

$$w_8 = w_8 - \alpha \frac{\partial E}{\partial w_8}$$

$$b_3 = b_3 - \alpha \frac{\partial E}{\partial b_3}$$

$$b_4 = b_4 - \alpha \frac{\partial E}{\partial b_4}$$

76~148 : Serial.print 함수를 호출하여 순전파 값, 오차 값, 역전파 입력값, 가중치, 편향 값을 출력합니다.

2 [툴] 메뉴를 이용하여 보드, 포트를 다음과 같이 선택
합니다.

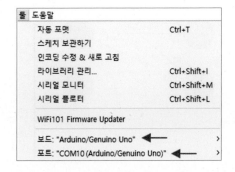

3 컴파일과 업로드를 수행합니다.

4 [시리얼 모니터] 버튼을 클릭합니다.

시리얼 모니터 🔎

5 시리얼 모니터 창이 뜨면, 우측 하단에서 통신 속도를 115200으로 맞춰줍니다.

6 출력결과를 확인합니다.

```
h1: 0.38 h2: 0.39
o1: 0.93 o2: 1.00
e1: 0.42 e2: 0.00
E : 0.42
Do1E: 0.92 Do2E: 0.01
w5: 0.38 w7: 0.50
w6: 0.43 w8: 0.55
b3: 0.55 b4: 0.60
w1: 0.15 w3: 0.25
w2: 0.20 w4: 0.30
b1: 0.33 b2: 0.33
```

반복 학습 2회 수행하기

새로운 가중치를 사용하여 우리는 순 전파를 반복합니다. 여기서는 반복 학습 2회를 수행해 봅니다.

1 다음과 같이 예제를 수정합니다.

```
313_2.ino
001 double i1 = 0.05, i2 = 0.10;
002 double t1 = 0.01, t2 = 0.99;
003
004 double w1 = 0.15, w3 = 0.25;
005 double w2 = 0.20, w4 = 0.30;
006
007 double w5 = 0.40, w7 = 0.50;
008 double w6 = 0.45, w8 = 0.55;
009
010 double b1 = 0.35, b2 = 0.35;
011 double b3 = 0.60, b4 = 0.60;
012
013 void setup() {
014
```

```
015        Serial.begin(115200);
016        while(!Serial) ;
017
018        for(int n=0;n<2;n++) {
019
020            double h1 = i1*w1 + i2*w2 + 1*b1;
021            double h2 = i1*w3 + i2*w4 + 1*b2;
022
023            double o1 = h1*w5 + h2*w6 + 1*b3;
024            double o2 = h1*w7 + h2*w8 + 1*b4;
025
026            double e1 = 0.5*pow(o1-t1, 2);
027            double e2 = 0.5*pow(o2-t2, 2);
028            double Error = e1 + e2;
029
030            double De1E = 1;
031            double De2E = 1;
032
033            double Do1e1 = o1 - t1;
034            double Do2e2 = o2 - t2;
035
036            double Do1E = Do1e1*De1E;
037            double Do2E = Do2e2*De2E;
038
039            double o1_b = Do1E;
040            double o2_b = Do2E;
041
042            double Dw5E = h1*o1_b;
043            double Dw6E = h2*o1_b;
044            double Dw7E = h1*o2_b;
045            double Dw8E = h2*o2_b;
046
047            double Db3E = 1*o1_b;
048            double Db4E = 1*o2_b;
049
050            double h1_b = o1_b*w5 + o2_b*w7;
051            double h2_b = o1_b*w6 + o2_b*w8;
052
053            double Dw1E = i1*h1_b;
054            double Dw2E = i2*h1_b;
055            double Dw3E = i1*h2_b;
056            double Dw4E = i2*h2_b;
057
058            double Db1E = 1*h1_b;
059            double Db2E = 1*h2_b;
060
061            double lr = 0.05;
062            w5 = w5 - lr*Dw5E;
063            w6 = w6 - lr*Dw6E;
064            w7 = w7 - lr*Dw7E;
```

```
065          w8 = w8 - lr*Dw8E;
066
067          b3 = b3 - lr*Db3E;
068          b4 = b4 - lr*Db4E;
069
070          w1 = w1 - lr*Dw1E;
071          w2 = w2 - lr*Dw2E;
072          w3 = w3 - lr*Dw3E;
073          w4 = w4 - lr*Dw4E;
074
075          b1 = b1 - lr*Db1E;
076          b2 = b2 - lr*Db2E;
077
078          Serial.print(" h1:  ");
079          Serial.print(h1);
080          Serial.print("  h2:  ");
081          Serial.print(h2);
082          Serial.println();
083
084          Serial.print(" o1:  ");
085          Serial.print(o1);
086          Serial.print("  o2:  ");
087          Serial.print(o2);
088
089          Serial.println();
090
091          Serial.print(" e1:  ");
092          Serial.print(e1);
093          Serial.print("  e2:  ");
094          Serial.print(e2);
095
096          Serial.println();
097
098          Serial.print(" E :  ");
099          Serial.print(Error);
100
101          Serial.println();
102
103          Serial.print(" Do1E:  ");
104          Serial.print(Do1E);
105          Serial.print("  Do2E:  ");
106          Serial.print(Do2E);
107
108          Serial.println();
109
110          Serial.print(" w5:  ");
111          Serial.print(w5);
112          Serial.print("  w7:  ");
113          Serial.print(w7);
114
```

```
115          Serial.println();
116
117          Serial.print( " w6: " );
118          Serial.print(w6);
119          Serial.print( " w8: " );
120          Serial.print(w8);
121
122          Serial.println();
123
124          Serial.print( " b3: " );
125          Serial.print(b3);
126          Serial.print( " b4: " );
127          Serial.print(b4);
128
129          Serial.println();
130
131          Serial.print( " w1: " );
132          Serial.print(w1);
133          Serial.print( " w3: " );
134          Serial.print(w3);
135
136          Serial.println();
137
138          Serial.print( " w2: " );
139          Serial.print(w2);
140          Serial.print( " w4: " );
141          Serial.print(w4);
142
143          Serial.println();
144
145          Serial.print( " b1: " );
146          Serial.print(b1);
147          Serial.print( " b2: " );
148          Serial.print(b2);
149
150          Serial.println();
151
152          Serial.println( " =================== " );
153
154      }
155 }
156
157 void loop() {
158
159 }
```

18 : n값을 0에서 2 미만까지 바꾸어가며 20~152줄을 2회 수행합니다.

152 : 실행 경계를 표시하기 위해 "==================="을 출력합니다.

2 [툴] 메뉴를 이용하여 보드, 포트를 다음과 같이 선택합니다.

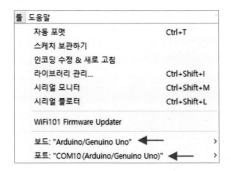

3 컴파일과 업로드를 수행합니다.

4 [시리얼 모니터] 버튼을 클릭합니다.

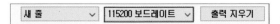

5 시리얼 모니터 창이 뜨면, 우측 하단에서 통신 속도를 115200으로 맞춰줍니다.

| 새 줄 | ∨ | 115200 보드레이트 | ∨ | 출력 지우기 |

6 출력결과를 확인합니다.

```
h1: 0.38 h2: 0.39
o1: 0.93 o2: 1.00
e1: 0.42 e2: 0.00
E : 0.42
Do1E: 0.92 Do2E: 0.01
w5: 0.38 w7: 0.50
w6: 0.43 w8: 0.55
b3: 0.55 b4: 0.60
w1: 0.15 w3: 0.25
w2: 0.20 w4: 0.30
b1: 0.33 b2: 0.33
====================
h1: 0.36 h2: 0.37
o1: 0.85 o2: 0.98
e1: 0.35 e2: 0.00
E : 0.35
Do1E: 0.84 Do2E: -0.01
w5: 0.37 w7: 0.50
w6: 0.42 w8: 0.55
b3: 0.51 b4: 0.60
w1: 0.15 w3: 0.25
w2: 0.20 w4: 0.30
b1: 0.32 b2: 0.31
====================
```

예측값 살펴보기

예측값만 확인하도록 예제를 수정해 봅니다.

1 다음과 같이 예제를 수정합니다.

```
313_3.ino
01 double i1 = 0.05, i2 = 0.10;
02 double t1 = 0.01, t2 = 0.99;
03
04 double w1 = 0.15, w3 = 0.25;
05 double w2 = 0.20, w4 = 0.30;
06
07 double w5 = 0.40, w7 = 0.50;
08 double w6 = 0.45, w8 = 0.55;
09
10 double b1 = 0.35, b2 = 0.35;
11 double b3 = 0.60, b4 = 0.60;
12
13 void setup() {
14
15     Serial.begin(115200);
16     while(!Serial) ;
17
18     for(int n=0;n<2;n++) {
19
20         double h1 = i1*w1 + i2*w2 + 1*b1;
21         double h2 = i1*w3 + i2*w4 + 1*b2;
22
23         double o1 = h1*w5 + h2*w6 + 1*b3;
24         double o2 = h1*w7 + h2*w8 + 1*b4;
25
26         double e1 = 0.5*pow(o1-t1, 2);
27         double e2 = 0.5*pow(o2-t2, 2);
28         double Error = e1 + e2;
29
30         double De1E = 1;
31         double De2E = 1;
32
33         double Do1e1 = o1 - t1;
34         double Do2e2 = o2 - t2;
35
36         double Do1E = Do1e1*De1E;
37         double Do2E = Do2e2*De2E;
38
39         double o1_b = Do1E;
40         double o2_b = Do2E;
41
42         double Dw5E = h1*o1_b;
43         double Dw6E = h2*o1_b;
```

```
44          double Dw7E = h1*o2_b;
45          double Dw8E = h2*o2_b;
46
47          double Db3E = 1*o1_b;
48          double Db4E = 1*o2_b;
49
50          double h1_b = o1_b*w5 + o2_b*w7;
51          double h2_b = o1_b*w6 + o2_b*w8;
52
53          double Dw1E = i1*h1_b;
54          double Dw2E = i2*h1_b;
55          double Dw3E = i1*h2_b;
56          double Dw4E = i2*h2_b;
57
58          double Db1E = 1*h1_b;
59          double Db2E = 1*h2_b;
60
61          double lr = 0.05;
62          w5 = w5 - lr*Dw5E;
63          w6 = w6 - lr*Dw6E;
64          w7 = w7 - lr*Dw7E;
65          w8 = w8 - lr*Dw8E;
66
67          b3 = b3 - lr*Db3E;
68          b4 = b4 - lr*Db4E;
69
70          w1 = w1 - lr*Dw1E;
71          w2 = w2 - lr*Dw2E;
72          w3 = w3 - lr*Dw3E;
73          w4 = w4 - lr*Dw4E;
74
75          b1 = b1 - lr*Db1E;
76          b2 = b2 - lr*Db2E;
77
78          Serial.print(" o1: ");
79          Serial.print(o1);
80          Serial.print(" o2: ");
81          Serial.print(o2);
82
83          Serial.println();
84
85      }
86 }
87
88 void loop() {
89
90 }
```

78~81 : 예측값 o에 대한 출력만 합니다.

2 [툴] 메뉴를 이용하여 보드, 포트를 다음과 같이 선택합니다.

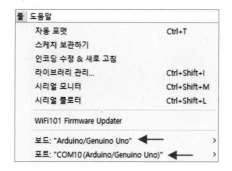

3 컴파일과 업로드를 수행합니다.

4 [시리얼 모니터] 버튼을 클릭합니다.

5 시리얼 모니터 창이 뜨면, 우측 하단에서 통신 속도를 115200으로 맞춰줍니다.

| 새 줄 | ∨ | 115200 보드레이트 | ∨ | 출력 지우기 |

6 출력결과를 확인합니다.

```
o1: 0.93 o2: 1.00
o1: 0.85 o2: 0.98
```

학습 회수에 따라 o값이 바뀌는 것을 확인합니다.

반복 학습 20회 수행하기

여기서는 반복 학습 20회를 수행해 봅니다.

1 다음과 같이 예제를 수정합니다.

```
313_4.ino
01  double i1 = 0.05, i2 = 0.10;
02  double t1 = 0.01, t2 = 0.99;
03
04  double w1 = 0.15, w3 = 0.25;
05  double w2 = 0.20, w4 = 0.30;
06
```

```
07 double w5 = 0.40, w7 = 0.50;
08 double w6 = 0.45, w8 = 0.55;
09
10 double b1 = 0.35, b2 = 0.35;
11 double b3 = 0.60, b4 = 0.60;
12
13 void setup() {
14
15     Serial.begin(115200);
16     while(!Serial) ;
17
18     for(int n=0;n<20;n++) {
19
20         double h1 = i1*w1 + i2*w2 + 1*b1;
21         double h2 = i1*w3 + i2*w4 + 1*b2;
22
23         double o1 = h1*w5 + h2*w6 + 1*b3;
24         double o2 = h1*w7 + h2*w8 + 1*b4;
25
26         double e1 = 0.5*pow(o1-t1, 2);
27         double e2 = 0.5*pow(o2-t2, 2);
28         double Error = e1 + e2;
29
30         double De1E = 1;
31         double De2E = 1;
32
33         double Do1e1 = o1 - t1;
34         double Do2e2 = o2 - t2;
35
36         double Do1E = Do1e1*De1E;
37         double Do2E = Do2e2*De2E;
38
39         double o1_b = Do1E;
40         double o2_b = Do2E;
41
42         double Dw5E = h1*o1_b;
43         double Dw6E = h2*o1_b;
44         double Dw7E = h1*o2_b;
45         double Dw8E = h2*o2_b;
46
47         double Db3E = 1*o1_b;
48         double Db4E = 1*o2_b;
49
50         double h1_b = o1_b*w5 + o2_b*w7;
51         double h2_b = o1_b*w6 + o2_b*w8;
52
```

```
53          double Dw1E = i1*h1_b;
54          double Dw2E = i2*h1_b;
55          double Dw3E = i1*h2_b;
56          double Dw4E = i2*h2_b;
57
58          double Db1E = 1*h1_b;
59          double Db2E = 1*h2_b;
60
61          double lr = 0.05;
62          w5 = w5 - lr*Dw5E;
63          w6 = w6 - lr*Dw6E;
64          w7 = w7 - lr*Dw7E;
65          w8 = w8 - lr*Dw8E;
66
67          b3 = b3 - lr*Db3E;
68          b4 = b4 - lr*Db4E;
69
70          w1 = w1 - lr*Dw1E;
71          w2 = w2 - lr*Dw2E;
72          w3 = w3 - lr*Dw3E;
73          w4 = w4 - lr*Dw4E;
74
75          b1 = b1 - lr*Db1E;
76          b2 = b2 - lr*Db2E;
77
78          if(n%2==1) {
79              Serial.print(" o1: ");
80              Serial.print(o1);
81              Serial.print(" o2: ");
82              Serial.print(o2);
83
84              Serial.println();
85          }
86
87      }
88 }
89
90 void loop() {
91
92 }
```

18 : n값을 0에서 20 미만까지 바꾸어가며 20~85줄을 20회 수행합니다.
78 : n값을 2로 나눈 나머지가 1이일 때 79~82줄을 수행합니다.

2 [툴] 메뉴를 이용하여 보드, 포트를 다음과 같이 선택합니다.

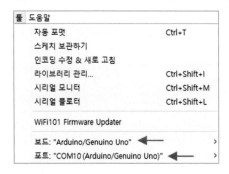

3 컴파일과 업로드를 수행합니다. [시리얼 모니터] 버튼을 클릭합니다.

4 시리얼 모니터 창이 뜨면, 우측 하단에서 통신 속도를 115200으로 맞춰줍니다.

5 출력결과를 확인합니다.

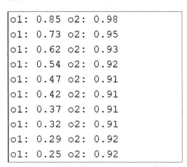

```
o1: 0.85 o2: 0.98
o1: 0.73 o2: 0.95
o1: 0.62 o2: 0.93
o1: 0.54 o2: 0.92
o1: 0.47 o2: 0.91
o1: 0.42 o2: 0.91
o1: 0.37 o2: 0.91
o1: 0.32 o2: 0.91
o1: 0.29 o2: 0.92
o1: 0.25 o2: 0.92
```

학습 회수에 따라 o1, o2값이 바뀌는 것을 확인합니다. o1, o2값이 각각 0.01, 0.99에 가까워지는 것을 확인합니다. 입력값 0.05, 0.10에 대해 목표값은 0.01, 0.99입니다.

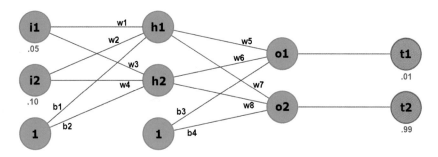

여기서는 반복 학습 200회를 수행해 봅니다.

1 다음과 같이 예제를 수정합니다.

```
313_5.ino

01 double i1 = 0.05, i2 = 0.10;
02 double t1 = 0.01, t2 = 0.99;
03
04 double w1 = 0.15, w3 = 0.25;
05 double w2 = 0.20, w4 = 0.30;
06
07 double w5 = 0.40, w7 = 0.50;
08 double w6 = 0.45, w8 = 0.55;
09
10 double b1 = 0.35, b2 = 0.35;
11 double b3 = 0.60, b4 = 0.60;
12
13 void setup() {
14
15      Serial.begin(115200);
16      while(!Serial) ;
17
18      for(int n=0;n<200;n++) {
19
20          double h1 = i1*w1 + i2*w2 + 1*b1;
21          double h2 = i1*w3 + i2*w4 + 1*b2;
22
23          double o1 = h1*w5 + h2*w6 + 1*b3;
24          double o2 = h1*w7 + h2*w8 + 1*b4;
25
26          double e1 = 0.5*pow(o1-t1, 2);
27          double e2 = 0.5*pow(o2-t2, 2);
28          double Error = e1 + e2;
29
30          double De1E = 1;
31          double De2E = 1;
32
33          double Do1e1 = o1 - t1;
34          double Do2e2 = o2 - t2;
35
36          double Do1E = Do1e1*De1E;
37          double Do2E = Do2e2*De2E;
38
39          double o1_b = Do1E;
40          double o2_b = Do2E;
41
42          double Dw5E = h1*o1_b;
43          double Dw6E = h2*o1_b;
44          double Dw7E = h1*o2_b;
45          double Dw8E = h2*o2_b;
```

```
46
47          double Db3E = 1*o1_b;
48          double Db4E = 1*o2_b;
49
50          double h1_b = o1_b*w5 + o2_b*w7;
51          double h2_b = o1_b*w6 + o2_b*w8;
52
53          double Dw1E = i1*h1_b;
54          double Dw2E = i2*h1_b;
55          double Dw3E = i1*h2_b;
56          double Dw4E = i2*h2_b;
57
58          double Db1E = 1*h1_b;
59          double Db2E = 1*h2_b;
60
61          double lr = 0.05;
62          w5 = w5 - lr*Dw5E;
63          w6 = w6 - lr*Dw6E;
64          w7 = w7 - lr*Dw7E;
65          w8 = w8 - lr*Dw8E;
66
67          b3 = b3 - lr*Db3E;
68          b4 = b4 - lr*Db4E;
69
70          w1 = w1 - lr*Dw1E;
71          w2 = w2 - lr*Dw2E;
72          w3 = w3 - lr*Dw3E;
73          w4 = w4 - lr*Dw4E;
74
75          b1 = b1 - lr*Db1E;
76          b2 = b2 - lr*Db2E;
77
78          if(n%20==1) {
79              Serial.print(" o1: ");
80              Serial.print(o1);
81              Serial.print(" o2: ");
82              Serial.print(o2);
83
84              Serial.println();
85          }
86
87      }
88 }
89
90 void loop() {
91
92 }
```

18 : n값을 0에서 200 미만까지 바꾸어가며 20~85줄을 20회 수행합니다.

78 : n값을 20으로 나눈 나머지가 1이일 때 79~82줄을 수행합니다.

2 [툴] 메뉴를 이용하여 보드, 포트를 다음과 같이 선택합니다.

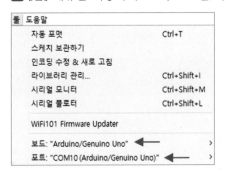

3 컴파일과 업로드를 수행합니다. [시리얼 모니터] 버튼을 클릭합니다.

4 시리얼 모니터 창이 뜨면, 우측 하단에서 통신 속도를 115200으로 맞춰줍니다.

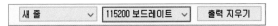

5 출력결과를 확인합니다.

```
o1: 0.85 o2: 0.98
o1: 0.23 o2: 0.93
o1: 0.08 o2: 0.96
o1: 0.03 o2: 0.98
o1: 0.02 o2: 0.99
o1: 0.01 o2: 0.99
o1: 0.01 o2: 0.99
o1: 0.01 o2: 0.99
o1: 0.01 o2: 0.99
o1: 0.01 o2: 0.99
```

학습 회수에 따라 o1, o2값이 바뀌는 것을 확인합니다. o1, o2값이 각각 0.01, 0.99에 가까워지는 것을 확인합니다. 입력값 0.05, 0.10에 대해 목표값은 0.01, 0.99입니다.

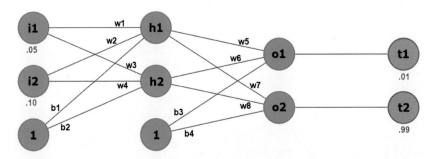

이상에서 출력 신경이 2개인 3층 인공 신경망을 구현해 보았습니다.

02 _ 활성화 함수 알고리즘

이전 단원에서 우리는 출력이 2개인 3층 인공 신경망을 구현 보았습니다. 우리는 2개의 입력, 2개의
은닉 신경, 2개의 출력 신경을 가진 인공 신경망을 구현하였습니다. 은닉 신경과 출력 신경에는 편
향도 포함되었습니다. 이 단원에서는 은닉 신경과 출력 신경에 활성화 함수를 추가해 봅니다. 다음
은 우리가 사용할 인공 신경망의 구조입니다.

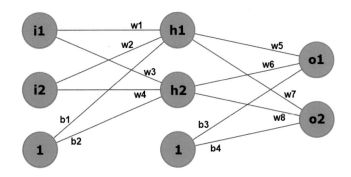

02-1 순전파 구현해 보기

먼저 우리는 입력값과 가중치, 편향을 이용해 순전파 과정을 구현해 봅니다. 다음은 순전파 과정에
서 사용할 수식입니다. 이전 단원에서 구현한 신경망에 활성화 함수가 추가되었습니다. 활성화 함수
는 시그모이드(sigmoid)를 사용합니다. 은닉 신경층, 출력 신경층에 입력된 값이 더해진 후, 시그모
이드 함수를 거치게 됩니다. h1s의 경우, h1으로 들어온 입력의 합계(sum)라는 의미입니다.

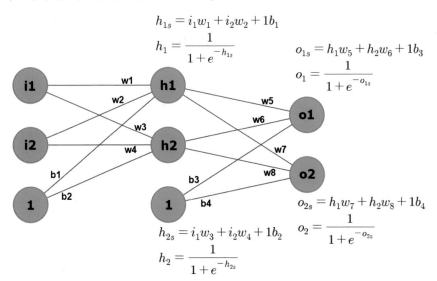

$$h_{1s} = i_1 w_1 + i_2 w_2 + 1 b_1$$
$$h_1 = \frac{1}{1 + e^{-h_{1s}}}$$
$$o_{1s} = h_1 w_5 + h_2 w_6 + 1 b_3$$
$$o_1 = \frac{1}{1 + e^{-o_{1s}}}$$
$$o_{2s} = h_1 w_7 + h_2 w_8 + 1 b_4$$
$$o_2 = \frac{1}{1 + e^{-o_{2s}}}$$
$$h_{2s} = i_1 w_3 + i_2 w_4 + 1 b_2$$
$$h_2 = \frac{1}{1 + e^{-h_{2s}}}$$

sigmoid 함수

다음은 sigmoid 함수에 대한 그래프와 인공 신경망 학습 후, 예측 그래프입니다. 우리는 앞에서 이 그래프를 직접 그려보았습니다.

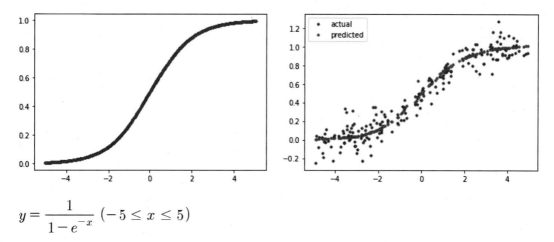

$$y = \frac{1}{1 - e^{-x}} \ (-5 \leq x \leq 5)$$

가중치와 편향

먼저 인공 신경망이 현재 주어진 가중치와 편향, 그리고 입력에 대해 어떤 값을 예측하는지 살펴봅니다. 그러기 위해 우리는 입력을 인공 신경망을 통해 정 방향으로 입력합니다. 우리는 인공 신경망의 모든 입력이 각각의 은닉층 신경으로 흘러가는 과정을 살펴봅니다. 계속해서 은닉층의 출력이 출력층 신경으로 흘러가는 과정을 살펴봅니다.

다음은 인공 신경망에서 사용할 초기 가중치, 편향입니다. 이전 단원과 같습니다.

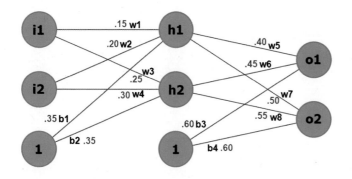

데이터셋

우리가 사용할 데이터셋은 2 개의 입력과 2개의 출력에 대한 목표값입니다. 다음과 같이 입력값은 0.05, 0.10, 목표값은 0.01, 0.99를 사용합니다. 다음 그림의 맨 오른쪽에 추가된 2개의 노드는 목표값을 나타내며, 출력층으로 나오는 예측값을 목표값에 가깝도록 가중치를 조정하게 됩니다.

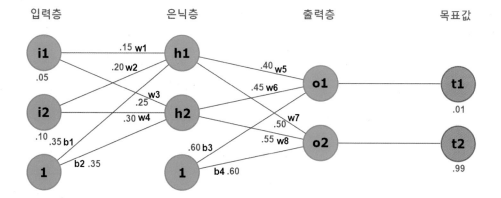

입력층   은닉층   출력층   목표값

순전파

우리는 주어진 가중치와 입력을 사용하여 출력을 예측합니다. 입력은 가중치에 곱해집니다. 그리고 나서, 그 결과는 다음 층으로 전진 전달됩니다. 다음은 이 과정을 나타낸 그림입니다.

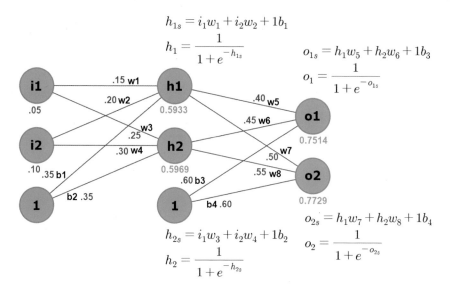

$$h_{1s} = i_1 w_1 + i_2 w_2 + 1 b_1$$
$$h_1 = \frac{1}{1 + e^{-h_{1s}}}$$

$$o_{1s} = h_1 w_5 + h_2 w_6 + 1 b_3$$
$$o_1 = \frac{1}{1 + e^{-o_{1s}}}$$

$$h_{2s} = i_1 w_3 + i_2 w_4 + 1 b_2$$
$$h_2 = \frac{1}{1 + e^{-h_{2s}}}$$

$$o_{2s} = h_1 w_7 + h_2 w_8 + 1 b_4$$
$$o_2 = \frac{1}{1 + e^{-o_{2s}}}$$

지금까지의 과정을 예제를 통해 확인해 봅니다.

1 다음과 같이 예제를 작성합니다.

```
321_1.ino
```

```
01    double i1 = 0.05, i2 = 0.10;
02    double t1 = 0.01, t2 = 0.99;
03
04    double w1 = 0.15, w3 = 0.25;
05    double w2 = 0.20, w4 = 0.30;
06
```

```
07      double w5 = 0.40, w7 = 0.50;
08      double w6 = 0.45, w8 = 0.55;
09
10      double b1 = 0.35, b2 = 0.35;
11      double b3 = 0.60, b4 = 0.60;
12
13      void setup() {
14
15              Serial.begin(115200);
16              while(!Serial) ;
17
18              double h1_s = i1*w1 + i2*w2 + 1*b1;
19              double h2_s = i1*w3 + i2*w4 + 1*b2;
20
21              double h1 = 1.0/(1.0 + exp(-h1_s));
22              double h2 = 1.0/(1.0 + exp(-h2_s));
23
24              double o1_s = h1*w5 + h2*w6 + 1*b3;
25              double o2_s = h1*w7 + h2*w8 + 1*b4;
26
27              double o1 = 1.0/(1.0 + exp(-o1_s));
28              double o2 = 1.0/(1.0 + exp(-o2_s));
29
30              Serial.print(" h1_s: ");
31              Serial.print(h1_s, 4);
32              Serial.print(" h2_s: ");
33              Serial.print(h2_s, 4);
34              Serial.println();
35
36              Serial.print(" h1: ");
37              Serial.print(h1, 4);
38              Serial.print(" h2: ");
39              Serial.print(h2, 4);
40              Serial.println();
41
42              Serial.print(" o1_s: ");
43              Serial.print(o1_s, 4);
44              Serial.print(" o2_s: ");
45              Serial.print(o2_s, 4);
46              Serial.println();
47
48              Serial.print(" o1: ");
49              Serial.print(o1, 4);
50              Serial.print(" o2: ");
51              Serial.print(o2, 4);
52
```

```
53              Serial.println();
54
55      }
56
57      void loop() {
58
59      }
```

01 : 실수형 변수 i1, i2를 선언한 후, 아래 그림과 같이 초기화합니다.
02 : 실수형 변수 t1, t2를 선언한 후, 아래 그림과 같이 초기화합니다.
04~05 : 실수형 변수 w1, w3, w2, w4를 선언한 후, 아래 그림과 같이 초기화합니다.
07~08 : 실수형 변수 w5, w6, w7, w8을 선언한 후, 아래 그림과 같이 초기화합니다.
11~12 : 실수형 변수 b1, b3, b2, b4를 선언한 후, 아래 그림과 같이 초기화합니다.

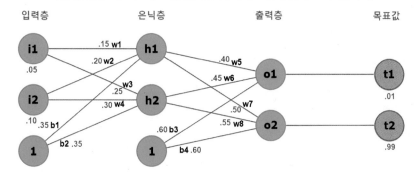

18~28 : 입력층, 은닉층, 출력층을 연결하는 인공 신경망을 수식으로 표현합니다. 다음 그림을 참조합니다.

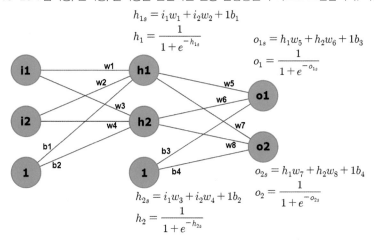

$$h_{1s} = i_1 w_1 + i_2 w_2 + 1 b_1$$
$$h_1 = \frac{1}{1 + e^{-h_{1s}}}$$

$$o_{1s} = h_1 w_5 + h_2 w_6 + 1 b_3$$
$$o_1 = \frac{1}{1 + e^{-o_{1s}}}$$

$$h_{2s} = i_1 w_3 + i_2 w_4 + 1 b_2$$
$$h_2 = \frac{1}{1 + e^{-h_{2s}}}$$

$$o_{2s} = h_1 w_7 + h_2 w_8 + 1 b_4$$
$$o_2 = \frac{1}{1 + e^{-o_{2s}}}$$

30~51 : Serial.print 함수를 호출하여 h1_s, h2_s, h1, h2, o1_s, o2_s, o1, o2 값을 출력합니다. h1_s, h2_s, h1, h2, o1_s, o2_s, o1, o2 값 출력시 소수점 이하 4자리까지 출력합니다.

2 [툴] 메뉴를 이용하여 보드, 포트를 다음과 같이 선택합니다.

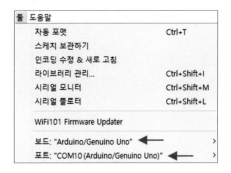

3 컴파일과 업로드를 수행합니다.

4 [시리얼 모니터] 버튼을 클릭합니다.

5 시리얼 모니터 창이 뜨면, 우측 하단에서 통신 속도를 115200으로 맞춰줍니다.

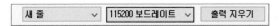

6 출력결과를 확인합니다.

```
h1_s: 0.3775 h2_s: 0.3925
h1: 0.5933 h2: 0.5969
o1_s: 1.1059 o2_s: 1.2249
o1: 0.7514 o2: 0.7729
```

다음 그림을 참조합니다.

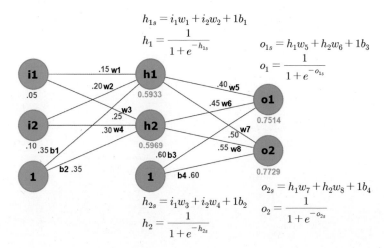

02-2 오차 계산하기

우리는 이제 거듭제곱 오차 함수를 사용하여 각 출력 신경에 대한 오차를 계산할 수 있습니다. 그리고 각 오차를 더하여 전체 오차를 얻습니다. 다음은 전체 오차를 계산하는 수식입니다.

$$E_{total} = \sum \frac{1}{2}(output - target)^2$$

오차를 계산하는 과정은 다음과 같습니다.

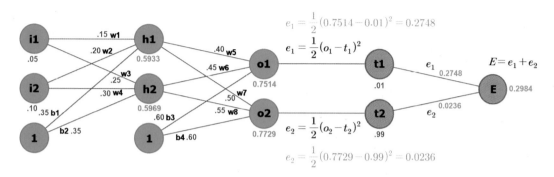

o1에 대한 목표 출력은 0.01이지만 신경망 출력은 0.7514입니다. 그래서 오차 e1은 0.2748이 됩니다. 같은 방법으로 오차 e2는 0.0236입니다. 신경망에 대한 전체 오차는 e1, e2 합으로 0.2984입니다. 지금까지의 과정을 예제를 통해 확인해 봅니다.

1 다음과 같이 예제를 작성합니다.

```
322_1.ino
01      double i1 = 0.05, i2 = 0.10;
02      double t1 = 0.01, t2 = 0.99;
03
04      double w1 = 0.15, w3 = 0.25;
05      double w2 = 0.20, w4 = 0.30;
06
07      double w5 = 0.40, w7 = 0.50;
08      double w6 = 0.45, w8 = 0.55;
09
10      double b1 = 0.35, b2 = 0.35;
11      double b3 = 0.60, b4 = 0.60;
12
13      void setup() {
14
15              Serial.begin(115200);
16              while(!Serial) ;
```

```
17
18          double h1_s = i1*w1 + i2*w2 + 1*b1;
19          double h2_s = i1*w3 + i2*w4 + 1*b2;
20
21          double h1 = 1.0/(1.0 + exp(-h1_s));
22          double h2 = 1.0/(1.0 + exp(-h2_s));
23
24          double o1_s = h1*w5 + h2*w6 + 1*b3;
25          double o2_s = h1*w7 + h2*w8 + 1*b4;
26
27          double o1 = 1.0/(1.0 + exp(-o1_s));
28          double o2 = 1.0/(1.0 + exp(-o2_s));
29
30          double e1 = 0.5*pow(t1-o1, 2);
31          double e2 = 0.5*pow(t2-o2, 2);
32          double Error = e1 + e2;
33
34          Serial.print(" h1_s: ");
35          Serial.print(h1_s, 4);
36          Serial.print(" h2_s: ");
37          Serial.print(h2_s, 4);
38          Serial.println();
39
40          Serial.print(" h1: ");
41          Serial.print(h1, 4);
42          Serial.print(" h2: ");
43          Serial.print(h2, 4);
44          Serial.println();
45
46          Serial.print(" o1_s: ");
47          Serial.print(o1_s, 4);
48          Serial.print(" o2_s: ");
49          Serial.print(o2_s, 4);
50          Serial.println();
51
52          Serial.print(" o1: ");
53          Serial.print(o1, 4);
54          Serial.print(" o2: ");
55          Serial.print(o2, 4);
56          Serial.println();
57
58          Serial.print(" e1: ");
59          Serial.print(e1, 4);
60          Serial.print(" e2: ");
61          Serial.print(e2, 4);
62          Serial.println();
```

```
63
64              Serial.print(" E : ");
65              Serial.print(Error, 4);
66
67              Serial.println();
68
69      }
70
71      void loop() {
72
73      }
```

30~32 : 실수형 변수 e1, e2, Error를 선언한 후, 아래 그림과 같이 구현합니다.

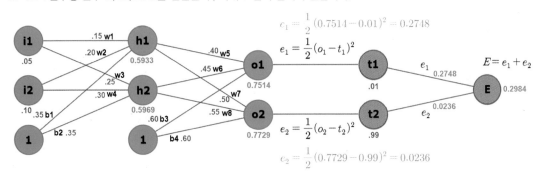

o1, o2의 값이 각각 t1, t2에 가까울수록 e1, e2의 값은 0에 가까워집니다. 즉, 각각의 오차값이 0에 가까워집니다. pow는 거듭제곱함수입니다. pow 함수의 첫 번째 매개변수는 거듭제곱할 대상, 두 번째 매개변수는 거듭제곱 횟수입니다. e1, e2가 동시에 0에 가까워질수록 전체 오차값 Error도 0에 가까워집니다.

58~65 : Serial.print 함수를 호출하여 e1, e2, Error 값을 출력합니다.

2 [툴] 메뉴를 이용하여 보드, 포트를 다음과 같이 선택합니다.

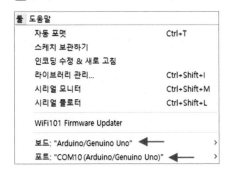

3 컴파일과 업로드를 수행합니다.

4 [시리얼 모니터] 버튼을 클릭합니다.

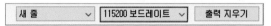

5 시리얼 모니터 창이 뜨면, 우측 하단에서 통신 속도를 115200으로 맞춰줍니다.

| 새 줄 ∨ | 115200 보드레이트 ∨ | 출력 지우기 |

6 출력결과를 확인합니다.

```
h1_s: 0.3775 h2_s: 0.3925
h1: 0.5933 h2: 0.5969
o1_s: 1.1059 o2_s: 1.2249
o1: 0.7514 o2: 0.7729
e1: 0.2748 e2: 0.0236
E : 0.2984
```

e1, e2 오차값이 각각 0.2748, 0.0236로 표시되는 것을 확인합니다. 또, 전체 오차값이 0.2984로 표시되는 것을 확인합니다. 다음 그림을 참조합니다.

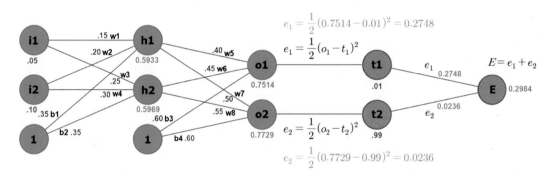

02-3 오차 역전파

오차 역전파의 목적은 인공 신경망 내에 있는 모든 가중치와 편향을 최적화시켜 인공 신경망이 어떻게 올바르게 임의의 입력을 목표 출력으로 연결시킬지 배울수 있도록 하는 것입니다. 그래서 각 출력 신경에 대한 오차를 최소화하여 망 전체적으로 오차를 최소화합니다. 여기서 우리는 주어진 입력 0.05와 0.10에 대하여, 인공 신경망의 예측 출력을 목표 출력 0.01과 0.99로 연결시키길 원합니다. 가중치와 편향의 최적화는 경사 하강법을 통해 수행됩니다. 다음은 각 가중치와 편향에 대해 경사 하강법을 적용한 수식입니다.

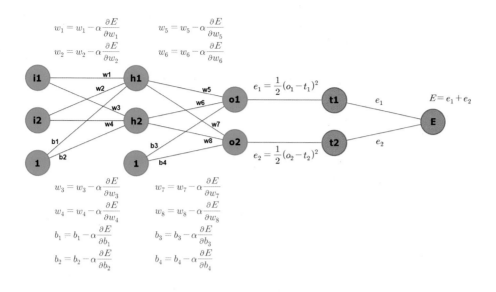

1. 2차 오차 역전파

w5를 생각해 봅니다. 우리는 w5의 변화가 전체 오차에 얼마나 많이 영향을 주는지 알고 싶습니다. w5값을 갱신하는 과정에서 1, 2차 오차 역전파가 발생합니다. w5를 갱신하기 위해, 우리는 현재 w5를 선택하여 w5에 대한 오차 함수의 편미분을 비례적으로 뺍니다. 적당히 선택한 학습률을 곱한 오차 함수의 미분값을 현재 가중치에서 빼서 현재 가중치에 대입해 새로 갱신된 가중치가 오차 함수를 최소화하도록 합니다. 오차 함수의 미분은 다음과 같이 연쇄법칙을 적용하여 계산합니다.

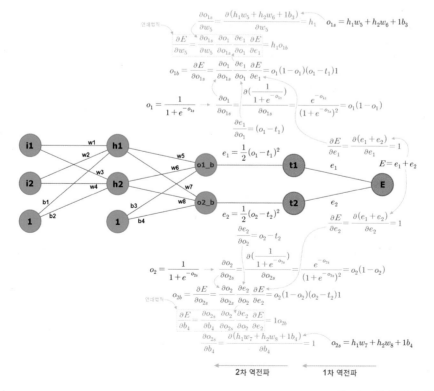

앞의 그림에 적용된 수식 계산 과정을 순서대로 살펴봅니다.

❶ 다음과 같이 오차값 e1에 대한 오차 미분값($\frac{\partial E}{\partial e_1}$)을 구합니다. 이는 오차값 e1에 대하여 전체 오차 E가 얼마나 변하느냐를 의미합니다. 이 값은 오차 역전파의 시작값이 됩니다. 즉, 오차 역전파의 입력값이 됩니다. 그리고 예측값 o1에 대한 오차 e1 미분값($\frac{\partial e_1}{\partial o_1}$)을 구합니다. 이 두 값을 곱한 값은 예측값 o1에 대한 오차 미분($\frac{\partial E}{\partial o_1}$)이 되며 예측값 o1에 대하여 전체 오차 E가 얼마나 변하느냐를 의미합니다. 또한 이 두 값을 곱한 값은 2차 역전파 입력값이 됩니다.

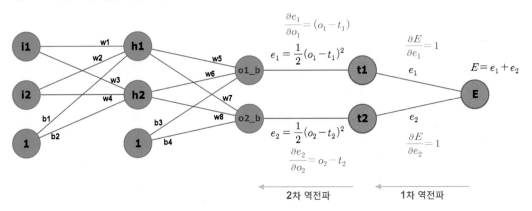

❷ 다음과 같이 o1_b, o2_b 노드를 정의합니다. o1_b, o2_b 노드는 역전파 입력값을 받는 노드입니다.

$$o_{1b} = \frac{\partial E}{\partial o_{1s}} = \frac{\partial o_1}{\partial o_{1s}} \frac{\partial e_1}{\partial o_1} \frac{\partial E}{\partial e_1} = o_1(1-o_1)(o_1-t_1)1$$

$$o_1 = \frac{1}{1+e^{-o_{1s}}} \qquad \frac{\partial o_1}{\partial o_{1s}} = \frac{\partial(\frac{1}{1+e^{-o_{1s}}})}{\partial o_{1s}} = \frac{e^{-o_{1s}}}{(1+e^{-o_{1s}})^2} = o_1(1-o_1)$$

$$\frac{\partial e_1}{\partial o_1} = (o_1-t_1)$$

$$e_1 = \frac{1}{2}(o_1-t_1)^2 \qquad \frac{\partial E}{\partial e_1} = \frac{\partial(e_1+e_2)}{\partial e_1} = 1$$

$$E = e_1 + e_2$$

$$e_2 = \frac{1}{2}(o_2-t_2)^2 \qquad \frac{\partial E}{\partial e_2} = \frac{\partial(e_1+e_2)}{\partial e_2} = 1$$

$$\frac{\partial e_2}{\partial o_2} = o_2 - t_2$$

$$o_2 = \frac{1}{1+e^{-o_{2s}}} \qquad \frac{\partial o_2}{\partial o_{2s}} = \frac{\partial(\frac{1}{1+e^{-o_{2s}}})}{\partial o_{2s}} = \frac{e^{-o_{2s}}}{(1+e^{-o_{2s}})^2} = o_2(1-o_2)$$

$$o_{2b} = \frac{\partial E}{\partial o_{2s}} = \frac{\partial o_2}{\partial o_{2s}} \frac{\partial e_2}{\partial o_2} \frac{\partial E}{\partial e_2} = o_2(1-o_2)(o_2-t_2)1$$

그림에서 o1_b는 예측값 o1_s에 대한 오차값 E의 기울기를 나타냅니다. 즉, 예측값 o1_s의 미세 변화에 따른 오차값 E의 미세 변화정도를 나타냅니다. 또, 예측값 o1_s의 미세 변화가 오차값 E의 미세 변화에 미치는 영향의 정도를 나타냅니다. 달리 말해, 예측값 o1_s가 아주 조금 변할 때 오차값 E가 얼마나 변하는가를 나타냅니다. o2_b의 경우도 마찬가지입니다.

❸ 다음과 같이 가중치 w5에 대한 오차 미분을 구합니다. 이 과정에서 연쇄법칙을 적용합니다. 가중치 w5에 대한 오차 미분은 가중치 w5가 오차값 E에 미치는 영향의 정도를 나타냅니다. 가중치 w5에 대한 오차 미분은 순전파 값 h1과 역전파 값 o1_b의 곱으로 계산되는 규칙이 있습니다. 이 규칙은 역전파 과정에서 반복적으로 적용되는 규칙으로 잘 기억하도록 합니다. 편향 b4에 대한 오차 미분도 같은 방식으로 구합니다.

$$\frac{\partial o_{1s}}{\partial w_5} = \frac{\partial (h_1 w_5 + h_2 w_6 + 1 b_3)}{\partial w_5} = h_1 \qquad o_{1s} = h_1 w_5 + h_2 w_6 + 1 b_3$$

$$\frac{\partial E}{\partial w_5} = \frac{\partial o_{1s}}{\partial w_5} \frac{\partial o_1}{\partial o_{1s}} \frac{\partial e_1}{\partial o_1} \frac{\partial E}{\partial e_1} = h_1 o_{1b}$$

$$o_{1b} = \frac{\partial E}{\partial o_{1s}} = \frac{\partial o_1}{\partial o_{1s}} \frac{\partial e_1}{\partial o_1} \frac{\partial E}{\partial e_1} = o_1 (1 - o_1)(o_1 - t_1) 1$$

$$o_1 = \frac{1}{1 + e^{-o_{1s}}} \qquad \frac{\partial o_1}{\partial o_{1s}} = \frac{\partial \left(\frac{1}{1 + e^{-o_{1s}}} \right)}{\partial o_{1s}} = \frac{e^{-o_{1s}}}{(1 + e^{-o_{1s}})^2} = o_1 (1 - o_1)$$

$$\frac{\partial e_1}{\partial o_1} = (o_1 - t_1)$$

$$e_1 = \frac{1}{2}(o_1 - t_1)^2 \qquad \frac{\partial E}{\partial e_1} = \frac{\partial (e_1 + e_2)}{\partial e_1} = 1$$

$$E = e_1 + e_2$$

$$e_2 = \frac{1}{2}(o_2 - t_2)^2 \qquad \frac{\partial E}{\partial e_2} = \frac{\partial (e_1 + e_2)}{\partial e_2} = 1$$

$$\frac{\partial e_2}{\partial o_2} = o_2 - t_2$$

$$o_2 = \frac{1}{1 + e^{-o_{2s}}} \qquad \frac{\partial o_2}{\partial o_{2s}} = \frac{\partial \left(\frac{1}{1 + e^{-o_{2s}}} \right)}{\partial o_{2s}} = \frac{e^{-o_{2s}}}{(1 + e^{-o_{2s}})^2} = o_2 (1 - o_2)$$

$$o_{2b} = \frac{\partial E}{\partial o_{2s}} = \frac{\partial o_2}{\partial o_{2s}} \frac{\partial e_2}{\partial o_2} \frac{\partial E}{\partial e_2} = o_2 (1 - o_2)(o_2 - t_2) 1$$

$$\frac{\partial E}{\partial b_4} = \frac{\partial o_{2s}}{\partial b_4} \frac{\partial o_2}{\partial o_{2s}} \frac{\partial e_2}{\partial o_2} \frac{\partial E}{\partial e_2} = 1 o_{2b}$$

$$\frac{\partial o_{2s}}{\partial b_4} = \frac{\partial (h_1 w_7 + h_2 w_8 + 1 b_4)}{\partial b_4} = 1 \qquad o_{2s} = h_1 w_7 + h_2 w_8 + 1 b_4$$

이상에서 가중치 w5, w6, w7, w8, 편향 b3, b4에 대한 오차 미분은 다음과 같습니다. 가중치의 경우 순전파 h1, h2와 역전파 o1_b, o2_b의 곱으로 계산됩니다. 편향 b3, b4의 경우 1과 역전파 o1_b, o2_b의 곱으로 계산됩니다.

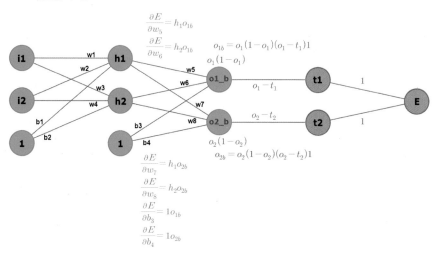

가중치와 편향에 대한 오차 기울기 수식은 다음과 같이 역전파 출력과 순전파 출력의 곱으로 계산됩니다.

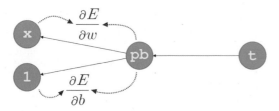

이제 오차를 줄이기 위해 가중치 w5, w6, w7, w8, 편향 b3, b4의 새로운 값은 각각에 대한 오차 미분을 이용하여 다음과 같이 경사 하강법을 적용하여 계산할 수 있습니다.

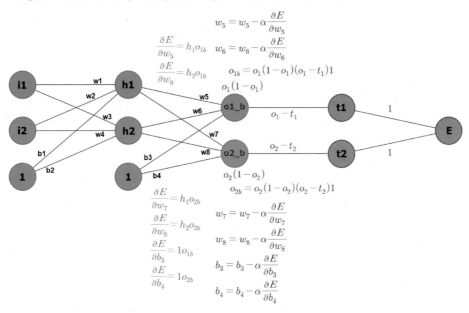

그리고 가중치와 편향을 중심으로 양쪽 노드의 순전파 값과 역전파 값을 이용하여 다음과 같이 계산할 수 있습니다.

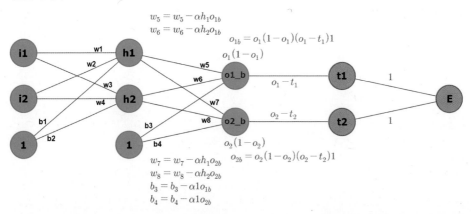

3차 오차 역전파

다음은 w1, b2값을 갱신하는 과정을 살펴봅니다. 이 과정에서 3차 오차 역전파가 발생합니다. 입력과 은닉층 사이에 존재하는 w1, w2, w3, w4, b1, b2를 갱신하기 위해 역으로 움직일 때, 예를 들어, w1, b2에 대한 오차 함수에 대한 편미분은 다음과 같습니다. w1, b2에 대한 오차 함수의 미분은 다음과 같이 연쇄법칙을 적용하여 계산합니다.

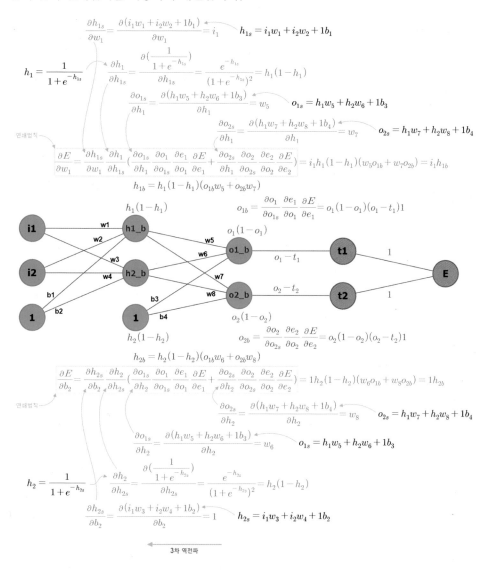

위 그림에 적용된 수식 계산 과정을 순서대로 살펴봅니다.

❶ 다음과 같이 h1_b, h2_b 값을 구합니다. 이 두 값은 각각 o1_b, o2_b 값이 가중치 w5, w7, w6, w8을 통해 3차 역전파된 후, h1(1−h1), h2(1−h2)가 곱해진 결과값입니다. o1_b, o2_b 값은 3차 역전파의 입력값이 됩니다. h1_b, h2_b는 o1_b, o2_b의 역전파 입력의 합에 h1(1−h1), h2(1−h2)가 곱해진 결과가 되며, 순전파 때 적

용되었던 가중치 w5, w6, w7, w80l 그대로 사용됩니다. 예를 들어, h1이 순전파 때 o1, o2에 모두에 영향을 주었기 때문에, 즉, h1의 값이 가중치를 통해 o1, o2 양쪽으로 흘러갔기 때문에, 역전파 때도 h1_b는 o1_b, o2_b 양쪽으로부터 오차를 입력 받아야 합니다. 순전파 때 적용되었던 가중치는 역전파 때도 그대로 적용됩니다.

$$h_{1b} = h_1(1-h_1)(o_{1b}w_5 + o_{2b}w_7)$$
$$h_1(1-h_1)$$

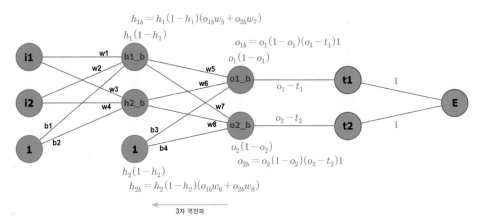

$$o_{1b} = o_1(1-o_1)(o_1-t_1)1$$
$$o_1(1-o_1)$$
$$o_1 - t_1$$
$$o_2 - t_2$$
$$o_2(1-o_2)$$
$$o_{2b} = o_2(1-o_2)(o_2-t_2)1$$
$$h_2(1-h_2)$$
$$h_{2b} = h_2(1-h_2)(o_{1b}w_6 + o_{2b}w_8)$$

← 3차 역전파

그림에서 h1_b, h2_b는 오차 역전파 값으로 각각 h1_s, h2_s 값에 대한 오차값 E의 기울기를 나타냅니다. 즉, h1_s, h2_s 값의 미세 변화에 따른 오차값 E의 미세 변화정도를 나타냅니다. 또, h1_s, h2_s 값의 미세 변화가 오차값 E의 미세 변화에 미치는 영향의 정도를 나타냅니다. 달리 말해, h1_s, h2_s가 아주 조금 변할 때 오차값 E가 얼마나 변하는가를 나타냅니다.

❷ 다음과 같이 가중치 w1에 대한 오차 미분을 구합니다. 이 과정에서 연쇄법칙을 적용합니다. 가중치 w1에 대한 오차 미분은 가중치 w1이 오차값 E에 미치는 영향의 정도를 나타냅니다. 가중치 w1에 대한 오차 미분은 순전파 값 i1과 역전파 값 h1_b의 곱으로 계산되는 규칙이 있습니다. 이 규칙은 역전파 과정에서 반복적으로 적용되는 규칙으로 잘 기억하도록 합니다.

$$\frac{\partial E}{\partial w_1} = \frac{\partial h_{1s}}{\partial w_1}\frac{\partial h_1}{\partial h_{1s}}\left(\frac{\partial o_{1s}}{\partial h_1}\frac{\partial o_1}{\partial o_{1s}}\frac{\partial e_1}{\partial o_1}\frac{\partial E}{\partial e_1} + \frac{\partial o_{2s}}{\partial h_1}\frac{\partial o_2}{\partial o_{2s}}\frac{\partial e_2}{\partial o_2}\frac{\partial E}{\partial e_2}\right) = i_1 h_1(1-h_1)(w_5 o_{1b} + w_7 o_{2b}) = i_1 h_{1b}$$

$$h_{1b} = h_1(1-h_1)(o_{1b}w_5 + o_{2b}w_7)$$
$$h_1(1-h_1)$$

$$o_{1b} = o_1(1-o_1)(o_1-t_1)1$$
$$o_1(1-o_1)$$
$$o_1 - t_1$$
$$o_2 - t_2$$
$$o_2(1-o_2)$$
$$o_{2b} = o_2(1-o_2)(o_2-t_2)1$$
$$h_2(1-h_2)$$
$$h_{2b} = h_2(1-h_2)(o_{1b}w_6 + o_{2b}w_8)$$

$$\frac{\partial E}{\partial b_2} = \frac{\partial h_{2s}}{\partial b_2}\frac{\partial h_2}{\partial h_{2s}}\left(\frac{\partial o_{1s}}{\partial h_2}\frac{\partial o_1}{\partial o_{1s}}\frac{\partial e_1}{\partial o_1}\frac{\partial E}{\partial e_1} + \frac{\partial o_{2s}}{\partial h_2}\frac{\partial o_2}{\partial o_{2s}}\frac{\partial e_2}{\partial o_2}\frac{\partial E}{\partial e_2}\right) = 1 h_2(1-h_2)(w_6 o_{1b} + w_8 o_{2b}) = 1 h_{2b}$$

이상에서 가중치 w1, w2, w3, w4와 편향 b1, b2에 대한 오차 미분은 다음과 같습니다. 가중치의 경우 각각 순전파 i1, i2와 역전파 h1_b, h2_b의 곱으로 계산됩니다. 편향 b1, b2의 경우 1과 역전파 h1_b, h2_b의 곱으로 계산됩니다.

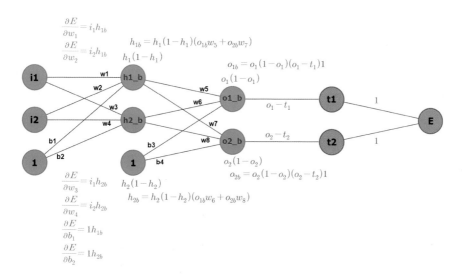

가중치와 편향에 대한 오차 기울기 수식은 다음과 같이 역전파 출력과 순전파 출력의 곱으로 계산됩니다.

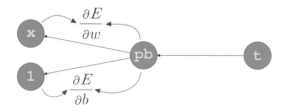

이제 가중치 w1, w2, w3, w4와 편향 b1, b2의 새로운 값은 각각에 대한 오차 미분을 이용하여 다음과 같이 경사 하강법을 적용하여 계산할 수 있습니다.

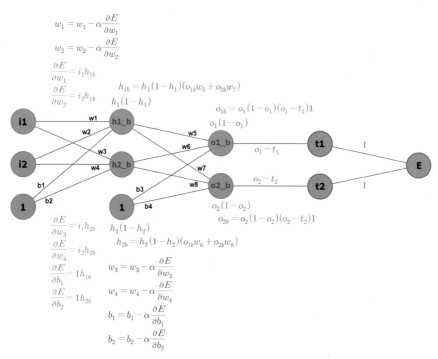

그리고 가중치를 중심으로 양쪽 노드의 순전파 값과 역전파 값을 이용하여 다음과 같이 계산할 수 있습니다.

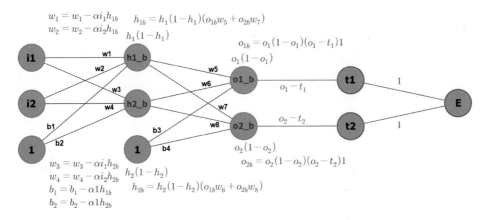

지금까지의 과정을 예제를 통해 확인해 봅니다.

1 다음과 같이 예제를 수정합니다.

```
323_1.ino
001     double i1 = 0.05, i2 = 0.10;
002     double t1 = 0.01, t2 = 0.99;
003
004     double w1 = 0.15, w3 = 0.25;
005     double w2 = 0.20, w4 = 0.30;
006
007     double w5 = 0.40, w7 = 0.50;
008     double w6 = 0.45, w8 = 0.55;
009
010     double b1 = 0.35, b2 = 0.35;
011     double b3 = 0.60, b4 = 0.60;
012
013     void setup() {
014
015             Serial.begin(115200);
016             while(!Serial) ;
017
018             double h1_s = i1*w1 + i2*w2 + 1*b1;
019             double h2_s = i1*w3 + i2*w4 + 1*b2;
020
021             double h1 = 1.0/(1.0 + exp(-h1_s));
022             double h2 = 1.0/(1.0 + exp(-h2_s));
023
024             double o1_s = h1*w5 + h2*w6 + 1*b3;
025             double o2_s = h1*w7 + h2*w8 + 1*b4;
026
027             double o1 = 1.0/(1.0 + exp(-o1_s));
028             double o2 = 1.0/(1.0 + exp(-o2_s));
```

```
029
030                double e1 = 0.5*pow(o1-t1, 2);
031                double e2 = 0.5*pow(o2-t2, 2);
032                double Error = e1 + e2;
033
034                double De1E = 1;
035                double De2E = 1;
036
037                double Do1e1 = (o1 - t1);
038                double Do2e2 = (o2 - t2);
039
040                double Do1E = Do1e1*De1E;
041                double Do2E = Do2e2*De2E;
042
043                double o1_b = o1*(1-o1)*Do1E;
044                double o2_b = o2*(1-o2)*Do2E;
045
046                double Dw5E = h1*o1_b;
047                double Dw6E = h2*o1_b;
048                double Dw7E = h1*o2_b;
049                double Dw8E = h2*o2_b;
050
051                double Db3E = 1*o1_b;
052                double Db4E = 1*o2_b;
053
054                double h1_b = h1*(1-h1)*(o1_b*w5 + o2_b*w7);
055                double h2_b = h2*(1-h2)*(o1_b*w6 + o2_b*w8);
056
057                double Dw1E = i1*h1_b;
058                double Dw2E = i2*h1_b;
059                double Dw3E = i1*h2_b;
060                double Dw4E = i2*h2_b;
061
062                double Db1E = 1*h1_b;
063                double Db2E = 1*h2_b;
064
065                double lr = 0.5;
066                w5 = w5 - lr*Dw5E;
067                w6 = w6 - lr*Dw6E;
068                w7 = w7 - lr*Dw7E;
069                w8 = w8 - lr*Dw8E;
070
071                b3 = b3 - lr*Db3E;
072                b4 = b4 - lr*Db4E;
073
074                w1 = w1 - lr*Dw1E;
075                w2 = w2 - lr*Dw2E;
076                w3 = w3 - lr*Dw3E;
```

```
077             w4 = w4 - lr*Dw4E;
078
079             b1 = b1 - lr*Db1E;
080             b2 = b2 - lr*Db2E;
081
082             Serial.print("h1_s: ");
083             Serial.print(h1_s, 9);
084             Serial.print(" h2_s: ");
085             Serial.print(h2_s, 9);
086             Serial.println();
087
088             Serial.print("h1: ");
089             Serial.print(h1, 9);
090             Serial.print(" h2: ");
091             Serial.print(h2, 9);
092             Serial.println();
093
094             Serial.print("o1_s: ");
095             Serial.print(o1_s, 9);
096             Serial.print(" o2_s: ");
097             Serial.print(o2_s, 9);
098             Serial.println();
099
100             Serial.print("o1: ");
101             Serial.print(o1, 9);
102             Serial.print(" o2: ");
103             Serial.print(o2, 9);
104             Serial.println();
105
106             Serial.print("e1: ");
107             Serial.print(e1, 9);
108             Serial.print(" e2: ");
109             Serial.print(e2, 9);
110             Serial.println();
111
112             Serial.print("E : ");
113             Serial.print(Error, 9);
114
115             Serial.println();
116
117             Serial.print("Do1E: ");
118             Serial.print(Do1E, 9);
119             Serial.print(" Do2E: ");
120             Serial.print(Do2E, 9);
121
122             Serial.println();
123
124             Serial.print("o1_b: ");
```

```
125        Serial.print(o1_b, 9);
126        Serial.print(" o2_b: ");
127        Serial.print(o2_b, 9);
128        Serial.println();
129
130        Serial.print("Dw5E: ");
131        Serial.print(Dw5E, 9);
132        Serial.print(" Dw7E: ");
133        Serial.print(Dw7E, 9);
134        Serial.println();
135
136        Serial.print("Dw6E: ");
137        Serial.print(Dw6E, 9);
138        Serial.print(" Dw8E: ");
139        Serial.print(Dw8E, 9);
140        Serial.println();
141
142        Serial.print("w5: ");
143        Serial.print(w5, 9);
144        Serial.print(" w7: ");
145        Serial.print(w7, 9);
146
147        Serial.println();
148
149        Serial.print("w6: ");
150        Serial.print(w6, 9);
151        Serial.print(" w8: ");
152        Serial.print(w8, 9);
153
154        Serial.println();
155
156        Serial.print("b3: ");
157        Serial.print(b3, 9);
158        Serial.print(" b4: ");
159        Serial.print(b4, 9);
160
161        Serial.println();
162
163        Serial.print("h1_b: ");
164        Serial.print(h1_b, 9);
165        Serial.print(" h2_b: ");
166        Serial.print(h2_b, 9);
167
168        Serial.println();
169
170        Serial.print("w1: ");
171        Serial.print(w1, 9);
172        Serial.print(" w3: ");
```

```
173          Serial.print(w3, 9);
174
175          Serial.println();
176
177          Serial.print(" w2:  ");
178          Serial.print(w2, 9);
179          Serial.print("  w4:  ");
180          Serial.print(w4, 9);
181
182          Serial.println();
183
184          Serial.print(" b1:  ");
185          Serial.print(b1, 9);
186          Serial.print("  b2:  ");
187          Serial.print(b2, 9);
188
189          Serial.println();
190
191      }
192
193      void loop() {
194
195      }
```

34, 35 : 실수형 변수 De1E, De2E를 선언한 후, 아래 그림의 ❶, ❷ 수식에 맞춰 초기화합니다.

37, 38 : 실수형 변수 Do1e1, Do2e2를 선언한 후, 아래 그림의 ❸, ❹ 수식에 맞춰 초기화합니다.

40, 41 : 실수형 변수 Do1E, Do2E를 선언한 후, 아래 그림의 ❺, ❻ 수식에 맞춰 초기화합니다.

43, 44 : 실수형 변수 o1_b, o2_b를 선언한 후, 아래 그림의 ❼, ❽ 수식에 맞춰 초기화합니다.

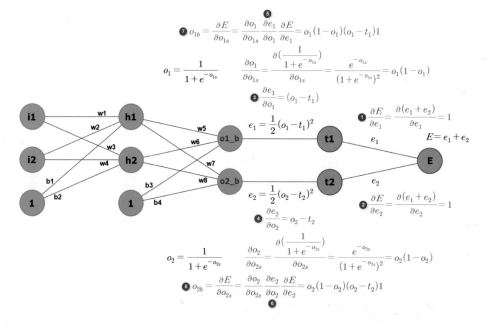

46~52 : 실수형 변수 Dw5E, Dw6E, Dw7E, Dw8E, Db3E, Db4E를 선언한 후, 다음 그림의 수식을 구현합니다.

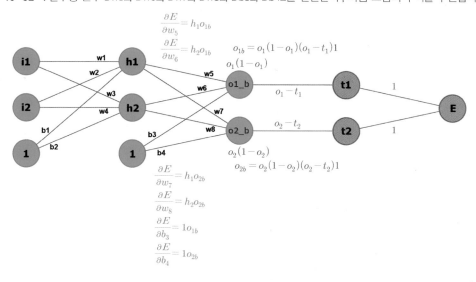

54, 55 : 실수형 변수 h1_b, h2_b를 선언한 후, 다음 그림의 수식을 구현합니다.

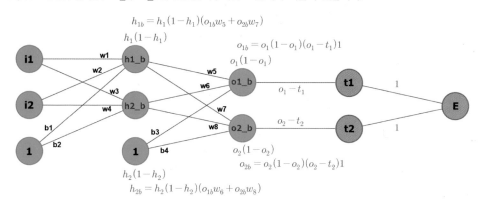

51~57 : 실수형 변수 Dw1E, Dw2E, Dw3E, Dw4E, Db1E, Db2E를 선언한 후, 다음 그림의 수식을 구현합니다.

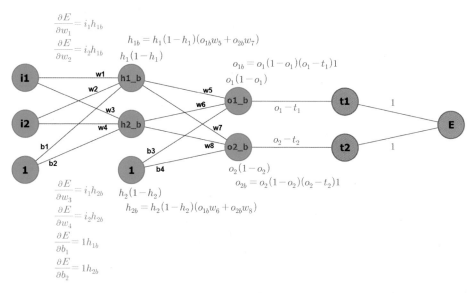

65 : 실수형 변수 lr을 선언한 후, 0.5로 초기화합니다.

66~80 : 가중치 w1~w8, 편향 b1~b4에 대해 다음 그림의 수식을 적용합니다.

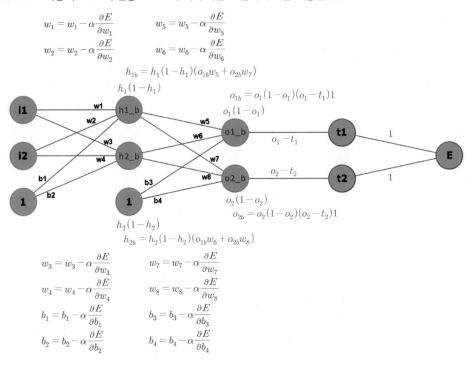

$$w_1 = w_1 - \alpha \frac{\partial E}{\partial w_1} \qquad w_5 = w_5 - \alpha \frac{\partial E}{\partial w_5}$$

$$w_2 = w_2 - \alpha \frac{\partial E}{\partial w_2} \qquad w_6 = w_6 - \alpha \frac{\partial E}{\partial w_6}$$

$$h_{1b} = h_1(1-h_1)(o_{1b}w_5 + o_{2b}w_7)$$

$$h_1(1-h_1)$$

$$o_{1b} = o_1(1-o_1)(o_1 - t_1)1$$

$$o_1(1-o_1)$$

$$o_1 - t_1$$

$$o_2 - t_2$$

$$o_2(1-o_2)$$

$$o_{2b} = o_2(1-o_2)(o_2 - t_2)1$$

$$h_2(1-h_2)$$

$$h_{2b} = h_2(1-h_2)(o_{1b}w_6 + o_{2b}w_8)$$

$$w_3 = w_3 - \alpha \frac{\partial E}{\partial w_3} \qquad w_7 = w_7 - \alpha \frac{\partial E}{\partial w_7}$$

$$w_4 = w_4 - \alpha \frac{\partial E}{\partial w_4} \qquad w_8 = w_8 - \alpha \frac{\partial E}{\partial w_8}$$

$$b_1 = b_1 - \alpha \frac{\partial E}{\partial b_1} \qquad b_3 = b_3 - \alpha \frac{\partial E}{\partial b_3}$$

$$b_2 = b_2 - \alpha \frac{\partial E}{\partial b_2} \qquad b_4 = b_4 - \alpha \frac{\partial E}{\partial b_4}$$

82~187 : Serial.print 함수를 호출하여 순전파 값, 오차 값, 역전파 입력값, 가중치, 편향 값을 출력합니다.

2 [툴] 메뉴를 이용하여 보드, 포트를 다음과 같이 선택합니다.

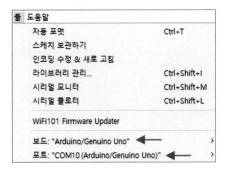

3 컴파일과 업로드를 수행합니다.

4 [시리얼 모니터] 버튼을 클릭합니다.

시리얼 모니터 🔎

5 시리얼 모니터 창이 뜨면, 우측 하단에서 통신 속도를 115200으로 맞춰줍니다.

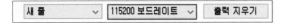

6 출력결과를 확인합니다.

```
h1_s: 0.377500009 h2_s: 0.392499971
h1: 0.593270015 h2: 0.596884346
o1_s: 1.105906009 o2_s: 1.224921464
o1: 0.751365089 o2: 0.772928476
e1: 0.274811077 e2: 0.023560025
E : 0.298371105
Do1E: 0.741365051 Do2E: -0.217071533
o1_b: 0.138498556 o2_b: -0.038098235
Dw5E: 0.082167043 Dw7E: -0.022602539
Dw6E: 0.082667627 Dw8E: -0.022740242
w5: 0.358916497 w7: 0.511301279
w6: 0.408666181 w8: 0.561370134
b3: 0.530750751 b4: 0.619049119
h1_b: 0.008771356 h2_b: 0.009954254
w1: 0.149780726 w3: 0.249751138
w2: 0.199561424 w4: 0.299502325
b1: 0.345614314 b2: 0.345022869
```

반복 학습 2회 수행하기

새로운 가중치를 사용하여 우리는 순 전파를 반복합니다. 여기서는 반복 학습 2회를 수행해 봅니다.

1 다음과 같이 예제를 수정합니다.

```
323_2.ino
001    double i1 = 0.05, i2 = 0.10;
002    double t1 = 0.01, t2 = 0.99;
003
004    double w1 = 0.15, w3 = 0.25;
005    double w2 = 0.20, w4 = 0.30;
006
007    double w5 = 0.40, w7 = 0.50;
008    double w6 = 0.45, w8 = 0.55;
009
010    double b1 = 0.35, b2 = 0.35;
011    double b3 = 0.60, b4 = 0.60;
012
013    void setup() {
014
015            Serial.begin(115200);
016            while(!Serial) ;
```

```
017
018                    for(int n=0;n<2;n++) {
019
020                            double h1_s = i1*w1 + i2*w2 + 1*b1;
021                            double h2_s = i1*w3 + i2*w4 + 1*b2;
022
023                            double h1 = 1.0/(1.0 + exp(-h1_s));
024                            double h2 = 1.0/(1.0 + exp(-h2_s));
025
026                            double o1_s = h1*w5 + h2*w6 + 1*b3;
027                            double o2_s = h1*w7 + h2*w8 + 1*b4;
028
029                            double o1 = 1.0/(1.0 + exp(-o1_s));
030                            double o2 = 1.0/(1.0 + exp(-o2_s));
031
032                            double e1 = 0.5*pow(o1-t1, 2);
033                            double e2 = 0.5*pow(o2-t2, 2);
034                            double Error = e1 + e2;
035
036                            double De1E = 1;
037                            double De2E = 1;
038
039                            double Do1e1 = (o1 - t1);
040                            double Do2e2 = (o2 - t2);
041
042                            double Do1E = Do1e1*De1E;
043                            double Do2E = Do2e2*De2E;
044
045                            double o1_b = o1*(1-o1)*Do1E;
046                            double o2_b = o2*(1-o2)*Do2E;
047
048                            double Dw5E = h1*o1_b;
049                            double Dw6E = h2*o1_b;
050                            double Dw7E = h1*o2_b;
051                            double Dw8E = h2*o2_b;
052
053                            double Db3E = 1*o1_b;
054                            double Db4E = 1*o2_b;
055
056                            double h1_b = h1*(1-h1)*(o1_b*w5 + o2_b*w7);
057                            double h2_b = h2*(1-h2)*(o1_b*w6 + o2_b*w8);
058
059                            double Dw1E = i1*h1_b;
060                            double Dw2E = i2*h1_b;
061                            double Dw3E = i1*h2_b;
062                            double Dw4E = i2*h2_b;
063
```

```
064                    double Db1E = 1*h1_b;
065                    double Db2E = 1*h2_b;
066
067                    double lr = 0.5;
068                    w5 = w5 - lr*Dw5E;
069                    w6 = w6 - lr*Dw6E;
070                    w7 = w7 - lr*Dw7E;
071                    w8 = w8 - lr*Dw8E;
072
073                    b3 = b3 - lr*Db3E;
074                    b4 = b4 - lr*Db4E;
075
076                    w1 = w1 - lr*Dw1E;
077                    w2 = w2 - lr*Dw2E;
078                    w3 = w3 - lr*Dw3E;
079                    w4 = w4 - lr*Dw4E;
080
081                    b1 = b1 - lr*Db1E;
082                    b2 = b2 - lr*Db2E;
083
084                    Serial.print(" h1_s: ");
085                    Serial.print(h1_s, 9);
086                    Serial.print(" h2_s: ");
087                    Serial.print(h2_s, 9);
088                    Serial.println();
089
090                    Serial.print(" h1: ");
091                    Serial.print(h1, 9);
092                    Serial.print(" h2: ");
093                    Serial.print(h2, 9);
094                    Serial.println();
095
096                    Serial.print(" o1_s: ");
097                    Serial.print(o1_s, 9);
098                    Serial.print(" o2_s: ");
099                    Serial.print(o2_s, 9);
100                    Serial.println();
101
102                    Serial.print(" o1: ");
103                    Serial.print(o1, 9);
104                    Serial.print(" o2: ");
105                    Serial.print(o2, 9);
106                    Serial.println();
107
108                    Serial.print(" e1: ");
109                    Serial.print(e1, 9);
110                    Serial.print(" e2: ");
```

```
111          Serial.print(e2, 9);
112          Serial.println();
113
114          Serial.print( " E :  " );
115          Serial.print(Error, 9);
116
117          Serial.println();
118
119          Serial.print( " Do1E:  " );
120          Serial.print(Do1E, 9);
121          Serial.print( " Do2E:  " );
122          Serial.print(Do2E, 9);
123
124          Serial.println();
125
126          Serial.print( " o1_b:  " );
127          Serial.print(o1_b, 9);
128          Serial.print( " o2_b:  " );
129          Serial.print(o2_b, 9);
130          Serial.println();
131
132          Serial.print( " Dw5E:  " );
133          Serial.print(Dw5E, 9);
134          Serial.print( " Dw7E:  " );
135          Serial.print(Dw7E, 9);
136          Serial.println();
137
138          Serial.print( " Dw6E:  " );
139          Serial.print(Dw6E, 9);
140          Serial.print( " Dw8E:  " );
141          Serial.print(Dw8E, 9);
142          Serial.println();
143
144          Serial.print( " w5:  " );
145          Serial.print(w5, 9);
146          Serial.print( " w7:  " );
147          Serial.print(w7, 9);
148
149          Serial.println();
150
151          Serial.print( " w6:  " );
152          Serial.print(w6, 9);
153          Serial.print( " w8:  " );
154          Serial.print(w8, 9);
155
156          Serial.println();
157
```

```
158              Serial.print("b3: ");
159              Serial.print(b3, 9);
160              Serial.print(" b4: ");
161              Serial.print(b4, 9);
162
163              Serial.println();
164
165              Serial.print("h1_b: ");
166              Serial.print(h1_b, 9);
167              Serial.print(" h2_b: ");
168              Serial.print(h2_b, 9);
169
170              Serial.println();
171
172              Serial.print("w1: ");
173              Serial.print(w1, 9);
174              Serial.print(" w3: ");
175              Serial.print(w3, 9);
176
177              Serial.println();
178
179              Serial.print("w2: ");
180              Serial.print(w2, 9);
181              Serial.print(" w4: ");
182              Serial.print(w4, 9);
183
184              Serial.println();
185
186              Serial.print("b1: ");
187              Serial.print(b1, 9);
188              Serial.print(" b2: ");
189              Serial.print(b2, 9);
190
191              Serial.println();
192
193              Serial.println("================");
194
195          }
196      }
197
198      void loop() {
199
200      }
```

18 : n값을 0에서 2 미만까지 바꾸어가며 20~152줄을 2회 수행합니다.

152 : 실행 경계를 표시하기 위해 "================"을 출력합니다.

2 [툴] 메뉴를 이용하여 보드, 포트를 다음과 같이 선택합니다.

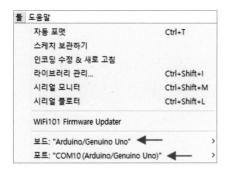

3 컴파일과 업로드를 수행합니다.

4 [시리얼 모니터] 버튼을 클릭합니다.

5 시리얼 모니터 창이 뜨면, 우측 하단에서 통신 속도를 115200으로 맞춰줍니다.

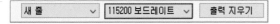

6 출력결과를 확인합니다.

```
h1_s: 0.377500009 h2_s: 0.392499971
h1: 0.593270015 h2: 0.596884346
o1_s: 1.105906009 o2_s: 1.224921464
o1: 0.751365089 o2: 0.772928476
e1: 0.274811077 e2: 0.023560025
E : 0.298371105
Do1E: 0.741365051 Do2E: -0.217071533
o1_b: 0.138498556 o2_b: -0.038098235
Dw5E: 0.082167043 Dw7E: -0.022602539
Dw6E: 0.082667627 Dw8E: -0.022740242
w5: 0.358916497 w7: 0.511301279
w6: 0.408666181 w8: 0.561370134
b3: 0.530750751 b4: 0.619049119
h1_b: 0.008771356 h2_b: 0.009954254
w1: 0.149780726 w3: 0.249751138
w2: 0.199561424 w4: 0.299502325
b1: 0.345614314 b2: 0.345022869
=====================
```

```
h1_s: 0.373059487 h2_s: 0.387460660
h1: 0.592198085 h2: 0.595671224
o1_s: 0.986731052 o2_s: 1.256232738
o1: 0.728441762 o2: 0.778376865
e1: 0.258079290 e2: 0.022392175
E : 0.280471467
Do1E: 0.718441772 Do2E: -0.211623144
o1_b: 0.142118096 o2_b: -0.036506328
Dw5E: 0.084162063 Dw7E: -0.021618976
Dw6E: 0.084655666 Dw8E: -0.021745769
w5: 0.316835451 w7: 0.522110748
w6: 0.366338348 w8: 0.572243022
b3: 0.459691715 b4: 0.637302303
h1_b: 0.007810770 h2_b: 0.009052307
w1: 0.149585461 w3: 0.249524855
w2: 0.199170885 w4: 0.299049711
b1: 0.341708922 b2: 0.340496730
=====================
```

예측값 살펴보기

예측값만 확인하도록 예제를 수정해 봅니다.

1 다음과 같이 예제를 수정합니다.

```
323_3.ino
01      double i1 = 0.05, i2 = 0.10;
02      double t1 = 0.01, t2 = 0.99;
03
04      double w1 = 0.15, w3 = 0.25;
05      double w2 = 0.20, w4 = 0.30;
06
07      double w5 = 0.40, w7 = 0.50;
08      double w6 = 0.45, w8 = 0.55;
09
10      double b1 = 0.35, b2 = 0.35;
11      double b3 = 0.60, b4 = 0.60;
12
13      void setup() {
14
15              Serial.begin(115200);
16              while(!Serial) ;
17
18              for(int n=0;n<2;n++) {
19
20                      double h1_s = i1*w1 + i2*w2 + 1*b1;
21                      double h2_s = i1*w3 + i2*w4 + 1*b2;
22
23                      double h1 = 1.0/(1.0 + exp(-h1_s));
24                      double h2 = 1.0/(1.0 + exp(-h2_s));
25
26                      double o1_s = h1*w5 + h2*w6 + 1*b3;
27                      double o2_s = h1*w7 + h2*w8 + 1*b4;
28
29                      double o1 = 1.0/(1.0 + exp(-o1_s));
30                      double o2 = 1.0/(1.0 + exp(-o2_s));
31
32                      double e1 = 0.5*pow(o1-t1, 2);
33                      double e2 = 0.5*pow(o2-t2, 2);
34                      double Error = e1 + e2;
35
36                      double De1E = 1;
37                      double De2E = 1;
38
39                      double Do1e1 = (o1 - t1);
```

```
40            double Do2e2 = (o2 - t2);
41
42            double Do1E = Do1e1*De1E;
43            double Do2E = Do2e2*De2E;
44
45            double o1_b = o1*(1-o1)*Do1E;
46            double o2_b = o2*(1-o2)*Do2E;
47
48            double Dw5E = h1*o1_b;
49            double Dw6E = h2*o1_b;
50            double Dw7E = h1*o2_b;
51            double Dw8E = h2*o2_b;
52
53            double Db3E = 1*o1_b;
54            double Db4E = 1*o2_b;
55
56            double h1_b = h1*(1-h1)*(o1_b*w5 + o2_b*w7);
57            double h2_b = h2*(1-h2)*(o1_b*w6 + o2_b*w8);
58
59            double Dw1E = i1*h1_b;
60            double Dw2E = i2*h1_b;
61            double Dw3E = i1*h2_b;
62            double Dw4E = i2*h2_b;
63
64            double Db1E = 1*h1_b;
65            double Db2E = 1*h2_b;
66
67            double lr = 0.5;
68            w5 = w5 - lr*Dw5E;
69            w6 = w6 - lr*Dw6E;
70            w7 = w7 - lr*Dw7E;
71            w8 = w8 - lr*Dw8E;
72
73            b3 = b3 - lr*Db3E;
74            b4 = b4 - lr*Db4E;
75
76            w1 = w1 - lr*Dw1E;
77            w2 = w2 - lr*Dw2E;
78            w3 = w3 - lr*Dw3E;
79            w4 = w4 - lr*Dw4E;
80
81            b1 = b1 - lr*Db1E;
82            b2 = b2 - lr*Db2E;
83
84            Serial.print( " o1:  " );
85            Serial.print(o1, 9);
```

```
86                     Serial.print( " o2: " );
87                     Serial.print(o2, 9);
88
89                     Serial.println();
90
91             }
92         }
93
94     void loop() {
95
96         }
```

84~87 : 예측값 o에 대한 출력만 합니다.

2 [툴] 메뉴를 이용하여 보드, 포트를 다음과 같이 선택합니다.

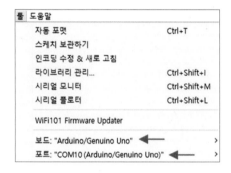

3 컴파일과 업로드를 수행합니다.

4 [시리얼 모니터] 버튼을 클릭합니다.

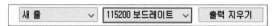

5 시리얼 모니터 창이 뜨면, 우측 하단에서 통신 속도를 115200으로 맞춰줍니다.

| 새 줄 ∨ | 115200 보드레이트 ∨ | 출력 지우기 |

6 출력결과를 확인합니다.

```
o1: 0.751365089 o2: 0.772928476
o1: 0.728441762 o2: 0.778376865
```

학습 회수에 따라 o값이 바뀌는 것을 확인합니다.

여기서는 반복 학습 20회를 수행해 봅니다.

1 다음과 같이 예제를 수정합니다.

```
323_4.ino
01    double i1 = 0.05, i2 = 0.10;
02    double t1 = 0.01, t2 = 0.99;
03
04    double w1 = 0.15, w3 = 0.25;
05    double w2 = 0.20, w4 = 0.30;
06
07    double w5 = 0.40, w7 = 0.50;
08    double w6 = 0.45, w8 = 0.55;
09
10    double b1 = 0.35, b2 = 0.35;
11    double b3 = 0.60, b4 = 0.60;
12
13    void setup() {
14
15            Serial.begin(115200);
16            while(!Serial) ;
17
18            for(int n=0;n<20;n++) {
19
20                    double h1_s = i1*w1 + i2*w2 + 1*b1;
21                    double h2_s = i1*w3 + i2*w4 + 1*b2;
22
23                    double h1 = 1.0/(1.0 + exp(-h1_s));
24                    double h2 = 1.0/(1.0 + exp(-h2_s));
25
26                    double o1_s = h1*w5 + h2*w6 + 1*b3;
27                    double o2_s = h1*w7 + h2*w8 + 1*b4;
28
29                    double o1 = 1.0/(1.0 + exp(-o1_s));
30                    double o2 = 1.0/(1.0 + exp(-o2_s));
31
32                    double e1 = 0.5*pow(o1-t1, 2);
33                    double e2 = 0.5*pow(o2-t2, 2);
34                    double Error = e1 + e2;
35
36                    double De1E = 1;
37                    double De2E = 1;
38
39                    double Do1e1 = (o1 - t1);
```

```
40          double Do2e2 = (o2 - t2);
41
42          double Do1E = Do1e1*De1E;
43          double Do2E = Do2e2*De2E;
44
45          double o1_b = o1*(1-o1)*Do1E;
46          double o2_b = o2*(1-o2)*Do2E;
47
48          double Dw5E = h1*o1_b;
49          double Dw6E = h2*o1_b;
50          double Dw7E = h1*o2_b;
51          double Dw8E = h2*o2_b;
52
53          double Db3E = 1*o1_b;
54          double Db4E = 1*o2_b;
55
56          double h1_b = h1*(1-h1)*(o1_b*w5 + o2_b*w7);
57          double h2_b = h2*(1-h2)*(o1_b*w6 + o2_b*w8);
58
59          double Dw1E = i1*h1_b;
60          double Dw2E = i2*h1_b;
61          double Dw3E = i1*h2_b;
62          double Dw4E = i2*h2_b;
63
64          double Db1E = 1*h1_b;
65          double Db2E = 1*h2_b;
66
67          double lr = 0.5;
68          w5 = w5 - lr*Dw5E;
69          w6 = w6 - lr*Dw6E;
70          w7 = w7 - lr*Dw7E;
71          w8 = w8 - lr*Dw8E;
72
73          b3 = b3 - lr*Db3E;
74          b4 = b4 - lr*Db4E;
75
76          w1 = w1 - lr*Dw1E;
77          w2 = w2 - lr*Dw2E;
78          w3 = w3 - lr*Dw3E;
79          w4 = w4 - lr*Dw4E;
80
81          b1 = b1 - lr*Db1E;
82          b2 = b2 - lr*Db2E;
83
84          if(n%2==1) {
85                  Serial.print("o1: ");
```

```
86                      Serial.print(o1, 9);
87                      Serial.print(" o2: ");
88                      Serial.print(o2, 9);
89
90                      Serial.println();
91                 }
92
93             }
94     }
95
96     void loop() {
97
98     }
```

18: n값을 0에서 20 미만까지 바꾸어가며 20~91줄을 20회 수행합니다.

84: n값을 2로 나눈 나머지가 1일 때 85~88줄을 수행합니다.

2 [툴] 메뉴를 이용하여 보드, 포트를 다음과 같이 선택합니다.

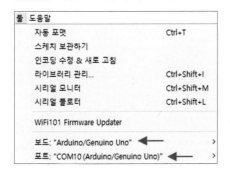

3 컴파일과 업로드를 수행합니다.

4 [시리얼 모니터] 버튼을 클릭합니다.

5 시리얼 모니터 창이 뜨면, 우측 하단에서 통신 속도를 115200으로 맞춰줍니다.

6 출력결과를 확인합니다.

```
o1: 0.728441762 o2: 0.778376865
o1: 0.677241849 o2: 0.788358688
o1: 0.620760202 o2: 0.797327804
o1: 0.562495231 o2: 0.805477905
o1: 0.506340408 o2: 0.812943363
o1: 0.455243682 o2: 0.819813251
o1: 0.410598230 o2: 0.826148891
o1: 0.372496366 o2: 0.831998920
o1: 0.340308189 o2: 0.837406539
o1: 0.313150906 o2: 0.842412471
```

학습 회수에 따라 o1, o2값이 바뀌는 것을 확인합니다. o1, o2값이 각각 0.01, 0.99에 가까워지는 것을 확인합니다. 입력값 0.05, 0.10에 대해 목표값은 0.01, 0.99입니다.

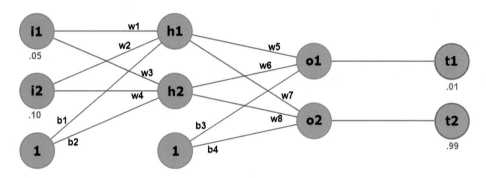

반복 학습 200회 수행하기

여기서는 반복 학습 200회를 수행해 봅니다.

1 다음과 같이 예제를 수정합니다.

```
323_5.ino
01      double i1 = 0.05, i2 = 0.10;
02      double t1 = 0.01, t2 = 0.99;
03
04      double w1 = 0.15, w3 = 0.25;
05      double w2 = 0.20, w4 = 0.30;
06
07      double w5 = 0.40, w7 = 0.50;
08      double w6 = 0.45, w8 = 0.55;
09
10      double b1 = 0.35, b2 = 0.35;
11      double b3 = 0.60, b4 = 0.60;
12
```

```
13      void setup() {

14

15              Serial.begin(115200);

16          while(!Serial) ;

17

18          for(int n=0;n<200;n++) {

19

20                  double h1_s = i1*w1 + i2*w2 + 1*b1;

21                  double h2_s = i1*w3 + i2*w4 + 1*b2;

22

23                  double h1 = 1.0/(1.0 + exp(-h1_s));

24                  double h2 = 1.0/(1.0 + exp(-h2_s));

25

26                  double o1_s = h1*w5 + h2*w6 + 1*b3;

27                  double o2_s = h1*w7 + h2*w8 + 1*b4;

28

29                  double o1 = 1.0/(1.0 + exp(-o1_s));

30                  double o2 = 1.0/(1.0 + exp(-o2_s));

31

32                  double e1 = 0.5*pow(o1-t1, 2);

33                  double e2 = 0.5*pow(o2-t2, 2);

34                  double Error = e1 + e2;

35

36                  double De1E = 1;

37                  double De2E = 1;

38

39                  double Do1e1 = (o1 - t1);

40                  double Do2e2 = (o2 - t2);

41

42                  double Do1E = Do1e1*De1E;

43                  double Do2E = Do2e2*De2E;

44

45                  double o1_b = o1*(1-o1)*Do1E;

46                  double o2_b = o2*(1-o2)*Do2E;

47

48                  double Dw5E = h1*o1_b;

49                  double Dw6E = h2*o1_b;

50                  double Dw7E = h1*o2_b;

51                  double Dw8E = h2*o2_b;

52

53                  double Db3E = 1*o1_b;

54                  double Db4E = 1*o2_b;

55

56                  double h1_b = h1*(1-h1)*(o1_b*w5 + o2_b*w7);

57                  double h2_b = h2*(1-h2)*(o1_b*w6 + o2_b*w8);

58
```

```
59                      double Dw1E = i1*h1_b;
60                      double Dw2E = i2*h1_b;
61                      double Dw3E = i1*h2_b;
62                      double Dw4E = i2*h2_b;
63
64                      double Db1E = 1*h1_b;
65                      double Db2E = 1*h2_b;
66
67                      double lr = 0.5;
68                      w5 = w5 - lr*Dw5E;
69                      w6 = w6 - lr*Dw6E;
70                      w7 = w7 - lr*Dw7E;
71                      w8 = w8 - lr*Dw8E;
72
73                      b3 = b3 - lr*Db3E;
74                      b4 = b4 - lr*Db4E;
75
76                      w1 = w1 - lr*Dw1E;
77                      w2 = w2 - lr*Dw2E;
78                      w3 = w3 - lr*Dw3E;
79                      w4 = w4 - lr*Dw4E;
80
81                      b1 = b1 - lr*Db1E;
82                      b2 = b2 - lr*Db2E;
83
84                      if(n%20==1) {
85                              Serial.print(" o1: ");
86                              Serial.print(o1, 9);
87                              Serial.print(" o2: ");
88                              Serial.print(o2, 9);
89
90                              Serial.println();
91                      }
92
93              }
94      }
95
96      void loop() {
97
98      }
```

18 : n값을 0에서 200 미만까지 바꾸어가며 20~91줄을 20회 수행합니다.

84 : n값을 20으로 나눈 나머지가 1일 때 85~88줄을 수행합니다.

Chapter 03_인공지능의 딥러닝 알고리즘 심화   237

2 [툴] 메뉴를 이용하여 보드, 포트를 다음과 같이 선택합니다.

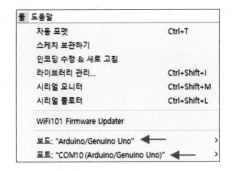

3 컴파일과 업로드를 수행합니다. [시리얼 모니터] 버튼을 클릭합니다.

4 시리얼 모니터 창이 뜨면, 우측 하단에서 통신 속도를 115200으로 맞춰줍니다.

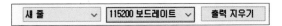

5 출력결과를 확인합니다.

```
o1: 0.728441762 o2: 0.778376865
o1: 0.290147800 o2: 0.847054672
o1: 0.174469480 o2: 0.879692745
o1: 0.131526339 o2: 0.898535919
o1: 0.108679723 o2: 0.910966682
o1: 0.094225425 o2: 0.919880390
o1: 0.084123163 o2: 0.926640892
o1: 0.076593151 o2: 0.931978416
o1: 0.070722413 o2: 0.936320972
o1: 0.065991187 o2: 0.939937496
```

학습 회수에 따라 o1, o2값이 바뀌는 것을 확인합니다. o1, o2값이 각각 0.01, 0.99에 가까워지는 것을 확인합니다. 입력값 0.05, 0.10에 대해 목표값은 0.01, 0.99입니다.

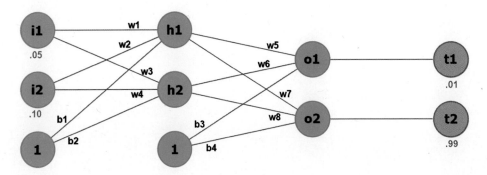

다음은 2000회 학습 수행 화면입니다.

```
o1: 0.728441762 o2: 0.778376865
o1: 0.062080168 o2: 0.943006420
o1: 0.042312874 o2: 0.959595775
o1: 0.034298877 o2: 0.966808223
o1: 0.029740608 o2: 0.971023464
o1: 0.026727626 o2: 0.973851013
o1: 0.024557180 o2: 0.975906753
o1: 0.022903749 o2: 0.977482891
o1: 0.021593616 o2: 0.978737735
o1: 0.020524785 o2: 0.979765033
```

다음은 20000회 학습 수행 화면입니다.

```
o1: 0.728441762 o2: 0.778376865
o1: 0.019632977 o2: 0.980624580
o1: 0.015048824 o2: 0.985074138
o1: 0.013209731 o2: 0.986871147
o1: 0.012209210 o2: 0.987850475
o1: 0.011587290 o2: 0.988459205
o1: 0.011171011 o2: 0.988866233
o1: 0.010879148 o2: 0.989151382
o1: 0.010668219 o2: 0.989356899
o1: 0.010512311 o2: 0.989508628
```

다음은 200000회 학습 수행 화면입니다.

```
o1: 0.728441762 o2: 0.778376865
o1: 0.010395183 o2: 0.989622116
o1: 0.010034911 o2: 0.989968585
o1: 0.010016140 o2: 0.989983940
o1: 0.010016140 o2: 0.989983940
o1: 0.010016140 o2: 0.989983940
o1: 0.010016140 o2: 0.989983940
o1: 0.010016140 o2: 0.989983940
o1: 0.010016140 o2: 0.989983940
o1: 0.010016140 o2: 0.989983940
```

8만 회에서 학습이 완료된 것을 알 수 있습니다.

이상에서 활성화 함수가 추가된 출력 신경이 2개인 3층 인공 신경망을 구현해 보았습니다.

A i with Arduino

CHAPTER 04

인공지능의 딥러닝 라이브러리 구현과 활용

이번 Chapter에서는 아두이노 프로젝트에 활용할 수 있는 딥러닝 라이브러리를 구현하고 활용 방법을 소개합니다. 첫 번째, 디버깅을 용이하게 하기 위해 printf 함수를 사용할 수 있게 환경을 구성합니다. 두 번째, 배열, 함수, 포인터를 이용하여 딥러닝의 인공 신경망 라이브러리를 구현합니다. 세 번째, 딥러닝의 인공 신경망 라이브러리를 활용한 3가지 예제를 소개합니다. 특히 마지막 예제의 경우 초음파 센서의 입력값에 따라 자동차의 방향을 결정하는 딥러닝의 인공 신경망을 구성하고 학습시키는 과정을 소개하여 아두이노를 활용한 AI 프로젝트를 수행할 수 있는 아이디어를 제공합니다.

01 _ 아두이노에 printf 함수 추가하기

아두이노에서는 기본적으로 printf 함수를 지원하지 않습니다. C/C++ 언어에서는 디버깅을 위해 printf 함수를 사용합니다. printf 함수의 장점은 문자열, 정수, 실수를 형식 문자를 이용하여 하나의 문장 안에 넣어 출력하기가 좋은데 있습니다. 아두이노에서는 print 문만 제공하기 때문에 문장 안에 여러 변수가 들어가야 할 때에는 print 문을 여러 번 잘라서 사용해야 하는 단점이 있습니다. 여기서는 printf 함수를 추가하여 아두이노에서 printf 함수를 사용할 수 있도록 합니다.

아두이노 실행

1 다음과 같이 아두이노를 실행합니다.

myprint 파일 추가하기

2 다음과 같이 아두이노 소프트웨어 오른쪽에 있는 ▾ 버튼을 눌러 [새 탭] 메뉴를 선택합니다.

3 다음과 같이 myprint를 입력한 후, [확인] 버튼을 누릅니다.

새로운 파일을 위한 이름: myprint   확인   취소

_printf 함수 정의하기

4 다음과 같이 _printf 함수를 정의합니다.

myprint.ino

```
01    #include <stdio.h>
02    #include <stdarg.h>
03
04    void _printf(const char *s, ...){
05            va_list args;
06            va_start(args, s);
07            int n = vsnprintf(NULL, 0, s, args);
08            char *str = new char[n+1];
09            vsprintf(str, s, args);
10            va_end(args);
11            Serial.print(str);
12            delete [] str;
13    }
```

07 : vsnprintf 함수를 호출하여 문자열의 길이를 구합니다.

08 : 메모리를 할당합니다.

09 : 문자열을 할당된 메모리로 복사해 옵니다.

11 : Serial.print 함수를 호출하여 문자열을 출력합니다.

12 : 할당된 메모리를 해제합니다.

_printf 함수 사용하기

⑤ 다음과 같이 예제를 작성합니다.

```
myprint_test.ino
01      #define printf _printf
02
03      void setup() {
04              Serial.begin(115200);
05              delay(1000);
06
07              int a = 1;
08              int b = 2;
09              int c = a + b;
10              double pi = PI;
11
12              printf("%d + %d = %d\n", a, b, c);
13              printf("PI = %.4f\n", pi);
14              printf("hello %s\n", "world");
15      }
16
17      void loop() {
18
19      }
```

01　　　: printf를 _printf로 정의하여 12~14줄에서 printf로 _printf 함수를 쓸 수 있도록 합니다.

12~14 : printf 함수를 호출하여 테스트를 수행합니다.

실수 형식 문자 사용 설정하기

현재 상태에서는 _printf 함수 내에서 실수를 표시하는 형식 문자 %f, %g, %e를 사용할 수 없습니다. 이 형식 문자들을 사용하기 위한 과정을 수행합니다.

⑥ 다음 파일을 찾아서 수정합니다.

```
C:\Program Files (x86)\Arduino\hardware\arduino\avr\platform.txt
```

⑦ 다음 줄을 찾습니다.

```
compiler.c.elf.extra_flags=
```

8 다음과 같이 수정한 후, 저장해 줍니다.

```
compiler.c.elf.extra_flags=-Wl,-u,vfprintf -lprintf_flt -lm
```

9 닫기를 눌러 아두이노 소프트웨어를 종료한 후, 다시 실행합니다.

프로그램 실행하기

이제 프로그램을 컴파일 한 후, 실행해 봅니다.

10 [툴] 메뉴를 이용하여 보드, 포트를 다음과 같이 선택합니다.

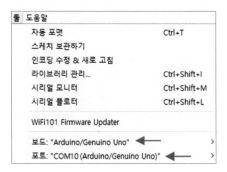

11 컴파일과 업로드를 수행합니다.

12 [시리얼 모니터] 버튼을 클릭합니다.

13 시리얼 모니터 창이 뜨면, 우측 하단에서 통신 속도를 115200으로 맞춰줍니다.

새 줄 ∨	115200 보드레이트 ∨	출력 지우기

14 출력결과를 확인합니다.

```
1 + 2 = 3
PI = 3.1416
hello world
```

이상에서 printf 함수를 아두이노에 추가해 보았습니다. 이후에는 이 함수를 이용하여 인공 신경망 예제 출력을 하도록 합니다.

02 _ 인공 신경망 라이브러리 구현하기

여기서는 인공 신경망을 확장할 수 있도록 인공 신경망 라이브러리를 구현해 봅니다. 인공 신경망 라이브러리를 이용하면, 인공 신경망을 좀 더 자유롭게 구성하고 테스트해 볼 수 있습니다. 예를 들어, 다음과 같은 형태의 인공 신경망을 구성해서 테스트해 볼 수 있습니다.

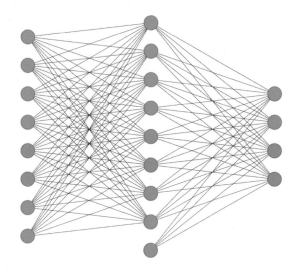

▲ 7개의 입력, 8개의 은닉층, 4개의 출력층, 편향 포함

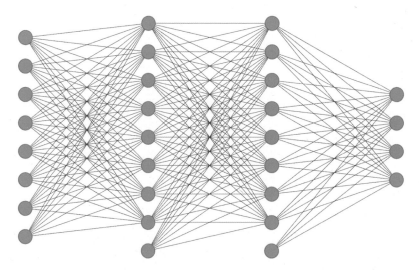

▲ 7개의 입력, 8개의 은닉층(1차), 8개의 은닉층(2차), 4개의 출력층, 편향 포함

02-1 배열을 이용한 순전파 구현하기

여기서는 배열을 이용하여 인공 신경망으로 연결된 임의의 2 층간의 순전파를 구현해 봅니다. 다음과 같이 입력노드는 2개, 출력노드는 3개이며, 입력단에는 가중치가 포함됩니다. 노란색 노드는 가중치를 의미합니다.

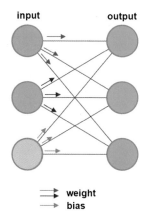

$\Longrightarrow$ **weight**
$\longrightarrow$ **bias**

1 다음과 같이 예제를 작성합니다.

```
421_1.ino

01      #define printf _printf
02
03      double input[2] = {1,2};
04      double output[3];
05      double weight[2][3] = {{1,2,3},{4,5,6}};
06      double bias[3] = {7,8,9};
07
08      void setup() {
09
10              Serial.begin(115200);
11              delay(1000);
12
13              for(int j=0;j<3;j++) {
14                      double sum = 0.0;
15                      for(int i=0;i<2;i++) {
16                              sum += input[i]*weight[i][j];
17                      }
18                      sum += 1*bias[j];
19                      output[j] = sum;
20                      printf(" sum = %f\n " , sum);
21              }
22      }
23
24      void loop() {
25
26      }
```

01 : printf를 _printf로 정의하여 printf로 _printf 함수를 쓸 수 있도록 합니다.

03 : 2개의 실수로 구성된 일차 배열 변수 input을 선언합니다. 값은 1, 2로 초기화합니다. 아래 그림을 참조합니다.

04 : 3개의 실수로 구성된 일차 배열 변수 output을 선언합니다. 아래 그림을 참조합니다.

05 : 입력 2개, 출력 3개를 연결할 수 있는 이차 배열 변수 weight를 선언합니다. weight 배열 변수는 3개의 실수로 구성된 일차 배열 2개로 구성된 이차 배열입니다.

06 : 3개의 실수로 구성된 일차 배열 변수 bias를 선언합니다.

10 : Serial.begin 함수를 호출하여 시리얼을 초기화하고 통신속도를 115200으로 설정합니다.

11 : delay 함수를 호출하여 1초간 지연을 줍니다. 시리얼 초기화가 될 때까지 충분한 시간을 줍니다.

13 : j 변수 0에서 2에 대하여 14~21줄을 수행합니다.

14 : 실수 변수 sum을 선언한 후, 0.0으로 초기화합니다.

15 : i 변수 0에서 1에 대하여 16줄을 수행합니다.

16 : input[i] 항목과 weight[i][j] 항목을 곱하여 sum에 더해 줍니다.

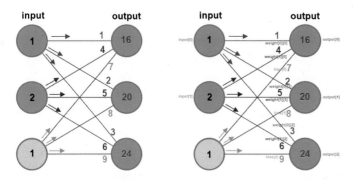

예를 들어, j가 0일 경우, i는 0, 1에 대해 (1*1 + 2*4)가 되어 sum값은 9가 됩니다. 위 그림을 참조합니다.

18 : bias[j] 항목에 1을 곱해 sum에 더해 줍니다. 예를 들어, j가 0일 경우, sum값은 기존에 계산된 값 9에 7이 더해져 16이 됩니다. 위 그림을 참조합니다.

19 : output[j] 항목에 sum 값을 옮깁니다. j가 0일 경우 output[j] 값은 16이 됩니다.

20 : printf 함수를 호출하여 sum값을 출력합니다.

2 [툴] 메뉴를 이용하여 보드, 포트를 다음과 같이 선택합니다.

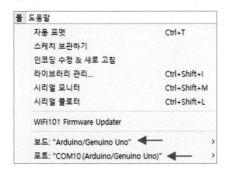

3 컴파일과 업로드를 수행합니다.

4 [시리얼 모니터] 버튼을 클릭합니다.

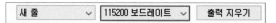

5 시리얼 모니터 창이 뜨면, 우측 하단에서 통신 속도를 115200으로 맞춰줍니다.

| 새 줄 ∨ | 115200 보드레이트 ∨ | 출력 지우기 |

6 출력결과를 확인합니다.

```
sum = 16.000000
sum = 20.000000
sum = 24.000000
```

다음 그림을 참조합니다.

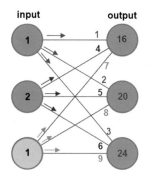

노드 개수 일반화하기

여기서는 노드의 개수를 변경하기 편하도록 일반화합니다.

1 다음과 같이 예제를 수정합니다.

```
421_2.ino
01    #define printf _printf
02
03    const int INPUT_NODES = 2;
04    const int OUTPUT_NODES = 3;
05
06    double input[INPUT_NODES] = {1,2};
07    double output[OUTPUT_NODES];
08    double weight[INPUT_NODES][OUTPUT_NODES] = {{1,2,3},{4,5,6}};
09    double bias[OUTPUT_NODES] = {7,8,9};
10
11    void setup() {
```

```
12
13              Serial.begin(115200);
14              delay(1000);
15
16              for(int j=0;j<OUTPUT_NODES;j++) {
17                      double sum = 0.0;
18                      for(int i=0;i<INPUT_NODES;i++) {
19                              sum += input[i]*weight[i][j];
20                      }
21                      sum += 1*bias[j];
22                      output[j] = sum;
23                      printf("sum = %f\n", sum);
24              }
25      }
26
27      void loop() {
28
29      }
```

03 : 정수 상수 INPUT_NODES를 선언한 후, 2로 초기화합니다. 나중에 필요하면 초기값을 변경하여 노드의 개수를 조정할 수 있습니다.

04 : 정수 상수 OUTPUT_NODES를 선언한 후, 3으로 초기화합니다. 나중에 필요하면 초기값을 변경하여 노드의 개수를 조정할 수 있습니다.

06~09 : 배열 선언에서 항목의 개수를 나타내는 숫자를 INPUT_NODES, OUTPUT_NODES로 변경해 줍니다.

16, 18 : for 문의 상한 숫자를 INPUT_NODES, OUTPUT_NODES로 변경해 줍니다.

2 [툴] 메뉴를 이용하여 보드, 포트를 다음과 같이 선택합니다.

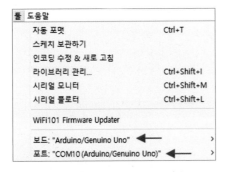

3 컴파일과 업로드를 수행합니다.

4 [시리얼 모니터] 버튼을 클릭합니다.

시리얼 모니터 🔎

5 시리얼 모니터 창이 뜨면, 우측 하단에서 통신 속도를 115200으로 맞춰줍니다.

6 출력결과를 확인합니다. 결과는 이전과 같습니다.

```
sum = 16.000000
sum = 20.000000
sum = 24.000000
```

순전파 함수 구현하기 1

여기서는 순전파 함수를 구현합니다. 순전파 함수를 구현하면 1단계 이상에서 반복적으로 호출하여 사용할 수 있습니다.

1 다음과 같이 예제를 수정합니다.

```
421_3.ino
01      #define printf _printf
02
03      const int INPUT_NODES = 2;
04      const int OUTPUT_NODES = 3;
05
06      double input[INPUT_NODES] = {1,2};
07      double output[OUTPUT_NODES];
08      double weight[INPUT_NODES][OUTPUT_NODES] = {{1,2,3},{4,5,6}};
09      double bias[OUTPUT_NODES] = {7,8,9};
10
11      void feed_forward(
12      const double input[INPUT_NODES],
13      const double weight[INPUT_NODES][OUTPUT_NODES],
14      const double bias[OUTPUT_NODES],
15      double output[OUTPUT_NODES],
16      const int INPUT_NODES,
17      const int OUTPUT_NODES) {
18              for(int j=0;j<OUTPUT_NODES;j++) {
19                      double sum = 0.0;
20                      for(int i=0;i<INPUT_NODES;i++) {
21                              sum += input[i]*weight[i][j];
22                      }
23                      sum += 1*bias[j];
24                      output[j] = sum;
25                      printf(" sum = %f\n ", sum);
26              }
27      }
```

```
28
29      void setup() {
30              Serial.begin(115200);
31              delay(1000);
32
33              feed_forward(input,
34              weight,
35              bias,
36              output,
37              INPUT_NODES,
38              OUTPUT_NODES);
39      }
40
41      void loop() {
42
43      }
```

11~27 : 순전파 함수 feed_forward를 구현합니다.

12   : 입력층 일차 배열을 받습니다. const 키워드로 상수 속성을 주어 함수 내부에서 변경하지 못하게 합니다.

13   : 가중치 이차 배열을 받습니다. const 키워드로 상수 속성을 주어 함수 내부에서 변경하지 못하게 합니다.

14   : 편향 일차 배열을 받습니다. const 키워드로 상수 속성을 주어 함수 내부에서 변경하지 못하게 합니다.

15   : 출력층 일차 배열을 받습니다.

16   : 입력층 일차 배열의 항목 개수를 받습니다.

17   : 출력층 일차 배열의 항목 개수를 받습니다.

18~26 : 이전에 구현한 예제와 내용이 같습니다.

33~38 : 순전파 함수 feed_forward 함수를 호출합니다. 첫 번째 인자로 input 배열, 두 번째 인자로 weight, 세 번째 인자로 bias, 네 번째 인자로 output, 다섯 번째 인자로 INPUT_NODES, 마지막 인자로 OUTPUT_NODES를 넘겨줍니다.

2 [툴] 메뉴를 이용하여 보드, 포트를 다음과 같이 선택합니다.

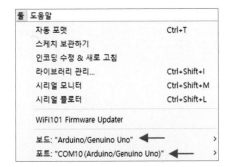

3 컴파일과 업로드를 수행합니다.

4 [시리얼 모니터] 버튼을 클릭합니다.

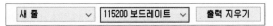

5 시리얼 모니터 창이 뜨면, 우측 하단에서 통신 속도를 115200으로 맞춰줍니다.

새 줄	∨	115200 보드레이트	∨	출력 지우기

6 출력결과를 확인합니다. 결과는 이전과 같습니다.

```
sum = 16.000000
sum = 20.000000
sum = 24.000000
```

순전파 함수 구현하기 2

여기서는 순전파 함수의 매개변수 부분을 다듬습니다. 배열 표현 형식을 포인터 표현 형식으로 변경해 줍니다.

1 다음과 같이 예제를 수정합니다.

```
421_4.ino
01      #define printf _printf
02
03      const int INPUT_NODES = 2;
04      const int OUTPUT_NODES = 3;
05
06      double input[INPUT_NODES] = {1,2};
07      double output[OUTPUT_NODES];
08      double weight[INPUT_NODES][OUTPUT_NODES] = {{1,2,3},{4,5,6}};
09      double bias[OUTPUT_NODES] = {7,8,9};
10
11      void feed_forward(
12      const double *input,
13      const double (* weight)[OUTPUT_NODES],
14      const double *bias,
15      double *output,
16      const int INPUT_NODES,
17      const int OUTPUT_NODES) {
18              for(int j=0;j<OUTPUT_NODES;j++) {
19                      double sum = 0.0;
20                      for(int i=0;i<INPUT_NODES;i++) {
21                              sum += input[i]*weight[i][j];
22                      }
```

```
23                              sum += 1*bias[j];
24                              output[j] = sum;
25                              printf(" sum = %f\n", sum);
26                      }
27              }
28
29      void setup() {
30              Serial.begin(115200);
31              delay(1000);
32
33              feed_forward(input,
34                      weight,
35                      bias,
36                      output,
37                      INPUT_NODES,
38                      OUTPUT_NODES);
39      }
40
41      void loop() {
42
43      }
```

12, 14, 15 : 배열 표현법을 포인터 표현법으로 바꿔줍니다. 함수의 매개 변수에 표현된 배열은 실제로 포인터로 해석되어 처리됩니다. 매개 변수 자리에 온 일차 배열은 일차 포인터와 같습니다. 역으로 매개 변수 자리에 온 일차 포인터는 일차 배열을 받습니다.

13 : 배열 표현법을 포인터 표현법으로 바꿔줍니다. 함수의 매개 변수에 표현된 배열은 실제로 포인터로 해석되어 처리됩니다. 매개 변수 자리에 온 이차 배열은 일차 배열을 가리키는 포인터와 같습니다. 표현법이 조금 복잡합니다. 매개 변수 자리에서 이차 배열을 포인터 표현법으로 바꾸고자 할 경우엔 일차 배열의 개수는 꼭 필요합니다. 여기서는 OUTPUT_NODES가 명시되어야 합니다. 자세한 내용은 C 포인터를 참고하기 바랍니다.

2 [툴] 메뉴를 이용하여 보드, 포트를 다음과 같이 선택합니다.

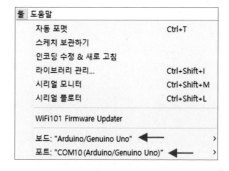

3 컴파일과 업로드를 수행합니다.

4 [시리얼 모니터] 버튼을 클릭합니다.

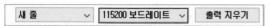

5 시리얼 모니터 창이 뜨면, 우측 하단에서 통신 속도를 115200으로 맞춰줍니다.

새 줄 ∨	115200 보드레이트 ∨	출력 지우기

6 출력결과를 확인합니다. 결과는 이전과 같습니다.

```
sum = 16.000000
sum = 20.000000
sum = 24.000000
```

순전파 함수 구현하기 3

여기서는 순전파 함수의 매개변수 부분을 다듬습니다. 일차 배열의 포인터 표현 형식을 포인터 표현 형식으로 변경해 줍니다. 출력 노드의 개수를 일반화해주기 위해 이 과정이 필요합니다. 뒤에서 우리는 입력 노드의 개수와 출력 노드의 개수를 자유롭게 바꿔서 테스트하게 됩니다.

1 다음과 같이 예제를 수정합니다.

```
421_5.ino
01      #define printf _printf
02
03      const int INPUT_NODES = 2;
04      const int OUTPUT_NODES = 3;
05
06      double input[INPUT_NODES] = {1,2};
07      double output[OUTPUT_NODES];
08      double weight[INPUT_NODES][OUTPUT_NODES] = {{1,2,3},{4,5,6}};
09      double bias[OUTPUT_NODES] = {7,8,9};
10
11      void feed_forward(
12      const double *input,
13      const double * weight,
14      const double *bias,
15      double *output,
16      const int INPUT_NODES,
17      const int OUTPUT_NODES) {
18              for(int j=0;j<OUTPUT_NODES;j++) {
19                      double sum = 0.0;
20                      for(int i=0;i<INPUT_NODES;i++) {
21                              sum += input[i]*weight[i*OUTPUT_NODES+j];
22                      }
```

```
23                      sum += 1*bias[j];
24                      output[j] = sum;
25                      printf("sum = %f\n", sum);
26              }
27      }
28
29      void setup() {
30              Serial.begin(115200);
31              delay(1000);
32
33              feed_forward(input,
34              (const double *)weight,
35              bias,
36              output,
37              INPUT_NODES,
38              OUTPUT_NODES);
39      }
40
41      void loop() {
42
43      }
```

13 : 실수 일차 배열의 포인터 표현법을 실수 포인터 표현법으로 바꿔줍니다. 이것은 이차 배열을 일차 배열로 받는 방법 입니다. 이렇게 하면 출력 노드의 개수 OUTPUT_NODES를 명시할 필요가 없습니다.

21 : weight 배열의 항목을 나타내는 부분을 변경해 줍니다.

34 : feed_forward 함수 호출시, 2번째 인자를 일차 배열로 형변환 해 줍니다.

2 [툴] 메뉴를 이용하여 보드, 포트를 다음과 같이 선택합니다.

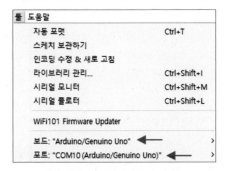

3 컴파일과 업로드를 수행합니다.

4 [시리얼 모니터] 버튼을 클릭합니다.

시리얼 모니터 🔎

5 시리얼 모니터 창이 뜨면, 우측 하단에서 통신 속도를 115200으로 맞춰줍니다.

| 새 줄 ∨ | 115200 보드레이트 ∨ | 출력 지우기 |

6 출력결과를 확인합니다. 결과는 이전과 같습니다.

```
sum = 16.000000
sum = 20.000000
sum = 24.000000
```

02-2 배열을 이용한 역전파 구현하기

여기서는 배열을 이용하여 인공 신경망으로 연결된 임의의 2 층간의 역전파를 구현해 봅니다. 다음과 같이 입력노드는 2개, 출력노드는 3개입니다. 역전파의 경우 가중치는 포함되지 않습니다. 역전파에서는 output_b에서 input_b쪽으로 오차가 전달됩니다. 이때 사용되는 가중치는 순전파 때와 같은 가중치를 사용합니다. 순전파 때 입력층(input)에서 전달된 값은 가중치(weight)의 크기에 비례해 출력층(output)으로 모아져 전달되며 결과적으로 오차에 그만큼 영향을 미치게 됩니다. 따라서 오차가 역전파 될 때도 역출력층(output_b)에서 전달된 오차값은 가중치(weight)의 크기에 비례해 역입력층(input_b)로 나누어져 전달되어야 합니다. 즉, 순전파 때 모아져 오차에 영향을 준만큼 역전파 때 오차가 나누어져 전달되어야 합니다.

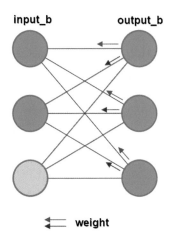

1 다음과 같이 예제를 수정합니다.

```
422_1.ino

01    #define printf _printf
02
03    const int INPUT_NODES = 2;
04    const int OUTPUT_NODES = 3;
05
06    double input[INPUT_NODES] = {1,2};
07    double output[OUTPUT_NODES];
08    double weight[INPUT_NODES][OUTPUT_NODES] = {{1,2,3},{4,5,6}};
09    double bias[OUTPUT_NODES] = {7,8,9};
10
11    void feed_forward(
12    const double *input,
13    const double * weight,
14    const double *bias,
15    double *output,
16    const int INPUT_NODES,
17    const int OUTPUT_NODES) {
18            for(int j=0;j<OUTPUT_NODES;j++) {
19                    double sum = 0.0;
20                    for(int i=0;i<INPUT_NODES;i++) {
21                            sum += input[i]*weight[i*OUTPUT_NODES+j];
22                    }
23                    sum += 1*bias[j];
24                    output[j] = sum;
25                    printf( " sum = %f\n " , sum);
26            }
27    }
28
29    double output_b[OUTPUT_NODES];
30    double input_b[INPUT_NODES];
31
32    void back_propagation(
33    const double *output_b,
34    const double * weight,
35    double *input_b,
36    const int OUTPUT_NODES,
37    const int INPUT_NODES) {
38            for(int j=0;j<INPUT_NODES;j++) {
39                    double sum = 0.0;
40                    for(int i=0;i<OUTPUT_NODES;i++) {
41                            sum += output_b[i]*weight[j*OUTPUT_NODES+i];
42                    }
43                    input_b[j] = sum;
```

```
44                      printf(" sum = %f\n", sum);
45                  }
46          }
47
48      void setup() {
49              Serial.begin(115200);
50              delay(1000);
51
52              feed_forward(input,
53              (const double *)weight,
54              bias,
55              output,
56              INPUT_NODES,
57              OUTPUT_NODES);
58
59              for(int i=0;i<OUTPUT_NODES;i++) {
60                      output_b[i] = output[i];
61              }
62
63              back_propagation(output_b,
64              (const double *)weight,
65              input_b,
66              OUTPUT_NODES,
67              INPUT_NODES);
68      }
69
70      void loop() {
71
72      }
```

29 : OUTPUT_NODES개의 실수로 구성된 일차 배열 변수 output_b를 선언합니다. 아래 그림을 참조합니다.

30 : INPUT_NODES개의 실수로 구성된 일차 배열 변수 input_b를 선언합니다. 아래 그림을 참조합니다.

32~46 : 역전파 함수 back_propagation를 구현합니다.

12 : 역출력층 일차 배열을 받습니다. const 키워드로 상수 속성을 주어 함수 내부에서 변경하지 못하게 합니다.

13 : 가중치 이차 배열을 받습니다. const 키워드로 상수 속성을 주어 함수 내부에서 변경하지 못하게 합니다.

14 : 역입력층 일차 배열을 받습니다.

16 : 출력층 일차 배열의 항목 개수를 받습니다. 출력층 일차 배열의 항목 개수는 역출력층 일차 배열의 항목 개수와 같습니다.

17 : 입력층 일차 배열의 항목 개수를 받습니다. 입력층 일차 배열의 항목 개수는 역입력층 일차 배열의 항목 개수와 같습니다.

38 : j 변수 0에서 INPUT_NODES에 대하여 39~44줄을 수행합니다.

39 : 실수 변수 sum을 선언한 후, 0.0으로 초기화합니다.

40 : i 변수 0에서 OUTPUT_NODES에 대하여 41줄을 수행합니다.

41 : output_b[i] 항목과 weight[j*OUTPUT_NODES+i] 항목을 곱하여 sum에 더해 줍니다.

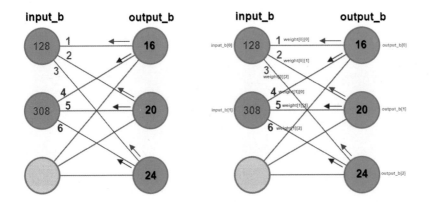

예를 들어, j가 0일 경우, i는 0, 1, 2에 대해 (16*1 + 20*2 +24*3)이 되어 sum값은 128이 됩니다. 위 그림을 참조합니다.

43 : input_b[j] 항목에 sum 값을 옮깁니다. j가 0일 경우 input_b[j] 값은 128이 됩니다.

44 : printf 함수를 호출하여 sum값을 출력합니다.

59 : i 변수 0에서 OUTPUT_NODES에 대하여 60줄을 수행합니다.

60 : output[i]의 값을 output_b[i]로 옮겨줍니다.

63~67 : 역전파 함수 back_propagation 함수를 호출합니다. 첫 번째 인자로 output_b 배열, 두 번째 인자로 weight 배열, 세 번째 인자로 input_b 배열, 네 번째 인자로 OUTPUT_NODES, 마지막 인자로 INPUT_NODES를 넘겨줍니다. 2 번째 인자는 일차 배열로 형변환 해 줍니다.

2 [툴] 메뉴를 이용하여 보드, 포트를 다음과 같이 선택합니다.

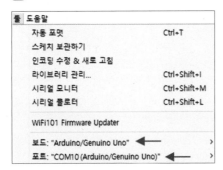

3 컴파일과 업로드를 수행합니다.

4 [시리얼 모니터] 버튼을 클릭합니다.

5 시리얼 모니터 창이 뜨면, 우측 하단에서 통신 속도를 115200으로 맞춰줍니다.

6 출력결과를 확인합니다. 결과는 이전과 같습니다.

```
sum = 16.000000
sum = 20.000000
sum = 24.000000
sum = 128.000000
sum = 308.000000
```

다음 그림을 참조합니다.

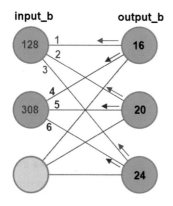

02-3 활성화 함수 구현하기

여기서는 출력노드에 활성화 함수를 추가해 봅니다, 역입력노드에도 역할성화 함수를 추가합니다. 활성화 함수로는 sigmoid, relu 함수를 추가해 봅니다. 우리는 이전 단원에서 sigmoid를 활성화함 수로 사용하는 신경망을 구현해 보았습니다.

sigmoid 함수

다음은 sigmoid 함수에 대한 그래프와 인공 신경망 학습 후, 예측 그래프입니다. 우리는 앞에서 이 그래프를 직접 그려보았습니다.

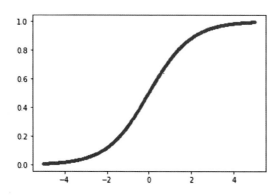
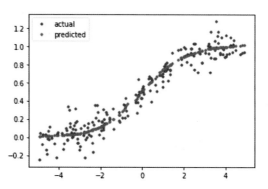

$$y = \frac{1}{1 - e^{-x}} \ (-5 \le x \le 5)$$

다음 그림과 같이 sigmoid 함수의 역전파 과정도 살펴보았습니다. 그리고 순전파 과정에서의 출력 값을 역전파 과정에서 사용하는 것도 살펴보았습니다.

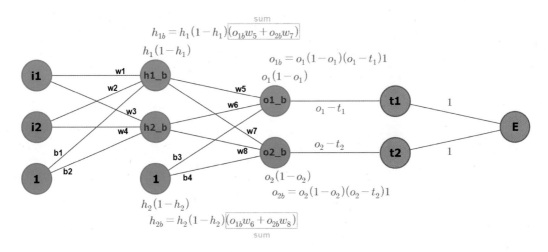

relu 함수

다음은 relu 함수에 대한 그래프와 인공 신경망 학습 후, 예측 그래프입니다. 우리는 앞에서 이 그래프를 직접 그려보았습니다.

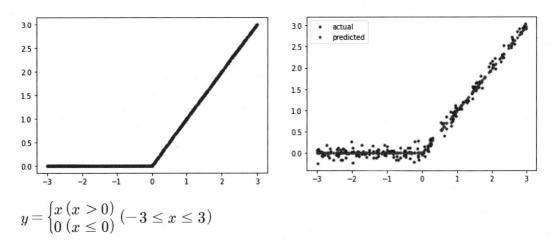

$$y = \begin{cases} x \ (x > 0) \\ 0 \ (x \le 0) \end{cases} (-3 \le x \le 3)$$

다음 그림은 relu 함수의 역전파를 나타내는 그림입니다.

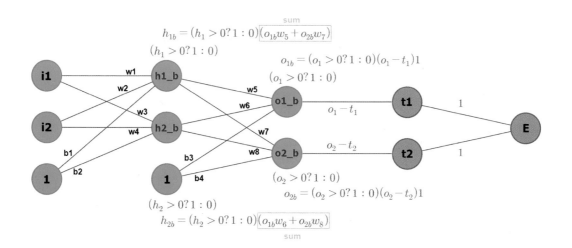

$$h_{1b} = (h_1 > 0 ? 1 : 0)\boxed{(o_{1b}w_5 + o_{2b}w_7)}$$
$$(h_1 > 0 ? 1 : 0)$$

$$o_{1b} = (o_1 > 0 ? 1 : 0)(o_1 - t_1)1$$
$$(o_1 > 0 ? 1 : 0)$$

$$o_1 - t_1$$

$$o_2 - t_2$$

$$(o_2 > 0 ? 1 : 0)$$
$$o_{2b} = (o_2 > 0 ? 1 : 0)(o_2 - t_2)1$$

$$(h_2 > 0 ? 1 : 0)$$
$$h_{2b} = (h_2 > 0 ? 1 : 0)\boxed{(o_{1b}w_6 + o_{2b}w_8)}$$

relu 함수의 경우 순전파시 0보다 큰 값은 그대로 출력하고 0보다 작거나 같은 값은 0을 출력합니다. 즉, 0보다 큰 신호만 유효 신호로 처리합니다. 순전파 때 0보다 큰 값으로 출력된 신호에 대해서만 역전파시 해당 오차를 받게됩니다. 순전파 때 영향을 준 출력에 대해서만 역전파 때 유효한 오차로 계산하게 됩니다. 즉, 0으로 나간 신호에 대해서는 오차도 0으로 계산되게 됩니다.

1 다음과 같이 예제를 수정합니다.

```
423_1.ino
01    #define printf _printf
02
03    const int INPUT_NODES = 2;
04    const int OUTPUT_NODES = 3;
05
06    double input[INPUT_NODES] = {1,2};
07    double output[OUTPUT_NODES];
08    double weight[INPUT_NODES][OUTPUT_NODES] = {{1,2,3},{4,5,6}};
09    double bias[OUTPUT_NODES] = {7,8,9};
10
11    typedef enum _activation {
12            LINEAR=0,
13            SIGMOID=1,
14            RELU=2,
15    } activation_t;
16
17    void feed_forward(
18    const double *input,
19    const double * weight,
20    const double *bias,
21    double *output,
```

```
22          const int INPUT_NODES,
23          const int OUTPUT_NODES,
24          activation_t activation) {
25                  for(int j=0;j<OUTPUT_NODES;j++) {
26                          double sum = 0.0;
27                          for(int i=0;i<INPUT_NODES;i++) {
28                                  sum += input[i]*weight[i*OUTPUT_NODES+j];
29                          }
30                          sum += 1*bias[j];
31                          if(activation==LINEAR) {
32                                  output[j] = sum;
33                          } else if(activation==SIGMOID) {
34                                  output[j] = 1.0/(1.0+exp(-sum));
35                          } else if(activation==RELU) {
36                                  output[j] = sum>0?sum:0;
37                          }
38                          printf("output[%d] = %f\n", j, output[j]);
39                  }
40          }
41
42          double output_b[OUTPUT_NODES];
43          double input_b[INPUT_NODES];
44
45          void back_propagation(
46          const double *output_b,
47          const double * weight,
48          const double * input_f,
49          double *input_b,
50          const int OUTPUT_NODES,
51          const int INPUT_NODES,
52          activation_t activation) {
53                  for(int j=0;j<INPUT_NODES;j++) {
54                          double sum = 0.0;
55                          for(int i=0;i<OUTPUT_NODES;i++) {
56                                  sum += output_b[i]*weight[j*OUTPUT_NODES+i];
57                          }
58                          if(activation==LINEAR) {
59                                  input_b[j] = sum;
60                          } else if(activation==SIGMOID) {
61                                  input_b[j] = input_f[j]*(1-input_f[j])*sum;
62                          } else if(activation==RELU) {
63                                  input_b[j] = (input_f[j]>0?1:0)*sum;
64                          }
65                          printf("input_b[%d] = %f\n", j, input_b[j]);
66                  }
67          }
```

```
68
69    void setup() {
70            Serial.begin(115200);
71            delay(1000);
72
73            feed_forward(input,
74            (const double *)weight,
75            bias,
76            output,
77            INPUT_NODES,
78            OUTPUT_NODES,
79            SIGMOID);
80
81            for(int i=0;i<OUTPUT_NODES;i++) {
82                    output_b[i] = output[i];
83            }
84
85            back_propagation(output_b,
86            (const double *)weight,
87            input,
88            input_b,
89            OUTPUT_NODES,
90            INPUT_NODES,
91            SIGMOID);
92    }
93
94    void loop() {
95
96    }
```

11~15 : 활성화 함수의 종류를 나타내는 열거형 상수 activation_t을 정의합니다. activation_t 형의 값으로는 LINEAR, SIGMOID, RELU를 정의합니다. LINEAR는 활성화함수를 따로 쓰지 않는 경우를 의미합니다.

24 : feed_forward 함수에 activation_t 매개변수를 추가합니다.

31~37 : 매개변수를 통해 넘어온 활성화 함수의 종류에 따라 output[j]값을 계산합니다.

38 : printf 함수를 호출하여 output[j] 값을 출력합니다.

48 : back_propagation 함수에 순전파 때의 입력층 노드값 배열 매개변수를 추가합니다. 입력층 노드값 배열 매개변수는 역전파 때에 역입력층의 노드값 계산에 사용됩니다.

52 : back_propagation 함수에 activation_t 매개변수를 추가합니다.

58~64 : 매개변수를 통해 넘어온 활성화 함수의 종류에 따라 input_b[j]값을 계산합니다.

65 : printf 함수를 호출하여 input_b[j] 값을 출력합니다.

79 : feed_forward 함수 호출 부분에 마지막 인자를 추가합니다. 여기서는 SIGMOID로 선택합니다.

87 : back_propagation 함수 호출 부분의 3번째 인자를 추가합니다. 순전파 때 입력층 노드값을 가진 배열입니다.

91 : back_propagation 함수 호출 부분에 마지막 인자를 추가합니다. 여기서는 SIGMOID로 선택합니다.

2 [툴] 메뉴를 이용하여 보드, 포트를 다음과 같이 선택합니다.

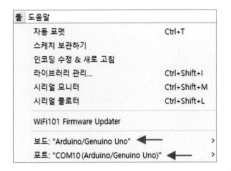

3 컴파일과 업로드를 수행합니다.

4 [시리얼 모니터] 버튼을 클릭합니다.

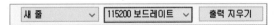

5 시리얼 모니터 창이 뜨면, 우측 하단에서 통신 속도를 115200으로 맞춰줍니다.

| 새 줄 | ∨ | 115200 보드레이트 | ∨ | 출력 지우기 |

6 출력결과를 확인합니다.

```
output[0] = 1.000000
output[1] = 1.000000
output[2] = 1.000000
input_b[0] = 0.000000
input_b[1] = -30.000000
```

02-4 파일 분리하기

여기서는 423_1 예제를 424_1 로 저장한 후에 myann.h, myann.ino 파일을 추가하여, 지금까지 작성한 파일의 내용을 분리합니다.

myann.h 파일 추가하기

1 먼저 423_1 예제를 424_1로 저장합니다.

2 다음과 같이 아두이노 소프트웨어 오른쪽에 있는 ▾ 버튼을 눌러 [새 탭] 메뉴를 선택합니다.

3 다음과 같이 mann.h를 입력한 후, [확인] 버튼을 누릅니다.

새로운 파일을 위한 이름: myann.h   확인   취소

4 다음과 같이 이전 파일의 내용을 복사한 후, 편집합니다.

myann.h

```
01    #ifndef _MY_ACTIVATION_H_
02    #define _MY_ACTIVATION_H_
03
04    typedef enum _activation {
05            LINEAR=0,
06            SIGMOID=1,
07            RELU=2,
08    } activation_t;
09
10    #endif//_MY_ACTIVATION_H_
```

01, 02, 10 : 헤더 파일의 중복 포함을 방지하기 위한 전처리 문입니다.
04~08　　 : 이전 예제에서 정의한 열거형으로 복사해 옵니다.

myann 파일 추가하기

5 다음과 같이 아두이노 소프트웨어 오른쪽에 있는 ▾ 버튼을 눌러 [새 탭] 메뉴를 선택합니다.

6 다음과 같이 myann을 입력한 후, [확인] 버튼을 누릅니다.

새로운 파일을 위한 이름: myann   확인   취소

7 다음과 같이 이전 파일의 내용을 복사한 후, 편집합니다.

myann.ino

```
01    #include " myann.h "
02
03    void feed_forward(
04    const double *input,
05    const double * weight,
06    const double *bias,
07    double *output,
08    const int INPUT_NODES,
09    const int OUTPUT_NODES,
10    activation_t activation) {
```

```
11              for(int j=0;j<OUTPUT_NODES;j++) {
12                      double sum = 0.0;
13                      for(int i=0;i<INPUT_NODES;i++) {
14                              sum += input[i]*weight[i*OUTPUT_NODES+j];
15                      }
16                      sum += 1*bias[j];
17                      if(activation==LINEAR) {
18                              output[j] = sum;
19                      } else if(activation==SIGMOID) {
20                              output[j] = 1.0/(1.0+exp(-sum));
21                      } else if(activation==RELU) {
22                              output[j] = sum>0?sum:0;
23                      }
24                      printf("output[%d] = %f\n", j, output[j]);
25              }
26      }
27
28      void back_propagation(
29      const double *output_b,
30      const double * weight,
31      const double * input_f,
32      double *input_b,
33      const int OUTPUT_NODES,
34      const int INPUT_NODES,
35      activation_t activation) {
36              for(int j=0;j<INPUT_NODES;j++) {
37                      double sum = 0.0;
38                      for(int i=0;i<OUTPUT_NODES;i++) {
39                              sum += output_b[i]*weight[j*OUTPUT_NODES+i];
40                      }
41                      if(activation==LINEAR) {
42                              input_b[j] = sum;
43                      } else if(activation==SIGMOID) {
44                              input_b[j] = input_f[j]*(1-input_f[j])*sum;
45                      } else if(activation==RELU) {
46                              input_b[j] = (input_f[j]>0?1:0)*sum;
47                      }
48                      printf("input_b[%d] = %f\n", j, input_b[j]);
49              }
50      }
```

01 : myann.h 파일을 포함합니다.

03~26 : feed_forward 함수를 복사해 옵니다.

28~50 : back_propagation 함수를 복사해 옵니다.

원래 파일 정리하기

8 원래 파일의 내용을 다음과 같이 정리합니다.

```
423_1.ino
01      #include "myann.h"
02
03      #define printf _printf
04
05      const int INPUT_NODES = 2;
06      const int OUTPUT_NODES = 3;
07
08      double input[INPUT_NODES] = {1,2};
09      double output[OUTPUT_NODES];
10      double weight[INPUT_NODES][OUTPUT_NODES] = {{1,2,3},{4,5,6}};
11      double bias[OUTPUT_NODES] = {7,8,9};
12
13      double output_b[OUTPUT_NODES];
14      double input_b[INPUT_NODES];
15
16      void setup() {
17              Serial.begin(115200);
18              delay(1000);
19
20              feed_forward(input,
21              (const double *)weight,
22              bias,
23              output,
24              INPUT_NODES,
25              OUTPUT_NODES,
26              SIGMOID);
27
28              for(int i=0;i<OUTPUT_NODES;i++) {
29                      output_b[i] = output[i];
30              }
31
32              back_propagation(output_b,
33              (const double *)weight,
34              input,
35              input_b,
36              OUTPUT_NODES,
37              INPUT_NODES,
38              SIGMOID);
39      }
40
41      void loop() {
42
43      }
```

01 : myann.h 파일을 포함합니다.

⑨ [툴] 메뉴를 이용하여 보드, 포트를 다음과 같이 선택합니다.

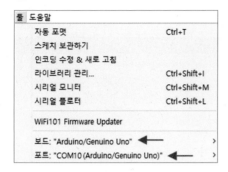

⑩ 컴파일과 업로드를 수행합니다.

⑪ [시리얼 모니터] 버튼을 클릭합니다.

⑫ 시리얼 모니터 창이 뜨면, 우측 하단에서 통신 속도를 115200으로 맞춰줍니다.

새 줄 ∨	115200 보드레이트 ∨	출력 지우기

⑬ 출력결과를 확인합니다. 이전 결과와 같습니다.

```
output[0] = 1.000000
output[1] = 1.000000
output[2] = 1.000000
input_b[0] = 0.000000
input_b[1] = -30.000000
```

02-5 오차 계산 함수 구현하기

여기서는 오차를 계산하는 함수를 구현한 후, 오차를 구해 봅니다. 다음은 오차를 계산하는 수식입니다.

$$E_{total} = \sum \frac{1}{2}(output - target)^2$$

오차를 계산하는 과정은 다음과 같습니다.

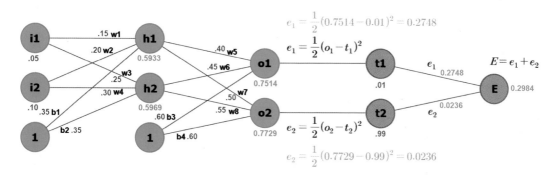

$$e_1 = \frac{1}{2}(0.7514 - 0.01)^2 = 0.2748$$

$$e_1 = \frac{1}{2}(o_1 - t_1)^2$$

$$E = e_1 + e_2$$

$$e_2 = \frac{1}{2}(o_2 - t_2)^2$$

$$e_2 = \frac{1}{2}(0.7729 - 0.99)^2 = 0.0236$$

여기서는 이전 단원에서 살펴본 인공 신경망을 테스트하는 예제를 수행해 봅니다.

1 424_1 예제를 425_1로 저장합니다.

2 다음과 같이 myann.ino 파일에 get_error 함수를 추가합니다.

```
myann.ino
52    double get_error(
53    const double *target,
54    const double *output,
55    const int OUTPUT_NODES) {
56            double Error = 0.0;
57            double error[OUTPUT_NODES];
58            double sum_error = 0.0;
59            for(int i=0;i<OUTPUT_NODES;i++) {
60                    error[i] = 0.5*(output[i]-target[i])*(output[i]-target[i]);
61                    printf("error[%d] = %f\n", i, error[i]);
62                    sum_error += error[i];
63            }
64            Error = sum_error;
65            printf("Error = %f\n", Error);
66            return Error;
67    }
```

52~67 : 오차 계산 함수 get_error를 구현합니다.

53 : 목표층 일차 배열을 받습니다. const 키워드로 상수 속성을 주어 함수 내부에서 변경하지 못하게 합니다.

54 : 출력층 일차 배열을 받습니다. const 키워드로 상수 속성을 주어 함수 내부에서 변경하지 못하게 합니다.

55 : 출력층 일차 배열의 항목 개수를 받습니다.

56 : 전체 오차를 저장할 실수 변수 Error을 선언한 후, 0.0으로 초기화합니다.

57 : OUTPUT_NODES 개수만큼 실수로 구성된 일차 배열 변수 error를 선언합니다. 출력층의 각 노드에 대한 오차 값을 저장하는 역할을 합니다.

58 : 오차의 합을 저장할 실수 변수 sum_error을 선언한 후, 0.0으로 초기화합니다.

59 : i 변수 0에서 OUTPUT_NODES 미만에 대하여 60~62줄을 수행합니다.

60 : 출력층의 각 노드에 대해 목표층과의 오차를 계산합니다.

61 : printf 함수를 호출하여 개별 오차값을 출력합니다.

62 : 개별 오차값을 더합니다.

64 : 오차값의 합을 Error 변수로 옮깁니다.

65 : printf 함수를 호출하여 전체 오차값을 출력합니다.

66 : Error 값을 내어줍니다.

❸ 다음과 같이 예제를 수정합니다.

425_1.ino.ino

```
01      #include "myann.h"
02
03      #define printf _printf
04
05      const int INPUT_NODES = 2;
06      const int HIDDEN_NODES = 2;
07      const int OUTPUT_NODES = 2;
08
09      double input[INPUT_NODES] = {0.05, 0.10};
10      double target[OUTPUT_NODES] = {0.01, 0.99};
11      double hidden[HIDDEN_NODES];
12      double output[OUTPUT_NODES];
13      double weightH[INPUT_NODES][HIDDEN_NODES] =
14      {{0.15, 0.25},{0.20, 0.30}};
15      double biasH[HIDDEN_NODES] = {0.35,0.35};
16      double weightO[HIDDEN_NODES][OUTPUT_NODES] =
17      {{0.40, 0.50},{0.45, 0.55}};
18      double biasO[OUTPUT_NODES] = {0.60,0.60};
19
20      double output_b[OUTPUT_NODES];
21      double input_b[INPUT_NODES];
22
23      void setup() {
24              Serial.begin(115200);
25              delay(1000);
26
27              feed_forward(input,
28              (const double *)weightH,
29              biasH,
30              hidden,
31              INPUT_NODES,
32              HIDDEN_NODES,
33              SIGMOID);
34
35              feed_forward(hidden,
36              (const double *)weightO,
37              biasO,
```

```
38                output,
39                HIDDEN_NODES,
40                OUTPUT_NODES,
41                SIGMOID);
42
43                get_error(target, output, OUTPUT_NODES);
44        }
45
46     void loop() {
47
48        }
```

06 : 정수 상수 INPUT_NODES를 선언한 후, 2로 초기화합니다. 나중에 필요하면 초기값을 변경하여 노드의 개수를 조정할 수 있습니다.

07 : OUTPUT_NODES의 값을 2로 수정합니다.

09 : input 배열의 값을 수정합니다. 아래 그림을 참고합니다.

10 : OUTPUT_NODES 개수의 실수로 구성된 일차 배열 변수 target을 선언합니다. 아래 그림을 참고합니다.

11 : HIDDEN_NODES 개수의 실수로 구성된 일차 배열 변수 hidden을 선언합니다. 아래 그림을 참고합니다.

12 : OUTPUT_NODES 개수의 실수로 구성된 일차 배열 변수 output을 선언합니다. 아래 그림을 참조합니다.

13, 14 : 입력 INPUT_NODES개, 출력 HIDDEN_NODES개를 연결할 수 있는 이차 배열 변수 weightH를 선언한 후, 아래 그림과 같이 초기화합니다. 입력층과 은닉층을 연결하는 가중치 이차 배열 변수입니다.

15 : HIDDEN_NODES개의 실수로 구성된 일차 배열 변수 biasH를 선언한 후, 아래 그림과 같이 초기화합니다. 입력층과 은닉층을 연결하는 편향 일차 배열 변수입니다.

16, 17 : 입력 HIDDEN_NODES개, 출력 OUTPUT_NODES개를 연결할 수 있는 이차 배열 변수 weightO를 선언한 후, 아래 그림과 같이 초기화합니다. 은닉층과 출력층을 연결하는 가중치 이차 배열 변수입니다.

18 : OUTPUT_NODES개의 실수로 구성된 일차 배열 변수 biasO를 선언한 후, 아래 그림과 같이 초기화합니다. 은닉층과 출력층을 연결하는 편향 일차 배열 변수입니다.

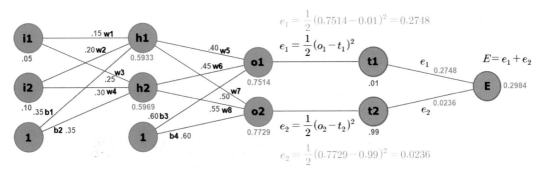

20, 21 : 이전 예제와 같습니다.

27~33 : 순전파 함수 feed_forward 함수를 호출합니다. 첫 번째 인자로 input 배열, 두 번째 인자로 weightH, 세 번째 인자로 biasH, 네 번째 인자로 hidden, 다섯 번째 인자로 INPUT_NODES, 여섯 번째 인자로 HIDDEN_NODES, 마지막 인자로 SIGMOID를 넘겨줍니다.

35~41 : 순전파 함수 feed_forward 함수를 호출합니다. 첫 번째 인자로 hidden 배열, 두 번째 인자로 weightO, 세 번째 인자로 biasO, 네 번째 인자로 output, 다섯 번째 인자로 HIDDEN_NODES, 여섯 번째 인자로 OUTPUT_NODES, 마지막 인자로 SIGMOID를 넘겨줍니다.

43 : 오차 계산 함수 get_error 함수를 호출합니다. 첫 번째 인자로 target 배열, 두 번째 인자로 output 배열, 세 번째 인자로 OUTPUT_NODES를 넘겨줍니다.

4️⃣ [툴] 메뉴를 이용하여 보드, 포트를 다음과 같이 선택합니다.

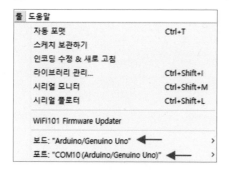

5️⃣ 컴파일과 업로드를 수행합니다.

6️⃣ [시리얼 모니터] 버튼을 클릭합니다.

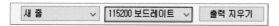

7️⃣ 시리얼 모니터 창이 뜨면, 우측 하단에서 통신 속도를 115200으로 맞춰줍니다.

새 줄	115200 보드레이트	출력 지우기

8️⃣ 출력결과를 확인합니다. 이전 결과와 같습니다.

```
error[0] = 0.274811
error[1] = 0.023560
Error = 0.298371
```

다음 그림을 참고합니다.

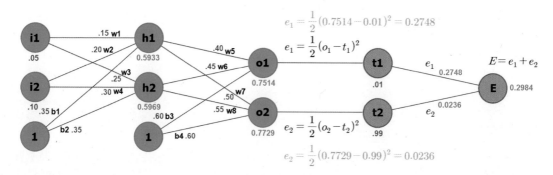

02-6 역전파 오차 계산 함수 구현하기

여기서는 역전파 오차를 계산하는 함수를 구현한 후, 역전파 오차를 구해 봅니다. 역전파 오차를 계산하는 과정은 다음과 같습니다.

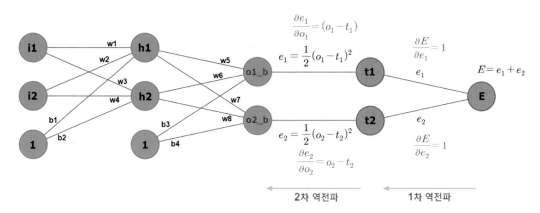

1차 역전파, 2차 역전파를 통해 오차 역전파가 계산됩니다.

1 425_1 예제를 426_1로 저장합니다.

2 다음과 같이 myann.ino 파일에 get_DoutputE 함수를 추가합니다.

```
myann.ino
69    void get_DoutputE(
70    const double *target,
71    const double *output,
72    double *DoutputE,
73    const int OUTPUT_NODES) {
74            for(int i=0;i<OUTPUT_NODES;i++) {
75                    DoutputE[i] = (output[i]-target[i])*1;
76                    printf( "DoutputE[%d] = %f\n", i, DoutputE[i]);
77            }
78    }
```

69~78 : 역전파 오차 계산 함수 get_DoutputE를 구현합니다.

70 : 목표층 일차 배열을 받습니다. const 키워드로 상수 속성을 주어 함수 내부에서 변경하지 못하게 합니다.

71 : 출력층 일차 배열을 받습니다. const 키워드로 상수 속성을 주어 함수 내부에서 변경하지 못하게 합니다.

72 : 역전파 오차를 저장할 실수 일차 배열을 받습니다.

73 : 역전파 오차 일차 배열의 항목 개수를 받습니다.

74 : i 변수 0에서 OUTPUT_NODES 미만에 대하여 75, 76줄을 수행합니다.

75 : 출력층의 각 노드에 대해 목표층과의 역전파 오차를 계산합니다.

61 : printf 함수를 호출하여 개별 역전파 오차값을 출력합니다.

3 다음과 같이 예제를 수정합니다.

```
426_1.ino
01~21    // 이전 예제와 같습니다.
22
23       double DoutputE[OUTPUT_NODES];
24
25       void setup() {
26               Serial.begin(115200);
27               delay(1000);
28
29               feed_forward(input,
30               (const double *)weightH,
31               biasH,
32               hidden,
33               INPUT_NODES,
34               HIDDEN_NODES,
35               SIGMOID);
36
37               feed_forward(hidden,
38               (const double *)weightO,
39               biasO,
40               output,
41               HIDDEN_NODES,
42               OUTPUT_NODES,
43               SIGMOID);
44
45               get_error(target, output, OUTPUT_NODES);
46
47               get_DoutputE(target, output, DoutputE, OUTPUT_NODES);
48       }
49
50       void loop() {
51
52       }
```

23 : 역전파 오차를 저장할 실수 일차 배열 변수 DoutputE를 선언합니다.

47 : 역전파 오차 계산 함수 get_DoutputE 함수를 호출합니다. 첫 번째 인자로 target 배열, 두 번째 인자로 output 배열, 세 번째 인자로 DoutputE 배열, 네 번째 인자로 OUTPUT_NODES를 넘겨줍니다.

4 [툴] 메뉴를 이용하여 보드, 포트를 다음과 같이 선택합니다.

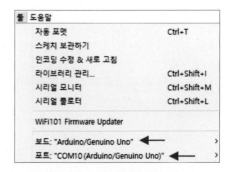

5 컴파일과 업로드를 수행합니다.

6 [시리얼 모니터] 버튼을 클릭합니다.

시리얼 모니터 🔍

7 시리얼 모니터 창이 뜨면, 우측 하단에서 통신 속도를 115200으로 맞춰줍니다.

새 줄 ∨	115200 보드레이트 ∨	출력 지우기

8 출력결과를 확인합니다. 이전 결과와 같습니다.

```
DoutputE[0] = 0.741365
DoutputE[1] = -0.217072
```

02-7 역전파 준비 함수 구현하기

여기서는 출력층 역전파 노드를 준비하여 역전파 오차를 입력받는 함수를 구현해 봅니다. 출력층 역전파 오차를 입력받는 과정은 다음과 같습니다.

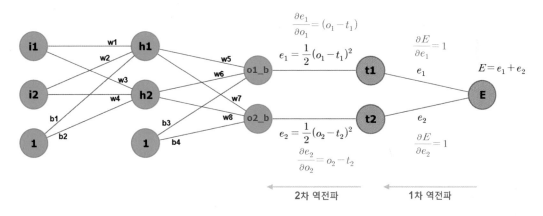

그림과 같이 o1_b, o2_b 노드 부분을 준비하고 역전파 오차를 입력받는 함수를 정의합니다. o1_b, o2_b 노드는 역전파 입력값을 받는 노드입니다.

2 다음과 같이 myann.ino 파일에 prepare_back_propagation 함수를 추가합니다.

```
myann.ino
80        void prepare_back_propagation(
81        const double *DoutputE,
82        const double *output,
83        double *output_b,
84        const int OUTPUT_NODES,
85        activation_t activation) {
86                for(int i=0;i<OUTPUT_NODES;i++) {
87                        if(activation==LINEAR) {
88                                output_b[i] = DoutputE[i];
89                        } else if(activation==SIGMOID) {
90                                output_b[i] = output[i]*(1-output[i])*DoutputE[i];
91                        } else if(activation==RELU) {
92                                output_b[i] = (output[i]>0?1:0)*DoutputE[i];
93                        }
94                        printf("output_b[%d] = %f\n", i, output_b[i]);
95                }
96        }
```

80~96 : 역전파 준비 함수 prepare_back_propagation를 구현합니다.

81 : 역전파 오차 일차 배열을 받습니다. const 키워드로 상수 속성을 주어 함수 내부에서 변경하지 못하게 합니다.

82 : 출력층 일차 배열을 받습니다. const 키워드로 상수 속성을 주어 함수 내부에서 변경하지 못하게 합니다. 출력층 노드의 값은 역전파 입력값을 계산하는데 필요합니다. 아래 그림을 참조합니다.

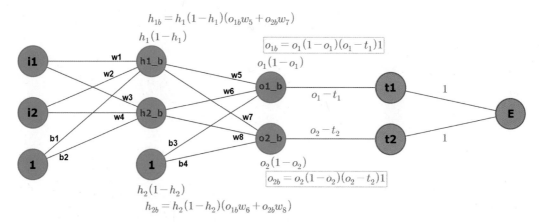

83 : 역전파 오차를 입력받을 실수 일차 배열을 받습니다.

84 : 역전파 오차 일차 배열의 항목 개수를 받습니다.

85 : 활성화함수 형을 받습니다.

86 : i 변수 0에서 OUTPUT_NODES 미만에 대하여 87~94줄을 수행합니다.

87~93 : 매개변수를 통해 넘어온 활성화 함수의 종류에 따라 output_b[i]값을 계산합니다. sigmoid 함수의 경우 위 그림을 참조합니다. relu 함수의 경우 아래 그림을 참조합니다.

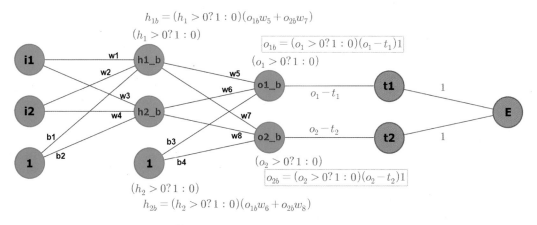

$$h_{1b} = (h_1 > 0?\,1:0)(o_{1b}w_5 + o_{2b}w_7)$$
$$(h_1 > 0?\,1:0)$$

$$\boxed{o_{1b} = (o_1 > 0?\,1:0)(o_1 - t_1)1}$$
$$(o_1 > 0?\,1:0)$$

$$o_1 - t_1$$

$$o_2 - t_2$$

$$(o_2 > 0?\,1:0)$$
$$\boxed{o_{2b} = (o_2 > 0?\,1:0)(o_2 - t_2)1}$$

$$(h_2 > 0?\,1:0)$$
$$h_{2b} = (h_2 > 0?\,1:0)(o_{1b}w_6 + o_{2b}w_8)$$

94 : printf 함수를 호출하여 input_b[i] 값을 출력합니다.

❸ 다음과 같이 예제를 수정합니다.

427_1.ino

```
01~21    // 이전 예제와 같습니다.
22
23       double DoutputE[OUTPUT_NODES];
24
25       void setup() {
26               Serial.begin(115200);
27               delay(1000);
28
29               feed_forward(input,
30               (const double *)weightH,
31               biasH,
32               hidden,
33               INPUT_NODES,
34               HIDDEN_NODES,
35               SIGMOID);
36
37               feed_forward(hidden,
38               (const double *)weightO,
39               biasO,
40               output,
41               HIDDEN_NODES,
42               OUTPUT_NODES,
43               SIGMOID);
44
45               get_error(target, output, OUTPUT_NODES);
46
47               get_DoutputE(target,output,DoutputE,OUTPUT_NODES);
48
```

```
49          prepare_back_propagation(
50          DoutputE,
51          output,
52          output_b,
53          OUTPUT_NODES,
54          SIGMOID);
55
56          back_propagation(output_b,
57          (const double *)weight0,
58          hidden,
59          hidden_b,
60          OUTPUT_NODES,
61          HIDDEN_NODES,
62          SIGMOID);
63      }
64
65    void loop() {
66
67      }
68
```

21 : input_b를 hidden_b로 변경합니다. 배열의 개수도 HIDDEN_NODES로 변경합니다.

49~54 : 역전파 준비 함수 prepare_back_propagation 함수를 호출합니다. 첫 번째 인자로 DoutputE 배열, 두 번째 인자로 output 배열, 세 번째 인자로 output_b 배열, 네 번째 인자로 OUTPUT_NODES, 마지막 인자로 SIGMOID를 넘겨줍니다.

56~62 : 3차 역전파를 수행하는 수행하는 back_propagation 함수를 호출합니다. 첫 번째 인자로 output_b 배열, 두 번째 인자로 weight0, 세 번째 인자로 hidden 배열, 네 번째 인자로 hidden_b, 다섯 번째 인자로 OUTPUT_NODES, 마지막 인자로 SIGMOID를 넘겨줍니다. 2번째 인자는 일차 배열로 형변환 해 줍니다. 3차 역전파는 아래 그림과 같이 전파됩니다.

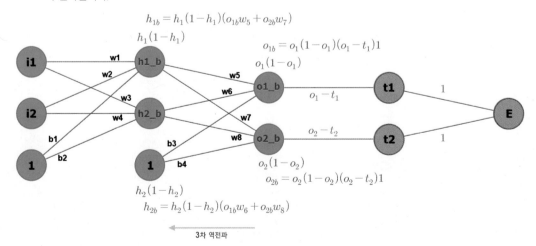

4 [툴] 메뉴를 이용하여 보드, 포트를 다음과 같이 선택합니다.

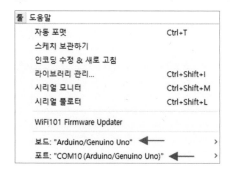

5 컴파일과 업로드를 수행합니다. [시리얼 모니터] 버튼을 클릭합니다.

6 시리얼 모니터 창이 뜨면, 우측 하단에서 통신 속도를 115200으로 맞춰줍니다.

7 출력결과를 확인합니다. 이전 결과와 같습니다.

```
output_b[0] = 0.138499
output_b[1] = -0.038098
input_b[0] = 0.008771
input_b[1] = 0.009954
```

아래 그림에서 output_b[0], output_b[1]은 각각 o1_b, o2_b 노드에 해당하고, input_b[0], input_b[1]은 각각 h1_b, h2_b 노드에 해당합니다.

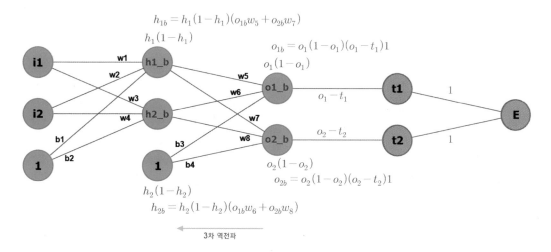

02-8 가중치, 편향 오차 기울기 함수 구현하기

여기서는 가중치와 편향에 대한 오차 기울기를 구하는 함수를 구현해 봅니다. 가중치와 편향에 대한 오차 기울기 수식은 다음 그림과 같습니다.

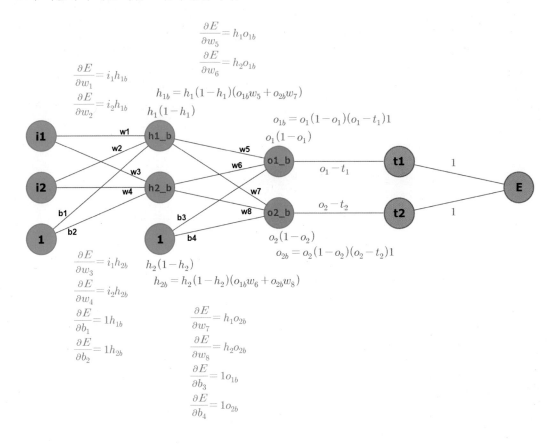

가중치와 편향에 대한 오차 기울기 수식은 다음과 같이 역전파 출력과 순전파 출력의 곱으로 계산됩니다.

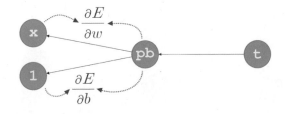

가중치와 편향에 대한 오차 기울기를 구하는 방법은 이전 단원을 참고합니다.

1 427_1 예제를 428_1로 저장합니다.

2 다음과 같이 myann.ino 파일에 get_gradients 함수를 추가합니다.

```
myann.ino
098     void get_gradients(
099     double *DweightE,
100     double *DbiasE,
101     const double *output_b,
102     const double *input_f,
103     const int F_INPUT_NODES,
104     const int OUTPUT_NODES) {
105             for(int j=0;j<OUTPUT_NODES;j++) {
106                     for(int i=0;i<F_INPUT_NODES;i++) {
107                             DweightE[i*OUTPUT_NODES+j] =
108                             input_f[i]*output_b[j];
109                             printf( " DweightE[%d][%d] = %f\n " ,
110                             i, j, DweightE[i*OUTPUT_NODES+j]);
111                     }
112                     DbiasE[j]= 1*output_b[j];
113                     printf( " DbiasE[%d] = %f\n " , j, DbiasE[j]);
114             }
115     }
```

98~115 : 가중치와 편향 오차 기울기 함수 get_gradients를 구현합니다.

99 : 가중치 오차 기울기 일차 배열을 받습니다.

100 : 편향 오차 기울기 일차 배열을 받습니다.

101 : 가중치와 편향을 중심으로 역전파 출력층 일차 배열을 받습니다. const 키워드로 상수 속성을 주어 함수 내부
에서 변경하지 못하게 합니다.

102 : 가중치와 편향을 중심으로 순전파 출력층 일차 배열을 받습니다. const 키워드로 상수 속성을 주어 함수 내부
에서 변경하지 못하게 합니다.

103 : 순전파 일차 배열의 항목 개수를 받습니다.

104 : 역전파 오차 일차 배열의 항목 개수를 받습니다.

105 : j 변수 0에서 OUTPUT_NODES 미만에 대하여 106~113줄을 수행합니다.

106 : i 변수 0에서 F_INPUT_NODES 미만에 대하여 107~110줄을 수행합니다.

107, 108 : 순전파 출력과 역전파 출력을 곱해 가중치 오차 기울기를 구합니다. 아래 그림을 참조합니다.

109, 110 : printf 함수를 호출하여 가중치 오차 기울기를 출력합니다.

112 : 편향 출력 1과 역전파 출력을 곱해 편향 오차 기울기를 구합니다. 아래 그림을 참조합니다.

113 : printf 함수를 호출하여 편향 오차 기울기를 출력합니다.

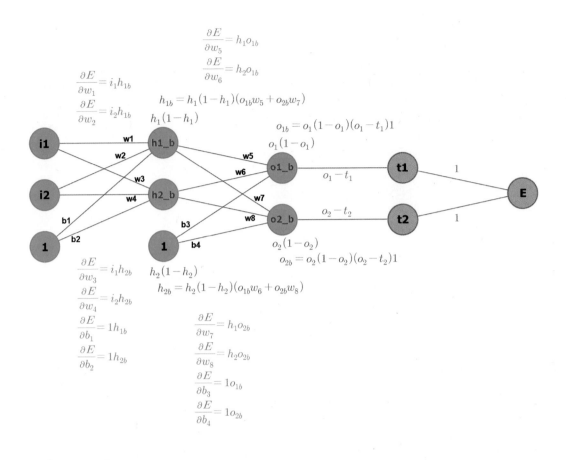

$$\frac{\partial E}{\partial w_5} = h_1 o_{1b}$$

$$\frac{\partial E}{\partial w_6} = h_2 o_{1b}$$

$$\frac{\partial E}{\partial w_1} = i_1 h_{1b}$$

$$\frac{\partial E}{\partial w_2} = i_2 h_{1b}$$

$$h_{1b} = h_1(1-h_1)(o_{1b}w_5 + o_{2b}w_7)$$

$$h_1(1-h_1)$$

$$o_{1b} = o_1(1-o_1)(o_1 - t_1)1$$

$$o_1(1-o_1)$$

$$o_1 - t_1$$

$$\frac{\partial E}{\partial w_3} = i_1 h_{2b}$$

$$\frac{\partial E}{\partial w_4} = i_2 h_{2b}$$

$$h_2(1-h_2)$$

$$o_2 - t_2$$

$$h_{2b} = h_2(1-h_2)(o_{1b}w_6 + o_{2b}w_8)$$

$$o_2(1-o_2)$$

$$o_{2b} = o_2(1-o_2)(o_2 - t_2)1$$

$$\frac{\partial E}{\partial b_1} = 1 h_{1b}$$

$$\frac{\partial E}{\partial b_2} = 1 h_{2b}$$

$$\frac{\partial E}{\partial w_7} = h_1 o_{2b}$$

$$\frac{\partial E}{\partial w_8} = h_2 o_{2b}$$

$$\frac{\partial E}{\partial b_3} = 1 o_{1b}$$

$$\frac{\partial E}{\partial b_4} = 1 o_{2b}$$

3 다음과 같이 예제를 수정합니다.

428_1.ino

```
01~23    // 이전 예제와 같습니다.
24
25       double DweightOE[HIDDEN_NODES][OUTPUT_NODES];
26       double DbiasOE[OUTPUT_NODES];
27       double DweightHE[INPUT_NODES][HIDDEN_NODES];
28       double DbiasHE[HIDDEN_NODES];
29
30       void setup() {
31               Serial.begin(115200);
32               delay(1000);
33
34               feed_forward(input,
35               (const double *)weightH,
36               biasH,
37               hidden,
38               INPUT_NODES,
39               HIDDEN_NODES,
40               SIGMOID);
```

```
41
42          feed_forward(hidden,
43          (const double *)weightO,
44          biasO,
45          output,
46          HIDDEN_NODES,
47          OUTPUT_NODES,
48          SIGMOID);
49
50          get_error(target, output, OUTPUT_NODES);
51
52          get_DoutputE(target,output,DoutputE,OUTPUT_NODES);
53
54          prepare_back_propagation(
55          DoutputE,
56          output,
57          output_b,
58          OUTPUT_NODES,
59          SIGMOID);
60
61          back_propagation(output_b,
62          (const double *)weightO,
63          hidden,
64          hidden_b,
65          OUTPUT_NODES,
66          HIDDEN_NODES,
67          SIGMOID);
68
69          get_gradients((double *)DweightOE,
70          DbiasOE,
71          output_b,
72          hidden,
73          HIDDEN_NODES,
74          OUTPUT_NODES);
75
76          get_gradients((double *)DweightHE,
77          DbiasHE,
78          hidden_b,
79          input,
80          INPUT_NODES,
81          HIDDEN_NODES);
82      }
83
84      void loop() {
85
86      }
```

25 : 은닉층과 출력층 사이에 오는 가중치 오차 기울기를 저장할 이차 배열을 선언합니다.

26 : 은닉층과 출력층 사이에 오는 편향 오차 기울기를 저장할 일차 배열을 선언합니다.

27 : 입력층과 은닉층 사이에 오는 가중치 오차 기울기를 저장할 이차 배열을 선언합니다.

28 : 입력층과 은닉층 사이에 오는 편향 오차 기울기를 저장할 일차 배열을 선언합니다.

69~74 : 가중치와 편향의 기울기를 구하는 함수 get_gradients를 호출합니다. 첫 번째 인자로 DweightOE 배열, 두 번째 인자로 DbiasOE, 세 번째 인자로 output_b 배열, 네 번째 인자로 hidden 배열, 다섯 번째 인자로 HIDDEN_NODES, 마지막 인자로 OUTPUT_NODES를 넘겨줍니다. 첫 번째 인자는 일차 배열로 형변환 해 줍니다.

76~81 : 가중치와 편향의 기울기를 구하는 함수 get_gradients를 호출합니다. 첫 번째 인자로 DweightHE 배열, 두 번째 인자로 DbiasHE, 세 번째 인자로 hidden_b 배열, 네 번째 인자로 input 배열, 다섯 번째 인자로 INPUT_NODES, 마지막 인자로 HIDDEN_NODES를 넘겨줍니다. 첫 번째 인자는 일차 배열로 형변환 해 줍니다.

4 [툴] 메뉴를 이용하여 보드, 포트를 다음과 같이 선택합니다.

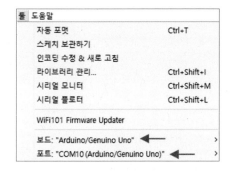

5 컴파일과 업로드를 수행합니다.

6 [시리얼 모니터] 버튼을 클릭합니다.

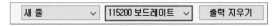

7 시리얼 모니터 창이 뜨면, 우측 하단에서 통신 속도를 115200으로 맞춰줍니다.

새 줄 ∨	115200 보드레이트 ∨	출력 지우기

8 출력결과를 확인합니다. 결과는 다음과 같습니다. 가중치, 편향 오차 기울기는 다음과 같습니다.

```
DweightE[0][0] = 0.082167
DweightE[1][0] = 0.082668
DbiasE[0] = 0.138499
DweightE[0][1] = -0.022603
DweightE[1][1] = -0.022740
DbiasE[1] = -0.038098
DweightE[0][0] = 0.000439
DweightE[1][0] = 0.000877
DbiasE[0] = 0.008771
DweightE[0][1] = 0.000498
DweightE[1][1] = 0.000995
DbiasE[1] = 0.009954
```

02-9 가중치, 편향 갱신 함수 구현하기

여기서는 가중치와 편향을 갱신하는 함수를 구현해 봅니다. 가중치와 편향 갱신 수식은 그림과 같습니다.

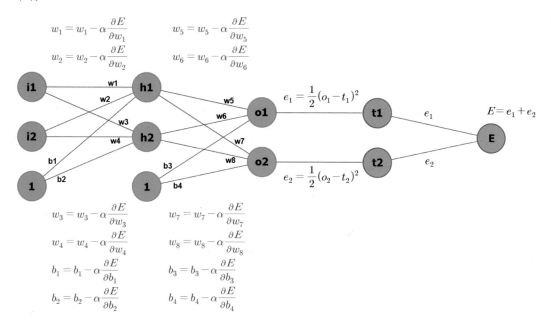

$$w_1 = w_1 - \alpha \frac{\partial E}{\partial w_1}$$
$$w_2 = w_2 - \alpha \frac{\partial E}{\partial w_2}$$
$$w_5 = w_5 - \alpha \frac{\partial E}{\partial w_5}$$
$$w_6 = w_6 - \alpha \frac{\partial E}{\partial w_6}$$

$$e_1 = \frac{1}{2}(o_1 - t_1)^2$$
$$e_2 = \frac{1}{2}(o_2 - t_2)^2$$
$$E = e_1 + e_2$$

$$w_3 = w_3 - \alpha \frac{\partial E}{\partial w_3}$$
$$w_4 = w_4 - \alpha \frac{\partial E}{\partial w_4}$$
$$b_1 = b_1 - \alpha \frac{\partial E}{\partial b_1}$$
$$b_2 = b_2 - \alpha \frac{\partial E}{\partial b_2}$$

$$w_7 = w_7 - \alpha \frac{\partial E}{\partial w_7}$$
$$w_8 = w_8 - \alpha \frac{\partial E}{\partial w_8}$$
$$b_3 = b_3 - \alpha \frac{\partial E}{\partial b_3}$$
$$b_4 = b_4 - \alpha \frac{\partial E}{\partial b_4}$$

1 428_1 예제를 429_1로 저장합니다.

2 다음과 같이 myann.ino 파일에 apply_gradients 함수를 추가합니다.

```
myann.ino
117    void apply_gradients(
118    const double *DweightE,
119    const double *DbiasE,
120    double learning_rate,
121    double *weight,
122    double *bias,
123    const int INPUT_NODES,
124    const int OUTPUT_NODES) {
125        for(int j=0;j<OUTPUT_NODES;j++) {
126            for(int i=0;i<INPUT_NODES;i++) {
127                weight[i*OUTPUT_NODES+j] -=
128                learning_rate*DweightE[i*OUTPUT_NODES+j];
129                printf( "weight[%d][%d] = %f\n" ,
130                i, j, weight[i*OUTPUT_NODES+j]);
131            }
132            bias[j] -= learning_rate*DbiasE[j];
133            printf( "bias[%d] = %f\n" , j, bias[j]);
134        }
135    }
```

117~135 : 가중치와 편향 갱신 함수 apply_gradients를 구현합니다.

118 : 가중치 오차 기울기 일차 배열을 받습니다.

119 : 편향 오차 기울기 일차 배열을 받습니다.

120 : 학습률 실수 값을 받습니다.

121 : 갱신할 가중치 배열을 받습니다.

122 : 갱신한 편향 배열을 받습니다.

123 : 순전파 일차 배열의 항목 개수를 받습니다.

124 : 역전파 오차 일차 배열의 항목 개수를 받습니다.

125 : j 변수 0에서 OUTPUT_NODES 미만에 대하여 126~133줄을 수행합니다.

126 : i 변수 0에서 INPUT_NODES 미만에 대하여 127~130줄을 수행합니다.

127, 128 : 가중치 오차 기울기에 학습률을 곱해 현재 가중치에서 빼줍니다. 아래 그림을 참조합니다.

129, 130 : printf 함수를 호출하여 갱신된 가중치를 출력합니다.

132 : 편향 오차 기울기에 학습률을 곱해 현재 편향에서 빼줍니다. 아래 그림을 참조합니다.

133 : printf 함수를 호출하여 갱신된 편향을 출력합니다.

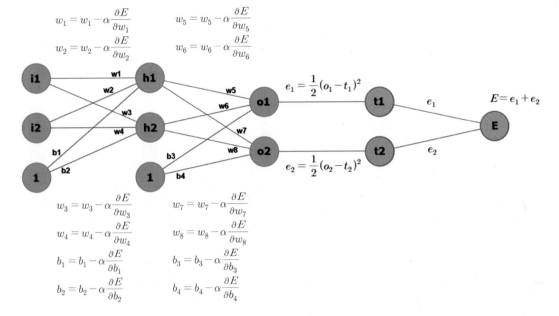

③ 다음과 같이 예제를 수정합니다.

429_1.ino

```
01~81    // 이전 예제와 같습니다.
082
083        double learning_rate = 0.5;
084        apply_gradients((const double *)DweightOE,
085        DbiasOE,
086        learning_rate,
087        (double *)weightO,
088        biasO,
089        HIDDEN_NODES,
090        OUTPUT_NODES);
```

```
091
092            apply_gradients((const double *)DweightHE,
093            DbiasHE,
094            learning_rate,
095            (double *)weightH,
096            biasH,
097            INPUT_NODES,
098            HIDDEN_NODES);
099    }
100
101    void loop() {
102
103    }
```

83   : 학습률 값을 저장할 실수 변수 learning_rate를 선언한 후, 0.5로 초기화해줍니다.

84~90 : 가중치와 편향 갱신 함수 apply_gradients를 호출합니다. 첫 번째 인자로 DweightOE 배열, 두 번째 인자로 DbiasOE, 세 번째 인자로 learning_rate, 네 번째 인자로 weightO 배열, 다섯 번째 인자로 biasO 배열, 여섯 번째 인자로 HIDDEN_NODES, 마지막 인자로 OUTPUT_NODES를 넘겨줍니다. 첫 번째, 4 번째 인자는 일차 배열로 형변환 해 줍니다.

92~98 : 가중치와 편향 갱신 함수 apply_gradients를 호출합니다. 첫 번째 인자로 DweightHE 배열, 두 번째 인자로 DbiasHE, 세 번째 인자로 learning_rate, 네 번째 인자로 weightH 배열, 다섯 번째 인자로 biasH 배열, 여섯 번째 인자로 INPUT_NODES, 마지막 인자로 HIDDEN_NODES를 넘겨줍니다. 첫 번째, 4 번째 인자는 일차 배열로 형변환 해 줍니다.

4 [툴] 메뉴를 이용하여 보드, 포트를 다음과 같이 선택합니다.

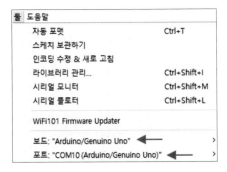

5 컴파일과 업로드를 수행합니다.

6 [시리얼 모니터] 버튼을 클릭합니다.

새 줄 ∨	115200 보드레이트 ∨	출력 지우기

8 출력결과를 확인합니다. 가중치, 편향 갱신 결과는 다음과 같습니다.

```
weight[0][0] = 0.358916
weight[1][0] = 0.408666
bias[0] = 0.530751
weight[0][1] = 0.511301
weight[1][1] = 0.561370
bias[1] = 0.619049
weight[0][0] = 0.149781
weight[1][0] = 0.199561
bias[0] = 0.345614
weight[0][1] = 0.249751
weight[1][1] = 0.299502
bias[1] = 0.345023
```

02-10 반복 학습 수행하기

여기서는 반복 학습을 수행해 봅니다. 그리고 오차값이 충분히 작으면 학습을 마치도록 합니다.

파일 정리

1 429_1 예제를 4210_1로 저장합니다.

2 myann.ino 파일을 정리합니다. 다음 줄에 있는 printf 문을 주석처리합니다.

24, 48, 61, 65, 76, 94, 109, 110, 113, 129, 130, 133

3 다음과 같이 예제를 수정합니다.

```
4210_1.ino

01~28    // 이전 예제와 같습니다.
029
030      void setup() {
031          Serial.begin(115200);
032          delay(1000);
033
034          for(long epoch=1;epoch<=1000000;epoch++) {
035
036              feed_forward(input,
037              (const double *)weightH,
038              biasH,
039              hidden,
040              INPUT_NODES,
```

```
041                    HIDDEN_NODES,
042                    SIGMOID);
043
044                    feed_forward(hidden,
045                    (const double *)weight0,
046                    bias0,
047                    output,
048                    HIDDEN_NODES,
049                    OUTPUT_NODES,
050                    SIGMOID);
051
052                    double Error =
053                    get_error(target, output, OUTPUT_NODES);
054
055                    if(Error<0.0001) {
056                            printf(" epoch = %d\n" , epoch);
057                            printf(" Error = %f\n" , Error);
058                            printf(" output[0] = %f\n" , output[0]);
059                            printf(" output[1] = %f\n" , output[1]);
060                            break;
061                    }
062
063                    get_DoutputE(target,output,DoutputE,OUTPUT_NODES);
064
065                    prepare_back_propagation(
066                    DoutputE,
067                    output,
068                    output_b,
069                    OUTPUT_NODES,
070                    SIGMOID);
071
072                    back_propagation(output_b,
073                    (const double *)weight0,
074                    hidden,
075                    hidden_b,
076                    OUTPUT_NODES,
077                    HIDDEN_NODES,
078                    SIGMOID);
079
080                    get_gradients((double *)Dweight0E,
081                    Dbias0E,
082                    output_b,
083                    hidden,
084                    HIDDEN_NODES,
085                    OUTPUT_NODES);
086
087                    get_gradients((double *)DweightHE,
088                    DbiasHE,
```

```
089                       hidden_b,
090                       input,
091                       INPUT_NODES,
092                       HIDDEN_NODES);
093
094                       double learning_rate = 0.5;
095                       apply_gradients((const double *)DweightOE,
096                       DbiasOE,
097                       learning_rate,
098                       (double *)weightO,
099                       biasO,
100                       HIDDEN_NODES,
101                       OUTPUT_NODES);
102
103                       apply_gradients((const double *)DweightHE,
104                       DbiasHE,
105                       learning_rate,
106                       (double *)weightH,
107                       biasH,
108                       INPUT_NODES,
109                       HIDDEN_NODES);
110
111              }
112          }
113
114      void loop() {
115
116          }
```

34 : epoch 변수 1에서 1000000 이하에 대하여 36~109줄을 수행합니다.

52 : Error 실수 변수를 선언하여 get_error 함수가 내어주는 오차 값을 받습니다.

55 : 오차값이 0.0001보다 작으면

56~59 : printf 함수를 호출하여 훈련 횟수, 오차값, 훈련을 수행한 결과 예측값을 출력합니다.

60 : 34줄의 for문을 나옵니다.

4 [툴] 메뉴를 이용하여 보드, 포트를 다음과 같이 선택합니다.

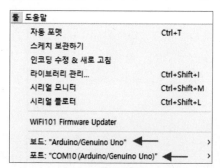

⑤ 컴파일과 업로드를 수행합니다.

⑥ [시리얼 모니터] 버튼을 클릭합니다.

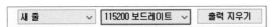

⑦ 시리얼 모니터 창이 뜨면, 우측 하단에서 통신 속도를 115200으로 맞춰줍니다.

새 줄 ∨ | 115200 보드레이트 ∨ | 출력 지우기

⑧ 출력결과를 확인합니다.

```
epoch = 1884
Error = 0.000100
output[0] = 0.020136
output[1] = 0.980139
```

1884번 학습을 수행하였으며, 오차는 0.0001이고, 각각의 예측값은 0.020136, 0.980139입니다. 다음 그림에 가까운 형태로 학습이 된 것을 확인할 수 있습니다.

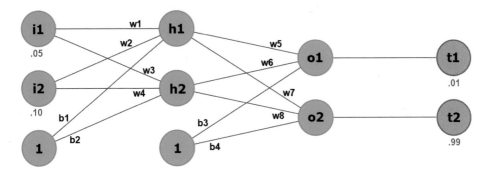

02-11 Cross Entropy 오차 함수 추가하기

여기서는 cross entropy 오차 함수를 추가해 봅니다.

❶ 4210_1 예제를 4211_1로 저장합니다.

❷ 다음과 같이 파일을 수정합니다.

```
01      #ifndef _MY_ACTIVATION_H_
02      #define _MY_ACTIVATION_H_
03
04      typedef enum _activation {
05              LINEAR=0,
06              SIGMOID=1,
07              RELU=2,
08      } activation_t;
09
10      typedef enum _loss {
11              MSE=0,
12              CEE=1,
13      } loss_t;
14
15      #endif//_MY_ACTIVATION_H_
```

10~13 : 오차 함수의 종류를 나타내는 열거형 상수 loss_t을 정의합니다. loss_t 형의 값으로는 MSE, CEE를 정의합니다. MSE는 mean squared error, CEE는 cross entropy error의 약자입니다.

3 다음과 같이 파일을 수정합니다. get_error 함수를 수정합니다.

```
052     double get_error(
053     const double *target,
054     const double *output,
055     const int OUTPUT_NODES,
056     loss_t loss) {
057             double Error = 0.0;
058             double error[OUTPUT_NODES];
059             double sum_error = 0.0;
060             for(int i=0;i<OUTPUT_NODES;i++) {
061                     if(loss == MSE) {
062                             error[i] =
063                             0.5*(output[i]-target[i])*(output[i]-target[i]);
064                     } else if(loss == CEE) {
065                             error[i] = -target[i]*log(output[i]);
066                     }
067                     // printf("error[%d] = %f\n", i, error[i]);
068                     sum_error += error[i];
069             }
070             Error = sum_error;
071             // printf("Error = %f\n", Error);
072             return Error;
073     }
```

56 : get_error 함수에 loss_t 매개변수를 추가합니다.

61~66 : 매개변수를 통해 넘어온 오차 함수의 종류에 따라 error[i]값을 계산합니다.

4 다음과 같이 파일을 수정합니다.

```
4211_1.ino
052                     double Error =
053                     get_error(target, output, OUTPUT_NODES, MSE);
```

53 : get_error 함수 호출 부분에 마지막 인자를 추가합니다. 여기서는 MSE로 선택합니다.

5 [툴] 메뉴를 이용하여 보드, 포트를 다음과 같이 선택합니다.

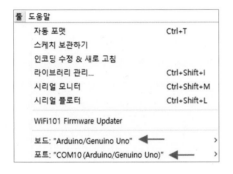

6 컴파일과 업로드를 수행합니다.

7 [시리얼 모니터] 버튼을 클릭합니다.

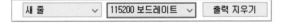

8 시리얼 모니터 창이 뜨면, 우측 하단에서 통신 속도를 115200으로 맞춰줍니다.

새 줄 | 115200 보드레이트 | 출력 지우기

9 출력결과를 확인합니다. 이전과 결과는 같습니다.

```
epoch = 1884
Error = 0.000100
output[0] = 0.020136
output[1] = 0.980139
```

여기서 크로스 엔트로피 오차 함수는 따로 테스트하지 않습니다.

크로스 엔트로피 함수는 출력층에 softmax 함수가 사용될 경우 같이 사용되며, 여기서 자세한 내용은 다루지 않습니다.

02-12 7 세그먼트 입력 2 진수 출력 인공 신경망

여기서는 7 세그먼트에 숫자값에 따라 표시되는 LED의 ON, OFF 값을 입력으로 받아 2 진수로 출력하는 인공 신경망을 구성하고 학습시켜 봅니다. 다음은 7 세그먼트 디스플레이 2진수 연결 진리표입니다.

**7 세그먼트 디스플레이
2 진수 연결 진리표**

In	In	In	In	In	In	In	Out	Out	Out	Out
1	1	1	1	1	1	0	0	0	0	0
0	1	1	0	0	0	0	0	0	0	1
1	1	0	1	1	0	1	0	0	1	0
1	1	1	1	0	0	1	0	0	1	1
0	1	1	0	0	1	1	0	1	0	0
1	0	1	1	0	1	1	0	1	0	1
0	0	1	1	1	1	1	0	1	1	0
1	1	1	0	0	0	0	0	1	1	1
1	1	1	1	1	1	1	1	0	0	0
1	1	1	0	0	1	1	1	0	0	1

5 = 1011011 ➡ 0101

그림에서 7 세그먼트에 5로 표시되기 위해 7개의 LED가 1011011(1-ON, 0-OFF)의 비트열에 맞춰 켜지거나 꺼져야 합니다. 해당 비트열에 대응하는 이진수는 0101입니다. 여기서는 다음 그림과 같이 7개의 입력, 8개의 은닉층, 4개의 출력층으로 구성된 인공 신경망을 학습시켜 봅니다. 은닉층과 출력층에는 편향도 포함됩니다.

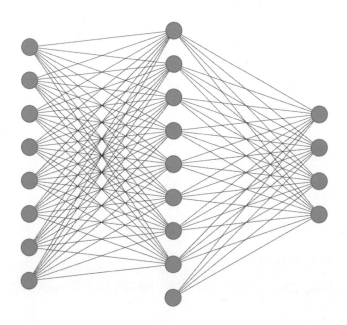

1 4211_1 예제를 4212_1로 저장합니다.

2 다음과 같이 예제를 수정합니다.

```
4212_1.ino
001    #include "myann.h"
002
003    #define printf _printf
004
005    const int PATTERN_COUNT = 10;
006    const int INPUT_NODES = 7;
007    const int HIDDEN_NODES = 8;
008    const int OUTPUT_NODES = 4;
009
010    double input[PATTERN_COUNT][INPUT_NODES] = {
011            { 1, 1, 1, 1, 1, 1, 0 }, // 0
012            { 0, 1, 1, 0, 0, 0, 0 }, // 1
013            { 1, 1, 0, 1, 1, 0, 1 }, // 2
014            { 1, 1, 1, 1, 0, 0, 1 }, // 3
015            { 0, 1, 1, 0, 0, 1, 1 }, // 4
016            { 1, 0, 1, 1, 0, 1, 1 }, // 5
017            { 0, 0, 1, 1, 1, 1, 1 }, // 6
018            { 1, 1, 1, 0, 0, 0, 0 }, // 7
019            { 1, 1, 1, 1, 1, 1, 1 }, // 8
020            { 1, 1, 1, 0, 0, 1, 1 } // 9
021    };
022    double target[PATTERN_COUNT][OUTPUT_NODES] = {
023            { 0, 0, 0, 0 },
024            { 0, 0, 0, 1 },
025            { 0, 0, 1, 0 },
026            { 0, 0, 1, 1 },
027            { 0, 1, 0, 0 },
028            { 0, 1, 0, 1 },
029            { 0, 1, 1, 0 },
030            { 0, 1, 1, 1 },
031            { 1, 0, 0, 0 },
032            { 1, 0, 0, 1 }
033    };
034    double hidden[HIDDEN_NODES];
035    double output[OUTPUT_NODES];
036    double weightH[INPUT_NODES][HIDDEN_NODES];
037    double biasH[HIDDEN_NODES];
038    double weightO[HIDDEN_NODES][OUTPUT_NODES];
039    double biasO[OUTPUT_NODES];
040
041    double output_b[OUTPUT_NODES];
042    double hidden_b[HIDDEN_NODES];
```

```
043
044        double DoutputE[OUTPUT_NODES];
045
046        double DweightOE[HIDDEN_NODES][OUTPUT_NODES];
047        double DbiasOE[OUTPUT_NODES];
048        double DweightHE[INPUT_NODES][HIDDEN_NODES];
049        double DbiasHE[HIDDEN_NODES];
050
051        void setup() {
052                Serial.begin(115200);
053                delay(1000);
054
055                for(long epoch=1;epoch<=1000000;epoch++) {
056
057                        feed_forward(input[2],
058                        (const double *)weightH,
059                        biasH,
060                        hidden,
061                        INPUT_NODES,
062                        HIDDEN_NODES,
063                        SIGMOID);
064
065                        feed_forward(hidden,
066                        (const double *)weightO,
067                        biasO,
068                        output,
069                        HIDDEN_NODES,
070                        OUTPUT_NODES,
071                        SIGMOID);
072
073                        double Error =
074                        get_error(target[2], output, OUTPUT_NODES, MSE);
075
076                        if(Error<0.0001) {
077                                printf("epoch = %d\n", epoch);
078                                printf("Error = %f\n", Error);
079                                printf("output[0] = %f\n", output[0]);
080                                printf("output[1] = %f\n", output[1]);
081                                printf("output[2] = %f\n", output[2]);
082                                printf("output[3] = %f\n", output[3]);
083                                break;
084                        }
085
086                        get_DoutputE(target[2],output,DoutputE,OUTPUT_NODES);
087
088                        prepare_back_propagation(
```

```
089                        DoutputE,
090                        output,
091                        output_b,
092                        OUTPUT_NODES,
093                        SIGMOID);
094
095                        back_propagation(output_b,
096                        (const double *)weightO,
097                        hidden,
098                        hidden_b,
099                        OUTPUT_NODES,
100                        HIDDEN_NODES,
101                        SIGMOID);
102
103                        get_gradients((double *)DweightOE,
104                        DbiasOE,
105                        output_b,
106                        hidden,
107                        HIDDEN_NODES,
108                        OUTPUT_NODES);
109
110                        get_gradients((double *)DweightHE,
111                        DbiasHE,
112                        hidden_b,
113                        input[2],
114                        INPUT_NODES,
115                        HIDDEN_NODES);
116
117                        double learning_rate = 0.5;
118                        apply_gradients((const double *)DweightOE,
119                        DbiasOE,
120                        learning_rate,
121                        (double *)weightO,
122                        biasO,
123                        HIDDEN_NODES,
124                        OUTPUT_NODES);
125
126                        apply_gradients((const double *)DweightHE,
127                        DbiasHE,
128                        learning_rate,
129                        (double *)weightH,
130                        biasH,
131                        INPUT_NODES,
132                        HIDDEN_NODES);
133
134            }
```

```
135        }
136
137     void loop() {
138
139        }
```

005 : 정수 상수 PATTERN_COUNT 변수를 선언한 후, 10으로 초기화합니다. PATTERN_COUNT 상수는 다음 진리
표의 가로줄의 개수입니다.

7 세그먼트 디스플레이
2 진수 연결 진리표

In	In	In	In	In	In	In	Out	Out	Out	Out
1	1	1	1	1	1	0	0	0	0	0
0	1	1	0	0	0	0	0	0	0	1
1	1	0	1	1	0	1	0	0	1	0
1	1	1	1	0	0	1	0	0	1	1
0	1	1	0	0	1	1	0	1	0	0
1	0	1	1	0	1	1	0	1	0	1
0	0	1	1	1	1	1	0	1	1	0
1	1	1	0	0	0	0	0	1	1	1
1	1	1	1	1	1	1	1	0	0	0
1	1	1	0	0	1	1	1	0	0	1

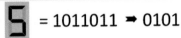 = 1011011 ➡ 0101

006 : INPUT_NODES의 값을 7로 수정합니다. 아래 그림을 참조합니다.
007 : HIDDEN_NODES의 값을 8로 수정합니다. 아래 그림을 참조합니다.
008 : OUTPUT_NODES의 값을 8로 수정합니다. 아래 그림을 참조합니다.

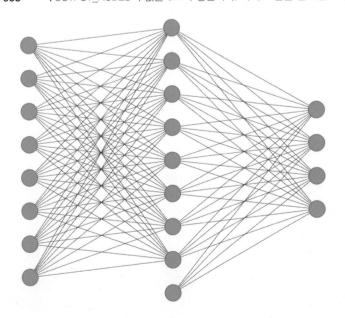

010~021 : input 배열을 일차 배열에서 이차 배열로 변경하고 진리표의 입력값에 맞게 값을 초기화합니다.

022~033 : target 배열을 일차 배열에서 이차 배열로 변경하고 진리표의 출력값에 맞게 값을 초기화합니다.

034~049 : 이전 예제와 같습니다.

057 : input을 input[2]로 변경합니다. input 배열의 2번 항목을 입력값으로 학습 테스트를 수행합니다.

074 : target을 target[2]로 변경합니다. target 배열의 2번 항목을 목표값으로 학습 테스트를 수행합니다.

081, 082 : printf 함수를 호출하여 ouput[2], ouput[3]을 출력합니다.

086 : target을 target[2]로 변경합니다. target 배열의 2번 항목을 목표값으로 학습 테스트를 수행합니다.

113 : input을 input[2]로 변경합니다. input 배열의 2번 항목을 입력값으로 학습 테스트를 수행합니다.

④ [툴] 메뉴를 이용하여 보드, 포트를 다음과 같이 선택합니다.

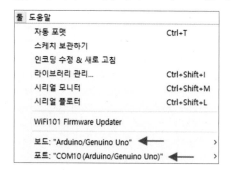

⑤ 컴파일과 업로드를 수행합니다.

⑥ [시리얼 모니터] 버튼을 클릭합니다.

⑦ 시리얼 모니터 창이 뜨면, 우측 하단에서 통신 속도를 115200으로 맞춰줍니다.

새 줄	115200 보드레이트	출력 지우기

⑧ 출력결과를 확인합니다.

```
epoch = 2723
Error = 0.000100
output[0] = 0.007070
output[1] = 0.007070
output[2] = 0.992930
output[3] = 0.007070
```

2723번 학습을 수행하였으며, 오차는 0.0001이고, output[0], output[1], output[3]의 값은 0에 가깝고, output[2]의 값은 1에 가깝습니다. 다음 그림에서 진리표의 2번 항목에 맞게 학습된 것을 볼 수 있습니다.

7 세그먼트 디스플레이
2 진수 연결 진리표

In	In	In	In	In	In	In	Out	Out	Out	Out
1	1	1	1	1	1	0	0	0	0	0
0	1	1	0	0	0	0	0	0	0	1
1	1	0	1	1	0	1	0	0	1	0
1	1	1	1	0	0	1	0	0	1	1
0	1	1	0	0	1	1	0	1	0	0
1	0	1	1	0	1	1	0	1	0	1
0	0	1	1	1	1	1	0	1	1	0
1	1	1	0	0	0	0	0	1	1	1
1	1	1	1	1	1	1	1	0	0	0
1	1	1	0	0	1	1	1	0	0	1

$\mathsf{5}$ = 1011011 ➡ 0101

02-13 세그먼트 입력 2 진수 출력 인공 신경망 2

계속해서 7 세그먼트에 숫자값에 따라 표시되는 LED의 ON, OFF 값을 입력으로 받아 2 진수로 출력하는 인공 신경망을 구성하고 학습시켜 봅니다. 여기서는 다음 진리표의 전체 입력값에 대해 목표값에 대응되도록 학습을 시켜봅니다.

7 세그먼트 디스플레이
2 진수 연결 진리표

In	In	In	In	In	In	In	Out	Out	Out	Out
1	1	1	1	1	1	0	0	0	0	0
0	1	1	0	0	0	0	0	0	0	1
1	1	0	1	1	0	1	0	0	1	0
1	1	1	1	0	0	1	0	0	1	1
0	1	1	0	0	1	1	0	1	0	0
1	0	1	1	0	1	1	0	1	0	1
0	0	1	1	1	1	1	0	1	1	0
1	1	1	0	0	0	0	0	1	1	1
1	1	1	1	1	1	1	1	0	0	0
1	1	1	0	0	1	1	1	0	0	1

$\mathsf{5}$ = 1011011 ➡ 0101

1 4212_1 예제를 4213_1로 저장합니다.

2 다음과 같이 예제를 수정합니다.

```
4213_1.ino

001    #include "myann.h"
002
003    #define printf _printf
004
005    const int PATTERN_COUNT = 10;
006    const int INPUT_NODES = 7;
007    const int HIDDEN_NODES = 8;
008    const int OUTPUT_NODES = 4;
009
010    double input[PATTERN_COUNT][INPUT_NODES] = {
011            { 1, 1, 1, 1, 1, 1, 0 }, // 0
012            { 0, 1, 1, 0, 0, 0, 0 }, // 1
013            { 1, 1, 0, 1, 1, 0, 1 }, // 2
014            { 1, 1, 1, 1, 0, 0, 1 }, // 3
015            { 0, 1, 1, 0, 0, 1, 1 }, // 4
016            { 1, 0, 1, 1, 0, 1, 1 }, // 5
017            { 0, 0, 1, 1, 1, 1, 1 }, // 6
018            { 1, 1, 1, 0, 0, 0, 0 }, // 7
019            { 1, 1, 1, 1, 1, 1, 1 }, // 8
020            { 1, 1, 1, 0, 0, 1, 1 } // 9
021    };
022    double target[PATTERN_COUNT][OUTPUT_NODES] = {
023            { 0, 0, 0, 0 },
024            { 0, 0, 0, 1 },
025            { 0, 0, 1, 0 },
026            { 0, 0, 1, 1 },
027            { 0, 1, 0, 0 },
028            { 0, 1, 0, 1 },
029            { 0, 1, 1, 0 },
030            { 0, 1, 1, 1 },
031            { 1, 0, 0, 0 },
032            { 1, 0, 0, 1 }
033    };
034    double hidden[HIDDEN_NODES];
035    double output[PATTERN_COUNT][OUTPUT_NODES];
036    double weightH[INPUT_NODES][HIDDEN_NODES];
037    double biasH[HIDDEN_NODES];
038    double weightO[HIDDEN_NODES][OUTPUT_NODES];
039    double biasO[OUTPUT_NODES];
040
041    double output_b[OUTPUT_NODES];
042    double hidden_b[HIDDEN_NODES];
043
044    double DoutputE[OUTPUT_NODES];
```

```
045
046    double DweightOE[HIDDEN_NODES][OUTPUT_NODES];
047    double DbiasOE[OUTPUT_NODES];
048    double DweightHE[INPUT_NODES][HIDDEN_NODES];
049    double DbiasHE[HIDDEN_NODES];
050
051    void setup() {
052            Serial.begin(115200);
053            delay(1000);
054
055            for(long epoch=1;epoch<=1000;epoch++) {
056                    for(int pc=0;pc<PATTERN_COUNT;pc++) {
057
058                            feed_forward(input[pc],
059                            (const double *)weightH,
060                            biasH,
061                            hidden,
062                            INPUT_NODES,
063                            HIDDEN_NODES,
064                            SIGMOID);
065
066                            feed_forward(hidden,
067                            (const double *)weightO,
068                            biasO,
069                            output[pc],
070                            HIDDEN_NODES,
071                            OUTPUT_NODES,
072                            SIGMOID);
073
074                            double Error =
075                            get_error(target[pc], output[pc],
076                            OUTPUT_NODES, MSE);
077
078                            get_DoutputE(target[pc],output[pc],
079                            DoutputE,OUTPUT_NODES);
080
081                            prepare_back_propagation(
082                            DoutputE,
083                            output[pc],
084                            output_b,
085                            OUTPUT_NODES,
086                            SIGMOID);
087
088                            back_propagation(output_b,
089                            (const double *)weightO,
090                            hidden,
091                            hidden_b,
092                            OUTPUT_NODES,
```

```
093                         HIDDEN_NODES,
094                         SIGMOID);
095
096                         get_gradients((double *)DweightOE,
097                         DbiasOE,
098                         output_b,
099                         hidden,
100                         HIDDEN_NODES,
101                         OUTPUT_NODES);
102
103                         get_gradients((double *)DweightHE,
104                         DbiasHE,
105                         hidden_b,
106                         input[pc],
107                         INPUT_NODES,
108                         HIDDEN_NODES);
109
110                         double learning_rate = 0.5;
111                         apply_gradients((const double *)DweightOE,
112                         DbiasOE,
113                         learning_rate,
114                         (double *)weightO,
115                         biasO,
116                         HIDDEN_NODES,
117                         OUTPUT_NODES);
118
119                         apply_gradients((const double *)DweightHE,
120                         DbiasHE,
121                         learning_rate,
122                         (double *)weightH,
123                         biasH,
124                         INPUT_NODES,
125                         HIDDEN_NODES);
126
127                 }
128             if(epoch%100==0) printf(".");
129         }
130     printf("\n");
131
132     for(int pc=0;pc<PATTERN_COUNT;pc++) {
133             printf("target %d : ", pc);
134             for(int on=0;on<OUTPUT_NODES;on++) {
135                     printf("%.0f ", target[pc][on]);
136             }
137             printf("pattern %d : ", pc);
138             for(int on=0;on<OUTPUT_NODES;on++) {
139                     printf("%.2f ", output[pc][on]);
140             }
```

```
141                    printf( " \n " );
142               }
143        }
144
145        void loop() {
146
147        }
```

035 : output 일차 배열을 이차 배열로 변경합니다.

055 : epoch 변수를 1000000 이하에서 1000 이하로 변경합니다.

056 : pc 변수 0에서 PATTERN_COUNT 미만에 대하여 58~128줄을 수행합니다.

058 : input[2]를 input[pc]로 변경합니다.

069 : ouput을 output[pc]로 변경합니다.

075 : target[2]를 target[pc]로 변경합니다. ouput을 output[pc]로 변경합니다.

078 : target[2]를 target[pc]로 변경합니다. ouput을 output[pc]로 변경합니다.

083 : ouput을 output[pc]로 변경합니다.

076~78 : if(Error<0.0001) 조건문을 없앱니다.

106 : input[2]를 input[pc]로 변경합니다.

128 : epoch값이 100의 배수가 될 때마다 아두이노가 학습하고 있다는 표시를 위해 점 하나를 출력합니다.

130 : 개행 문자를 출력합니다.

132~142 : 학습이 끝난 후에 목표값과 예측값을 출력하여 비교합니다.

③ [툴] 메뉴를 이용하여 보드, 포트를 다음과 같이 선택합니다.

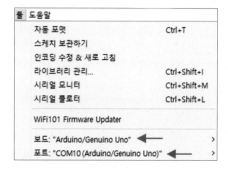

④ 컴파일과 업로드를 수행합니다.

⑤ [시리얼 모니터] 버튼을 클릭합니다.

시리얼 모니터 🔎

⑥ 시리얼 모니터 창이 뜨면, 우측 하단에서 통신 속도를 115200으로 맞춰줍니다.

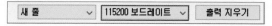

7 출력결과를 확인합니다.

```
.....................
target 0 : 0 0 0 0 pattern 0 : 0.27 0.33 0.18 0.05
target 1 : 0 0 0 1 pattern 1 : 0.20 0.38 0.33 0.91
target 2 : 0 0 1 0 pattern 2 : 0.25 0.32 0.21 0.17
target 3 : 0 0 1 1 pattern 3 : 0.09 0.50 0.74 1.00
target 4 : 0 1 0 0 pattern 4 : 0.26 0.29 0.19 0.05
target 5 : 0 1 0 1 pattern 5 : 0.18 0.36 0.35 0.94
target 6 : 0 1 1 0 pattern 6 : 0.26 0.32 0.17 0.04
target 7 : 0 1 1 1 pattern 7 : 0.05 0.62 0.92 1.00
target 8 : 1 0 0 0 pattern 8 : 0.25 0.35 0.19 0.04
target 9 : 1 0 0 1 pattern 9 : 0.20 0.39 0.31 0.83
```

학습이 잘되지 않습니다.

02-14 가중치, 편향 초기화하기

여기서는 가중치와 편향을 −0.5와 0.5 사이에서 임의로 초기화하여 학습을 시켜봅니다. 미리 말씀 드리면 가중치와 편향의 적절한 초기화는 인공 신경망 학습에 아주 중요한 부분입니다.

1 4213_1 예제를 4214_1로 저장합니다.

2 다음과 같이 파일을 수정합니다. initialize_weight 함수를 추가합니다.

4214_1.ino

```
143      const double INITIAL_WEIGHT_MAX = 0.5;
144
145      void initialize_weight(
146      double *weight,
147      double *bias,
148      int INPUT_NODES,
149      int OUTPUT_NODES) {
150              double rand_num;
151              for(int j=0;j<OUTPUT_NODES;j++) {
152                      for(int i=0;i<INPUT_NODES;i++) {
153                              rand_num = double(rand()%1000)/1000;
154                              weight[i*OUTPUT_NODES+j] =
155                              2.0*(rand_num - 0.5)*INITIAL_WEIGHT_MAX;
156                              printf( "%6.3f " , weight[i*OUTPUT_NODES+j]);
157                      }
158                      rand_num = double(rand()%1000)/1000;
159                      bias[j] = 2.0*(rand_num - 0.5)*INITIAL_WEIGHT_MAX;
160                      printf( "%6.3f " , bias[j]);
```

```
161                          printf( " \n " );
162               }
163          printf( " \n " );
164     }
```

143   : 실수 상수 INITIAL_WEIGHT_MAX를 선언하고 0.5로 초기화합니다. INITIAL_WEIGHT_MAX 상수는 가중치, 편
            향 초기값의 절대값 기준 최대값입니다. 여기서는 최소 −0.5에서 최대 0.5 사이에서 가중치와 편향에 대한
            초기값을 갖도록 합니다.

145~160 : 가중치와 편향 초기화 함수 initialize_weight를 구현합니다.

146   : 가중치 배열을 받습니다.

147   : 편향 배열을 받습니다.

148   : 가중치 입력 배열의 항목 개수를 받습니다.

149   : 가중치 출력 배열의 항목 개수를 받습니다.

150   : 임의 가중치, 편향 값을 저장할 실수 변수 rand_num을 선언합니다.

151   : j 변수 0에서 OUTPUT_NODES 미만에 대하여 152~161줄을 수행합니다.

152   : i 변수 0에서 INPUT_NODES 미만에 대하여 153~156줄을 수행합니다.

153   : rand 함수를 호출하여 임의의 정수를 생성한 후, 1000으로 나눈 나머지를 1000으로 나누어 0에서 1사이의
            실수를 생성하여 rand_num에 넣어줍니다. rand 함수가 생성하는 최대 값은 32767입니다.

154, 155 : rand_num에서 0.5를 빼서 −0.5에서 0.5사이의 값으로 조정한 후, 2.0을 곱해 −1.0에서 1.0사이의 값으로 조
            정한 후, 마지막으로 INITIAL_WEIGHT_MAX값을 곱해 범위를 다시 조정하여 가중치에 할당해 줍니다. 여기서
            는 최종적으로 −0.5에서 0.5사이의 임의 값이 할당됩니다. 가중치의 초기값은 0근처에서 임의로 초기화되어
            야 인공 신경망을 학습하기에 좋습니다.

156   : printf 함수를 호출하여 임의 초기화된 가중치를 출력합니다.

158   : rand 함수를 호출하여 임의의 정수를 생성한 후, 1000으로 나눈 나머지를 1000으로 나누어 0에서 1사이의
            실수를 생성하여 rand_num에 넣어줍니다. rand 함수가 생성하는 최대 값은 32767입니다.

159   : rand_num에서 0.5를 빼서 −0.5에서 0.5사이의 값으로 조정한 후, 2.0을 곱해 −1.0에서 1.0사이의 값으로 조
            정한 후, 마지막으로 INITIAL_WEIGHT_MAX값을 곱해 범위를 다시 조정하여 편향에 할당해 줍니다. 여기서는
            최종적으로 −0.5에서 0.5사이의 임의 값이 할당합니다. 편향의 초기값은 0근처에서 임의로 초기화되어야 인
            공 신경망을 학습하기에 좋습니다. 0 값으로 초기화될 경우 학습이 제대로 되지 않습니다. 0 값으로 초기화
            되면 1값 전달이 되지 않기 때문입니다.

160   : printf 함수를 호출하여 임의 초기화된 가중치를 출력합니다.

161, 163 : 출력결과를 보기 편하게 하기 위해 새줄 문자를 출력합니다.

③ 다음과 같이 파일을 수정합니다.

4214_1.ino

```
001~049   // 이전 예제와 같습니다.
050
051       void setup() {
052            Serial.begin(115200);
053            delay(1000);
054
055            srand(3);
056
057            initialize_weight(
```

```
058                (double *)weightH,
059                biasH,
060                INPUT_NODES,
061                HIDDEN_NODES);
062
063                initialize_weight(
064                (double *)weightO,
065                biasO,
066                HIDDEN_NODES,
067                OUTPUT_NODES);
068
069                for(long epoch=1;epoch<=1000;epoch++) {
070                        for(int pc=0;pc<PATTERN_COUNT;pc++) {
071
072~끝   // 이전 예제와 같습니다.
```

055 : srand 함수를 호출하여 임의 숫자 생성기를 초기화합니다. 여기서는 임의로 초기화 값을 3으로 주었습니다. 독자 여러분은 적당히 변경할 수 있습니다.

057~061 : 가중치와 편향 초기화 함수 initialize_weight를 호출합니다. 첫 번째 인자로 weightH 배열, 두 번째 인자로 biasH, 세 번째 인자로 INPUT_NODES, 마지막 인자로 HIDDEN_NODES를 넘겨줍니다. 첫 번째 인자는 일차 배열로 형변환 해 줍니다.

063~067 : 가중치와 편향 초기화 함수 initialize_weight를 호출합니다. 첫 번째 인자로 weightO 배열, 두 번째 인자로 biasO, 세 번째 인자로 HIDDEN_NODES, 마지막 인자로 OUTPUT_NODES를 넘겨줍니다. 첫 번째 인자는 일차 배열로 형변환 해 줍니다.

4 [툴] 메뉴를 이용하여 보드, 포트를 다음과 같이 선택합니다.

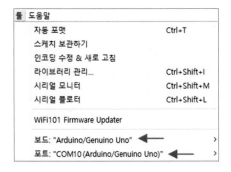

5 컴파일과 업로드를 수행합니다. [시리얼 모니터] 버튼을 클릭합니다.

6 시리얼 모니터 창이 뜨면, 우측 하단에서 통신 속도를 115200으로 맞춰줍니다.

```
 0.153 -0.001  0.177 -0.157  0.363 -0.316 -0.100  0.176
 0.031 -0.195  0.389  0.068 -0.254 -0.470 -0.219  0.186
-0.421 -0.297 -0.355  0.048  0.202 -0.191 -0.468 -0.035
 0.398  0.036 -0.411  0.415 -0.235 -0.205  0.225  0.108
 0.236  0.093 -0.260  0.055 -0.170  0.061  0.279  0.060
 0.409 -0.418  0.241  0.190 -0.468  0.015 -0.127 -0.145
-0.006  0.404 -0.327 -0.440  0.160  0.468 -0.407 -0.278
 0.369 -0.158 -0.284 -0.367 -0.348  0.275 -0.228 -0.460

 0.497 -0.332  0.063  0.140 -0.398  0.067  0.171  0.244 -0.163
 0.357  0.360 -0.441 -0.381  0.380 -0.415 -0.195  0.007 -0.114
-0.005  0.365  0.381  0.422  0.121 -0.214  0.087 -0.204 -0.432
 0.069 -0.200 -0.037  0.101 -0.168 -0.175  0.217 -0.018  0.141

..........
target 0 : 0 0 0 0 pattern 0 : 0.05 0.01 0.04 0.04
target 1 : 0 0 0 1 pattern 1 : 0.02 0.05 0.03 0.96
target 2 : 0 0 1 0 pattern 2 : 0.03 0.00 0.99 0.02
target 3 : 0 0 1 1 pattern 3 : 0.01 0.04 0.97 0.97
target 4 : 0 1 0 0 pattern 4 : 0.05 0.96 0.04 0.04
target 5 : 0 1 0 1 pattern 5 : 0.02 0.97 0.04 0.98
target 6 : 0 1 1 0 pattern 6 : 0.00 0.98 0.95 0.00
target 7 : 0 1 1 1 pattern 7 : 0.00 0.94 0.96 1.00
target 8 : 1 0 0 0 pattern 8 : 0.93 0.00 0.01 0.01
target 9 : 1 0 0 1 pattern 9 : 0.96 0.05 0.00 0.97
```

다음 그림에서 진리표의 각 항목에 맞게 학습된 것을 볼 수 있습니다.

7 세그먼트 디스플레이
2 진수 연결 진리표

In	In	In	In	In	In	In	Out	Out	Out	Out
1	1	1	1	1	1	0	0	0	0	0
0	1	1	0	0	0	0	0	0	0	1
1	1	0	1	1	0	1	0	0	1	0
1	1	1	1	0	0	1	0	0	1	1
0	1	1	0	0	1	1	0	1	0	0
1	0	1	1	0	1	1	0	1	0	1
0	0	1	1	1	1	1	0	1	1	0
1	1	1	0	0	0	0	0	1	1	1
1	1	1	1	1	1	1	1	0	0	0
1	1	1	0	0	1	1	1	0	0	1

5 = 1011011 ➡ 0101

02-15 입력 데이터 임의로 섞기

여기서는 매 회기마다 입력 데이터를 임의로 섞어 인공 신경망을 학습 시켜봅니다. 입력 데이터를 임의로 섞으면 인공 신경망 학습에 도움이 됩니다.

1 4214_1 예제를 4215_1로 저장합니다.

2 myann.ino 파일을 정리합니다. initialize_weight 함수의 다음 줄에 있는 printf 문을 주석처리 합니다.

156, 160, 161, 163

3 다음과 같이 파일을 수정합니다.

```
4215_1.ino
001    #include "myann.h"
002
003    #define printf _printf
004
005    const int PATTERN_COUNT = 10;
006    const int INPUT_NODES = 7;
007    const int HIDDEN_NODES = 8;
008    const int OUTPUT_NODES = 4;
009
010    double input[PATTERN_COUNT][INPUT_NODES] = {
011            { 1, 1, 1, 1, 1, 1, 0 }, // 0
012            { 0, 1, 1, 0, 0, 0, 0 }, // 1
013            { 1, 1, 0, 1, 1, 0, 1 }, // 2
014            { 1, 1, 1, 1, 0, 0, 1 }, // 3
015            { 0, 1, 1, 0, 0, 1, 1 }, // 4
016            { 1, 0, 1, 1, 0, 1, 1 }, // 5
017            { 0, 0, 1, 1, 1, 1, 1 }, // 6
018            { 1, 1, 1, 0, 0, 0, 0 }, // 7
019            { 1, 1, 1, 1, 1, 1, 1 }, // 8
020            { 1, 1, 1, 0, 0, 1, 1 } // 9
021    };
022    double target[PATTERN_COUNT][OUTPUT_NODES] = {
023            { 0, 0, 0, 0 },
024            { 0, 0, 0, 1 },
025            { 0, 0, 1, 0 },
026            { 0, 0, 1, 1 },
027            { 0, 1, 0, 0 },
028            { 0, 1, 0, 1 },
029            { 0, 1, 1, 0 },
030            { 0, 1, 1, 1 },
031            { 1, 0, 0, 0 },
032            { 1, 0, 0, 1 }
033    };
034    double hidden[HIDDEN_NODES];
035    double output[PATTERN_COUNT][OUTPUT_NODES];
036    double weightH[INPUT_NODES][HIDDEN_NODES];
037    double biasH[HIDDEN_NODES];
038    double weightO[HIDDEN_NODES][OUTPUT_NODES];
039    double biasO[OUTPUT_NODES];
```

```
040
041     double output_b[OUTPUT_NODES];
042     double hidden_b[HIDDEN_NODES];
043
044     double DoutputE[OUTPUT_NODES];
045
046     double DweightOE[HIDDEN_NODES][OUTPUT_NODES];
047     double DbiasOE[OUTPUT_NODES];
048     double DweightHE[INPUT_NODES][HIDDEN_NODES];
049     double DbiasHE[HIDDEN_NODES];
050
051     int shuffled_pattern[PATTERN_COUNT];
052
053     void setup() {
054             Serial.begin(115200);
055             delay(1000);
056
057             srand(3);
058
059             initialize_weight(
060             (double *)weightH,
061             biasH,
062             INPUT_NODES,
063             HIDDEN_NODES);
064
065             initialize_weight(
066             (double *)weightO,
067             biasO,
068             HIDDEN_NODES,
069             OUTPUT_NODES);
070
071             for(int pc=0;pc<PATTERN_COUNT;pc++) {
072                     shuffled_pattern[pc] = pc;
073             }
074
075             for(long epoch=1;epoch<=1000;epoch++) {
076
077                     int tmp_a = 0;
078                     int tmp_b = 0;
079                     for(int pc=0;pc<PATTERN_COUNT;pc++) {
080                             tmp_a = rand()%PATTERN_COUNT;
081                             tmp_b = shuffled_pattern[pc];
082                             shuffled_pattern[pc] = shuffled_pattern[tmp_a];
083                             shuffled_pattern[tmp_a] = tmp_b;
084                     }
085
086                     double sumError = 0;
087
088                     for(int rc=0;rc<PATTERN_COUNT;rc++) {
089
```

```
090                     int pc = shuffled_pattern[rc];
091
092                     feed_forward(input[pc],
093                     (const double *)weightH,
094                     biasH,
095                     hidden,
096                     INPUT_NODES,
097                     HIDDEN_NODES,
098                     SIGMOID);
099
100                     feed_forward(hidden,
101                     (const double *)weightO,
102                     biasO,
103                     output[pc],
104                     HIDDEN_NODES,
105                     OUTPUT_NODES,
106                     SIGMOID);
107
108                     double Error =
109                     get_error(target[pc], output[pc],
110                     OUTPUT_NODES, MSE);
111
112                     sumError += Error;
113
114                     get_DoutputE(target[pc],output[pc],
115                     DoutputE,OUTPUT_NODES);
116
117                     prepare_back_propagation(
118                     DoutputE,
119                     output[pc],
120                     output_b,
121                     OUTPUT_NODES,
122                     SIGMOID);
123
124                     back_propagation(output_b,
125                     (const double *)weightO,
126                     hidden,
127                     hidden_b,
128                     OUTPUT_NODES,
129                     HIDDEN_NODES,
130                     SIGMOID);
131
132                     get_gradients((double *)DweightOE,
133                     DbiasOE,
134                     output_b,
135                     hidden,
136                     HIDDEN_NODES,
137                     OUTPUT_NODES);
138
139                     get_gradients((double *)DweightHE,
```

```
140                              DbiasHE,
141                              hidden_b,
142                              input[pc],
143                              INPUT_NODES,
144                              HIDDEN_NODES);
145
146                              double learning_rate = 0.5;
147                              apply_gradients((const double *)DweightOE,
148                              DbiasOE,
149                              learning_rate,
150                              (double *)weightO,
151                              biasO,
152                              HIDDEN_NODES,
153                              OUTPUT_NODES);
154
155                              apply_gradients((const double *)DweightHE,
156                              DbiasHE,
157                              learning_rate,
158                              (double *)weightH,
159                              biasH,
160                              INPUT_NODES,
161                              HIDDEN_NODES);
162
163                    }
164
165      #define CNT_LOOP 100
166
167                    static int cnt_loop = CNT_LOOP;
168                    cnt_loop --;
169                    if(cnt_loop==0)
170                    cnt_loop = CNT_LOOP;
171                    else continue;
172
173                    printf("sum error : %f\n", sumError);
174                    for(int i=0;i<INPUT_NODES;i++) {
175                            for(int j=0;j<HIDDEN_NODES;j++) {
176                                    printf("%7.3f ", weightH[i][j]);
177                            }
178                            printf("\n");
179                    }
180
181                    if(sumError<0.0004) break;
182            }
183      printf("\n");
184
185      for(int pc=0;pc<PATTERN_COUNT;pc++) {
186              printf("target %d : ", pc);
187              for(int on=0;on<OUTPUT_NODES;on++) {
188                      printf("%.0f ", target[pc][on]);
189              }
```

```
190                    printf(" pattern %d :  ", pc);
191                    for(int on=0;on<OUTPUT_NODES;on++) {
192                            printf(" %.2f  ", output[pc][on]);
193                    }
194                    printf(" \n ");
195              }
196        }
197
198        void loop() {
199
200        }
```

051 : PATTERN_COUNT 개수의 정수 배열 shuffled_pattern을 선언합니다.

071~073 : shuffled_pattern의 각 항목을 순서대로 초기화해 줍니다.

077, 078 : 입력 데이터의 순서를 변경하기 위해 사용할 정수 변수 2개를 선언합니다.

079 : pc 변수 0에서 PATTERN_COUNT 미만에 대하여 80~83줄을 수행합니다.

080 : rand 함수를 호출하여 임의 숫자를 생성한 후, PATTERN_COUNT로 나누어 0에서 PATTERN_COUNT 미만 사이값으로 조정하여 tmp_a 변수에 할당합니다. 이 예제에서는 0에서 6사이의 값이 생성됩니다.

081~083 : shuffled_pattern의 tmp_a 번째 항목과 pc 번째 항목을 서로 바꿔줍니다.

086 : 실수 변수 sumError 변수를 선언한 후, 0으로 초기화해줍니다.

088 : 이전 예제에서 pc를 rc로 변경해 줍니다.

090 : shuffled_pattern의 rc 번째 항목을 pc로 가져옵니다.

92~110 : 이전 예제와 같습니다.

112 : 108~110줄에서 얻어진 오차 값을 sumError에 더해줍니다.

165~179 : 일정 회기마다 가중치의 학습 과정을 출력해 줍니다.

165 : CNT_LOOP 매크로 상수를 100으로 정의해줍니다. CNT_LOOP는 167줄에서 cnt_loop 변수에 할당하여, 가중치의 학습 과정 출력 회수를 조정해 줍니다.

167 : cnt_loop 정수 변수를 선언하여 CNT_LOOP 매크로 값으로 초기화해줍니다. cnt_loop 변수는 정적으로 선언하여 값을 유지하게 해줍니다. 정적 변수에 대해서는 C 언어에서 해당 내용을 찾아보도록 합니다.

168~170 : cnt_loop 변수를 하나씩 빼주다가 0이 되면 CNT_LOOP 매크로 값으로 다시 초기화해주고, 173줄로 이동하여 가중치의 학습 과정을 출력해 줍니다.

171 : 그렇지 않을 경우 75줄로 이동하여 다음 회기를 수행합니다.

173 : printf 함수를 호출하여 현재 sumError값을 출력합니다.

174~179 : 현재까지 학습된 가중치 weightH 값을 출력해 봅니다.

181 : sumError 값이 0.0004보다 작으면 75줄의 for 문을 빠져 나와 183줄로 이동합니다.

183~194 : 이전 예제와 같습니다. 목표값과 예측값을 출력합니다.

4 [툴] 메뉴를 이용하여 보드, 포트를 다음과 같이 선택합니다.

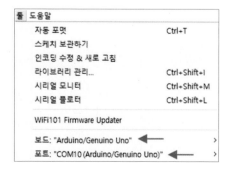

⑤ 컴파일과 업로드를 수행합니다. [시리얼 모니터] 버튼을 클릭합니다.

⑥ 시리얼 모니터 창이 뜨면, 우측 하단에서 통신 속도를 115200으로 맞춰줍니다.

⑦ 출력결과를 확인합니다.

```
sum error : 0.032598
   1.304   1.385  -1.647   4.765  -6.284   1.315   2.098   2.726
  -1.617  -3.205   1.464   0.996  -2.665  -0.222   3.584  -1.058
   0.574   1.341  -1.573  -2.272  -0.918   1.497   0.207   0.530
  -0.804   1.760   2.887   0.105  -0.090  -0.612  -0.591  -2.030
  -0.046  -0.069   3.067  -1.504  -0.681  -3.352  -0.763  -1.300
  -0.958  -2.628  -1.308  -5.235   3.398  -1.466   0.207   1.478
  -1.801  -3.471   0.416  -0.542   3.188  -0.685  -1.365   1.204
sum error : 0.027524
   1.361   1.413  -1.654   4.830  -6.349   1.365   2.153   2.781
  -1.641  -3.256   1.487   1.000  -2.705  -0.226   3.596  -1.084
   0.576   1.323  -1.604  -2.288  -0.917   1.517   0.211   0.530
  -0.817   1.787   2.930   0.104  -0.076  -0.615  -0.579  -2.064
  -0.051  -0.042   3.105  -1.520  -0.703  -3.408  -0.783  -1.280
  -0.989  -2.649  -1.338  -5.299   3.437  -1.531   0.192   1.492
  -1.858  -3.512   0.422  -0.556   3.226  -0.688  -1.385   1.230
sum error : 0.023738
   1.412   1.436  -1.659   4.885  -6.404   1.410   2.201   2.829
  -1.662  -3.300   1.507   1.004  -2.740  -0.230   3.605  -1.106
   0.578   1.308  -1.631  -2.301  -0.916   1.534   0.215   0.530
  -0.828   1.811   2.967   0.103  -0.063  -0.619  -0.569  -2.093
  -0.055  -0.019   3.137  -1.535  -0.722  -3.456  -0.801  -1.262
  -1.017  -2.666  -1.365  -5.353   3.469  -1.587   0.179   1.503
  -1.907  -3.548   0.428  -0.568   3.257  -0.692  -1.401   1.251

target 0 : 0 0 0 0 pattern 0 : 0.05 0.01 0.04 0.04
target 1 : 0 0 0 1 pattern 1 : 0.01 0.05 0.04 0.96
target 2 : 0 0 1 0 pattern 2 : 0.03 0.00 0.99 0.02
target 3 : 0 0 1 1 pattern 3 : 0.01 0.05 0.97 0.97
target 4 : 0 1 0 0 pattern 4 : 0.05 0.95 0.03 0.04
target 5 : 0 1 0 1 pattern 5 : 0.02 0.97 0.04 0.98
target 6 : 0 1 1 0 pattern 6 : 0.00 0.98 0.95 0.00
target 7 : 0 1 1 1 pattern 7 : 0.00 0.94 0.95 1.00
target 8 : 1 0 0 0 pattern 8 : 0.93 0.00 0.01 0.01
target 9 : 1 0 0 1 pattern 9 : 0.96 0.06 0.00 0.97
```

학습이 진행됨에 따라 가중치 값이 갱신되는 것을 볼 수 있습니다. 학습이 끝나기 전 마지막 3회 가중치 갱신 결과를 볼 수 있으며, 마지막에는 학습된 결과의 예측값을 목표값과 비교하여 보여줍니다. 예측값이 목표값에 적당히 가까운 것을 볼 수 있습니다. 예측값을 목표값에 더 가깝게 하려면 훈련의 횟수를 늘리면 됩니다.

지금까지 인공 신경망 라이브러리를 구현해 보았습니다.

03 _ 인공 신경망 라이브러리 활용하기

여기서는 지금까지 구현한 인공 신경망 라이브러리를 활용해 인공 신경망을 확장해 봅니다.
인공 신경망 라이브러리를 이용하면, 인공 신경망을 좀 더 자유롭게 구성하고 테스트해 볼 수 있습니다. 예를 들어, 다음과 같은 형태의 인공 신경망을 구성해서 테스트해 볼 수 있습니다.

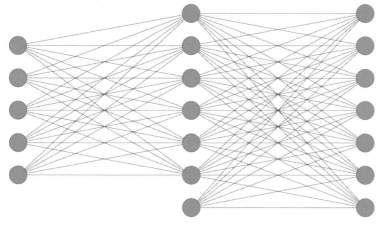

▲ 4개의 입력, 6개의 은닉층, 7개의 출력층, 편향 포함

03-1 입력층과 목표층 바꿔보기

이전 예제의 입력층과 목표층을 바꿔 인공 신경망을 학습 시켜봅니다. 다음과 같이 2진수가 입력되면 해당되는 7 세그먼트의 켜지고 꺼져야 할 LED의 비트열을 출력합니다.

2 진수 7 세그먼트 연결 진리표

In	In	In	In	Out	Out	Out	Out	Out	Out	Out
0	0	0	0	1	1	1	1	1	1	0
0	0	0	1	0	1	1	0	0	0	0
0	0	1	0	1	1	0	1	1	0	1
0	0	1	1	1	1	1	1	0	0	1
0	1	0	0	0	1	1	0	0	1	1
0	1	0	1	1	0	1	1	0	1	1
0	1	1	0	0	0	1	1	1	1	1
0	1	1	1	1	1	1	0	0	0	0
1	0	0	0	1	1	1	1	1	1	1
1	0	0	1	1	1	1	0	0	1	1

0101 ➡ 1011011 = 5

예를 들어, "숫자 5에 맞게 7 세그먼트 LED를 켜줘!" 하고 싶을 때, 사용할 수 있는 인공 신경망입니다. 다음은 이 예제에서 사용할 인공 신경망으로 4개의 입력, 6개의 은닉층, 7개의 출력층으로 구성된 인공 신경망입니다. 은닉층과 출력층에는 편향이 포함됩니다.

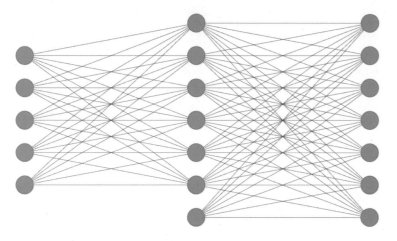

아두이노 우노의 경우 RAM이 2K 바이트로 용량이 작기 때문에 은닉층을 6개의 노드로 구성해서 테스트해 봅니다.

1 4215_1 예제를 431_1로 저장합니다.

2 다음과 같이 파일을 수정합니다.

```
431_1.ino
005    const int PATTERN_COUNT = 10;
006    const int INPUT_NODES = 4;
007    const int HIDDEN_NODES = 6;
008    const int OUTPUT_NODES = 7;
009
010    double input[PATTERN_COUNT][INPUT_NODES] = {
011        { 0, 0, 0, 0 }, // 0
012        { 0, 0, 0, 1 }, // 1
013        { 0, 0, 1, 0 }, // 2
014        { 0, 0, 1, 1 }, // 3
015        { 0, 1, 0, 0 }, // 4
016        { 0, 1, 0, 1 }, // 5
017        { 0, 1, 1, 0 }, // 6
018        { 0, 1, 1, 1 }, // 7
019        { 1, 0, 0, 0 }, // 8
020        { 1, 0, 0, 1 } // 9
021    };
```

```
022        double target[PATTERN_COUNT][OUTPUT_NODES] = {
023              { 1, 1, 1, 1, 1, 1, 0 }, // 0
024              { 0, 1, 1, 0, 0, 0, 0 }, // 1
025              { 1, 1, 0, 1, 1, 0, 1 }, // 2
026              { 1, 1, 1, 1, 0, 0, 1 }, // 3
027              { 0, 1, 1, 0, 0, 1, 1 }, // 4
028              { 1, 0, 1, 1, 0, 1, 1 }, // 5
029              { 0, 0, 1, 1, 1, 1, 1 }, // 6
030              { 1, 1, 1, 0, 0, 0, 0 }, // 7
031              { 1, 1, 1, 1, 1, 1, 1 }, // 8
032              { 1, 1, 1, 0, 0, 1, 1 } // 9
033        };
```

010~021 : 입력층의 입력값을 출력층의 값으로 변경합니다.
022~033 : 목표층의 목표값을 입력층의 값으로 변경합니다.

❸ [툴] 메뉴를 이용하여 보드, 포트를 다음과 같이 선택합니다.

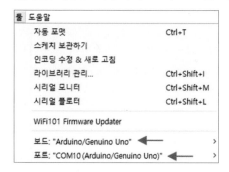

❹ 컴파일과 업로드를 수행합니다.

❺ [시리얼 모니터] 버튼을 클릭합니다.

❻ 시리얼 모니터 창이 뜨면, 우측 하단에서 통신 속도를 115200으로 맞춰줍니다.

출력결과를 확인합니다.

```
sum error : 0.105245
  2.307   -0.576    5.832    0.586    0.278    2.189
 -2.802    2.301    6.547   -6.113    3.327   -5.727
  4.932    1.021   -5.067   -1.032   -6.860    4.894
  3.626    5.329   -2.913   -6.315    5.593   -1.442
sum error : 0.083840
  2.387   -0.506    5.933    0.631    0.288    2.223
 -2.803    2.476    6.617   -6.226    3.366   -5.820
  5.025    1.114   -5.157   -1.083   -6.964    4.949
  3.767    5.501   -2.998   -6.379    5.708   -1.441
sum error : 0.069603
  2.447   -0.456    6.020    0.673    0.296    2.249
 -2.810    2.603    6.680   -6.319    3.397   -5.895
  5.103    1.188   -5.229   -1.129   -7.048    4.999
  3.878    5.639   -3.068   -6.428    5.805   -1.440


target 0 : 1 1 1 1 1 1 0 pattern 0 : 0.93 1.00 0.97 0.95 0.96 0.97 0.07
target 1 : 0 1 1 0 0 0 0 pattern 1 : 0.11 0.99 1.00 0.03 0.00 0.07 0.02
target 2 : 1 1 0 1 1 0 1 pattern 2 : 0.99 1.00 0.05 1.00 1.00 0.02 0.94
target 3 : 1 1 1 1 0 0 1 pattern 3 : 0.98 0.98 0.96 0.94 0.04 0.00 0.98
target 4 : 0 1 1 0 0 1 1 pattern 4 : 0.07 0.91 1.00 0.09 0.06 1.00 0.96
target 5 : 1 0 1 1 0 1 1 pattern 5 : 0.92 0.08 1.00 0.91 0.00 0.97 0.95
target 6 : 0 0 1 1 1 1 1 pattern 6 : 0.08 0.06 0.98 0.97 0.93 0.97 1.00
target 7 : 1 1 1 0 0 0 0 pattern 7 : 0.94 0.95 1.00 0.07 0.00 0.00 0.05
target 8 : 1 1 1 1 1 1 1 pattern 8 : 1.00 1.00 0.98 1.00 0.99 1.00 0.99
target 9 : 1 1 1 0 0 1 1 pattern 9 : 0.94 0.99 1.00 0.03 0.01 0.95 0.99
```

학습이 진행됨에 따라 가중치 값이 갱신되는 것을 볼 수 있습니다. 학습이 끝나기 전 마지막 3회 가중치 갱신 결과를 볼 수 있으며, 마지막에는 학습된 결과의 예측값을 목표값과 비교하여 보여줍니다. 예측값이 목표값에 적당히 가까운 것을 볼 수 있습니다. 예측값을 목표값에 더 가깝게 하려면 훈련의 횟수를 늘리면 됩니다.

03-2 7 세그먼트 비트열로 매카넘 바퀴 제어하기

여기서는 7 세그먼트의 비트열을 입력으로 받아 메카넘 휠의 모터를 제어하는 출력을 내도록 인공신경망을 구성하고, 학습시켜 봅니다.

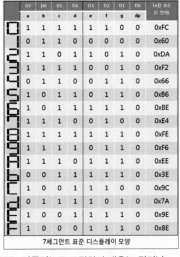

	D7	D6	D5	D4	D3	D2	D1	D0	16진 코드
	a	b	c	d	e	f	g	dp	(C 언어)
	1	1	1	1	1	1	0	0	0xFC
	0	1	1	0	0	0	0	0	0x60
	1	1	0	1	1	0	1	0	0xDA
	1	1	1	1	0	0	1	0	0xF2
	0	1	1	0	0	1	1	0	0x66
	1	0	1	1	0	1	1	0	0xB6
	1	0	1	1	1	1	1	0	0xBE
	1	1	1	0	0	1	0	0	0xE4
	1	1	1	1	1	1	1	0	0xFE
	1	1	1	1	0	1	1	0	0xF6
	1	1	1	0	1	1	1	0	0xEE
	0	0	1	1	1	1	1	0	0x3E
	1	0	0	1	1	1	0	0	0x9C
	0	1	1	1	1	0	1	0	0x7A
	1	0	0	1	1	1	1	0	0x9E
	1	0	0	0	1	1	1	0	0x8E

7세그먼트 표준 디스플레이 모양

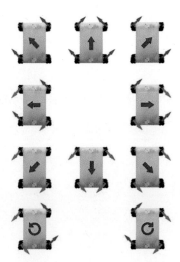

예를 들어, "7 세그먼트 숫자 3의 비트열에 맞게 4 바퀴의 메카넘 바퀴를 움직여줘!" 하고 싶을 때, 사용할 수 있는 인공 신경망입니다. 우리 예제에서 이 경우 메카넘 바퀴를 장착한 RC카는 다음과 같이 왼쪽으로 수평 이동합니다.

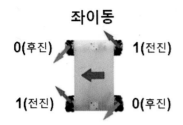

다음은 이 예제에서 사용할 인공 신경망으로 7개의 입력, 7개의 은닉층, 4개의 출력층으로 구성된 인공 신경망입니다. 은닉층과 출력층에는 편향이 포함됩니다.

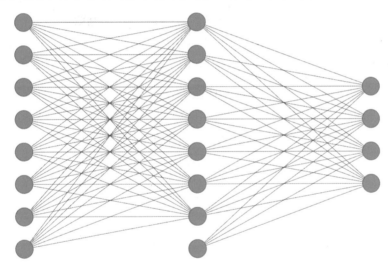

다음과 같이 입력과 출력을 연결할 수 있도록 인공 신경망을 학습시킵니다.

0 : 멈춤
1 : 전진
2 : 후진
3 : 좌이동
4 : 우이동
5 : 좌회전
6 : 우회전
7 : 좌 대각선 전진
8 : 우 대각선 전진
9 : 좌 대각선 후진
A : 우 대각선 후진

다음 그림을 참고합니다.

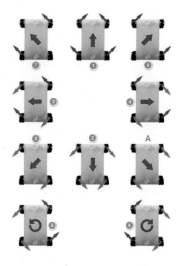

① 431_1 예제를 432_1로 저장합니다.

② 다음과 같이 파일을 수정합니다.

432_1.ino

```
005     const int PATTERN_COUNT = 11;
006     const int INPUT_NODES = 7;
007     const int HIDDEN_NODES = 7;
008     const int OUTPUT_NODES = 4;
009
010     double input[PATTERN_COUNT][INPUT_NODES] = {
011             { 1, 1, 1, 1, 1, 1, 0 }, // 0
012             { 0, 1, 1, 0, 0, 0, 0 }, // 1
013             { 1, 1, 0, 1, 1, 0, 1 }, // 2
014             { 1, 1, 1, 1, 0, 0, 1 }, // 3
015             { 0, 1, 1, 0, 0, 1, 1 }, // 4
016             { 1, 0, 1, 1, 0, 1, 1 }, // 5
017             { 0, 0, 1, 1, 1, 1, 1 }, // 6
018             { 1, 1, 1, 0, 0, 0, 0 }, // 7
019             { 1, 1, 1, 1, 1, 1, 1 }, // 8
020             { 1, 1, 1, 0, 0, 1, 1 }, // 9
021             { 1, 1, 1, 0, 1, 1, 1 }, // A
022     };
023     double target[PATTERN_COUNT][OUTPUT_NODES] = {
024             { 0.5, 0.5, 0.5, 0.5 }, // 0 멈춤
025             { 1, 1, 1, 1 }, // 1 전진
026             { 0, 0, 0, 0 }, // 2 후진
027             { 0, 1, 0, 1 }, // 3 좌이동
028             { 1, 0, 1, 0 }, // 4 우이동
029             { 0, 1, 1, 0 }, // 5 좌회전
```

```
030                    { 1, 0, 0, 1 },    // 6 우회전
031                    { 0.5, 1, 0.5, 1 },    // 7 좌 대각선 전진
032                    { 1, 0.5, 1, 0.5 },    // 8 우 대각선 전진
033                    { 0.5, 0, 0.5, 0 },    // 9 좌 대각선 후진
034                    { 0, 0.5, 0, 0.5 },    // A 우 대각선 후진
035       };
```

005 : 패턴의 개수는 0~9, A까지 11개가 됩니다.

006 : 입력층의 노드 개수는 7개로 합니다. 7 세그먼트의 숫자 표시 LED의 개수가 7개이기 때문입니다.

007 : 은닉층의 노드 개수는 7개로 합니다.

008 : 출력층의 노드 개수는 4개로 합니다. 4바퀴에 각각에 대한 전진, 멈춤, 후진을 나타내는 값을 출력하게 됩니다.

010~022 : input 배열을 선언하고 초기화합니다. 입력값은 11가지로 7 세그먼트의 0~9, A에 대응되는 비트열입니다. 다음 그림의 D7~D1에 대응되는 비트열입니다.

	D7	D6	D5	D4	D3	D2	D1	D0	16진 코드 (C 언어)
	a	b	c	d	e	f	g	dp	
	1	1	1	1	1	1	0	0	0xFC
	0	1	1	0	0	0	0	0	0x60
	1	1	0	1	1	0	1	0	0xDA
	1	1	1	1	0	0	1	0	0xF2
	0	1	1	0	0	1	1	0	0x66
	1	0	1	1	0	1	1	0	0xB6
	1	0	1	1	1	1	1	0	0xBE
	1	1	1	0	0	1	0	0	0xE4
	1	1	1	1	1	1	1	0	0xFE
	1	1	1	1	0	1	1	0	0xF6
	1	1	1	0	1	1	1	0	0xEE
	0	0	1	1	1	1	1	0	0x3E
	1	0	0	1	1	1	0	0	0x9C
	0	1	1	1	1	0	1	0	0x7A
	1	0	0	1	1	1	1	0	0x9E
	1	0	0	0	1	1	1	0	0x8E

7세그먼트 표준 디스플레이 모양

023~035 : target 배열을 선언하고 초기화합니다. 0번 항목의 경우 메카넘 바퀴를 멈추기 위한 4 바퀴의 값입니다. 차례대로 왼쪽 앞바퀴, 오른쪽 앞바퀴, 오른쪽 뒷바퀴, 왼쪽 뒷바퀴에 대응되는 값입니다. 0.5의 경우 멈춤입니다. 1은 전진을 나타내고, 0은 후진을 나타냅니다. 그래서 1번 항목의 경우 전진을 위한 출력값이며 4 바퀴의 값이 모두 1입니다. 2번 항목의 경우 후진을 위한 출력값이며 4 바퀴의 값이 모두 0입니다. 3번 항목의 경우 좌이동을 위한 출력값이며 4 바퀴의 값이 각각 0(후진), 1(전진), 0(후진), 1(전진)이 됩니다. 다음 그림은 좌이동을 나타내는 그림입니다.

좌이동

0(후진)   1(전진)

1(전진)   0(후진)

3 계속해서 다음과 같이 파일을 수정합니다.

```
432_1.ino
187                for(int pc=0;pc<PATTERN_COUNT;pc++) {
188                    printf("target %X : ", pc);
189                    for(int on=0;on<OUTPUT_NODES;on++) {
190                        printf("%.0f ", target[pc][on]);
191                    }
192                    printf("pattern %X : ", pc);
193                    for(int on=0;on<OUTPUT_NODES;on++) {
194                        printf("%.2f ", output[pc][on]);
195                    }
196                    printf("\n");
197                }
```

188, 192 : %d를 %X로 변경하여 10진수를 16진수로 표시하게 합니다.

4 [툴] 메뉴를 이용하여 보드, 포트를 다음과 같이 선택합니다.

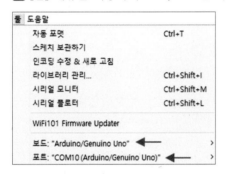

5 컴파일과 업로드를 수행합니다.

6 [시리얼 모니터] 버튼을 클릭합니다.

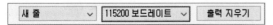

7 시리얼 모니터 창이 뜨면, 우측 하단에서 통신 속도를 115200으로 맞춰줍니다.

| 새 줄 ∨ | 115200 보드레이트 ∨ | 출력 지우기 |

8 출력결과를 확인합니다.

```
sum error : 0.070198
 -2.193  -2.023  -1.620   5.590  -1.413   0.331  -2.803
 -1.476   1.051   0.864  -2.540  -0.905  -2.770   1.155
  5.598   1.694   0.801   0.536  -4.215   2.415  -1.509
 -0.979  -2.937  -1.616  -2.994  -2.339   1.831   1.118
  2.682  -3.515  -1.698   0.941  -1.900  -4.995  -0.763
 -5.666  -0.527  -1.067  -3.622  -0.302  -1.899   2.008
 -0.325  -1.968  -0.892  -1.358   5.201  -1.654   0.638
sum error : 0.053619
 -2.208  -2.042  -1.619   5.745  -1.627   0.291  -2.788
 -1.502   1.071   0.890  -2.551  -1.018  -2.850   1.287
  5.691   1.714   0.821   0.560  -4.273   2.477  -1.464
 -0.992  -2.978  -1.661  -3.029  -2.322   1.867   1.228
  2.697  -3.547  -1.740   1.015  -1.940  -5.120  -0.777
 -5.781  -0.553  -1.093  -3.654  -0.295  -1.947   2.112
 -0.339  -2.004  -0.917  -1.589   5.396  -1.643   0.350
sum error : 0.041258
 -2.212  -2.059  -1.621   5.879  -1.808   0.256  -2.780
 -1.516   1.087   0.908  -2.558  -1.096  -2.919   1.399
  5.772   1.729   0.835   0.582  -4.320   2.531  -1.432
 -1.000  -3.010  -1.697  -3.058  -2.303   1.903   1.321
  2.705  -3.571  -1.774   1.070  -1.985  -5.217  -0.795
 -5.877  -0.572  -1.113  -3.682  -0.290  -1.982   2.192
 -0.350  -2.032  -0.940  -1.786   5.561  -1.640   0.087

target 0 : 1 1 1 1 pattern 0 : 0.52 0.58 0.53 0.52
target 1 : 1 1 1 1 pattern 1 : 1.00 0.97 0.96 0.99
target 2 : 0 0 0 0 pattern 2 : 0.03 0.04 0.02 0.03
target 3 : 0 1 0 1 pattern 3 : 0.02 0.98 0.04 0.96
target 4 : 1 0 1 0 pattern 4 : 1.00 0.00 0.98 0.03
target 5 : 0 1 1 0 pattern 5 : 0.05 0.95 0.95 0.04
target 6 : 1 0 0 1 pattern 6 : 0.99 0.05 0.06 0.98
target 7 : 1 1 1 1 pattern 7 : 0.50 1.00 0.50 0.99
target 8 : 1 1 1 1 pattern 8 : 0.91 0.40 0.87 0.47
target 9 : 1 0 1 0 pattern 9 : 0.49 0.06 0.51 0.02
target A : 0 1 0 1 pattern A : 0.06 0.47 0.04 0.49
```

학습이 진행됨에 따라 가중치 값이 갱신되는 것을 볼 수 있습니다. 학습이 끝나기 전 마지막 3회 가중치 갱신 결과를 볼 수 있으며, 마지막에는 학습된 결과의 예측값을 목표값과 비교하여 보여줍니다. 예측값이 목표값에 적당히 가까운 것을 볼 수 있습니다. 예측값을 목표값에 더 가깝게 하려면 훈련의 횟수를 늘리면 됩니다.

03-3 초음파 센서 자율주행 인공 신경망

여기서는 RC카에 장착된 초음파 센서로부터 물체와의 거리를 입력받아 RC카의 모터를 제어하여 출력을 내도록 인공 신경망을 구성하고, 학습시켜 봅니다. 다음 그림은 초음파 센서가 장착된 아두이노 RC카입니다.

예를 들어, "왼쪽 25cm, 오른쪽 14cm에 물체가 있으면 왼쪽으로 움직여줘!" 하고 싶을 때, 사용할 수 있는 인공 신경망입니다. 다음은 이 예제에서 사용할 인공 신경망으로 2개의 입력, 6개의 은닉층, 3개의 출력층으로 구성된 인공 신경망입니다. 은닉층과 출력층에는 편향이 포함됩니다.

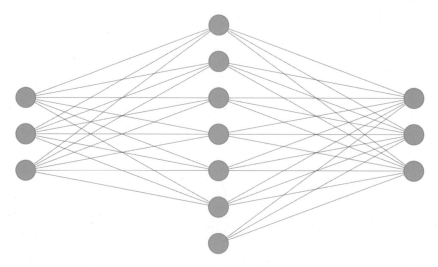

1 432_1 예제를 433_1로 저장합니다.

2 다음과 같이 파일을 수정합니다.

```
005    const int PATTERN_COUNT = 25;
006    const int INPUT_NODES = 2;
007    const int HIDDEN_NODES = 6;
008    const int OUTPUT_NODES = 3;
009
010    double input[PATTERN_COUNT][INPUT_NODES] = {
011            {25,14}, //1
012            {41,33}, //2
013            {44,44}, //3
014            {33,41}, //4
015            {14,25}, //5
016            {29,22}, //6
017            {43,33}, //7
018            {80,90}, //8
019            {33,43}, //9
020            {22,29}, //10
021            {35,26}, //11
022            {55,35}, //12
023            {55,55}, //13
024            {35,55}, //14
025            {26,35}, //15
026            {33,25}, //16
027            {44,32}, //17
028            {150,150}, //18
029            {32,44}, //19
030            {25,33}, //20
031            {38,23}, //21
032            {50,36}, //22
033            {90,100}, //23
034            {36,50}, //24
035            {23,38} //25
036    };
037    double target[PATTERN_COUNT][OUTPUT_NODES] = {
038            {1,0,0}, //1
039            {0,1,0}, //2
040            {0,1,0}, //3
041            {0,1,0}, //4
042            {0,0,1}, //5
043            {1,0,0}, //6
044            {0,1,0}, //7
045            {0,1,0}, //8
046            {0,1,0}, //9
047            {0,0,1}, //10
048            {1,0,0}, //11
```

```
049                {0,1,0}, //12
050                {0,1,0}, //13
051                {0,1,0}, //14
052                {0,0,1}, //15
053                {1,0,0}, //16
054                {0,1,0}, //17
055                {0,1,0}, //18
056                {0,1,0}, //19
057                {0,0,1}, //20
058                {1,0,0}, //21
059                {0,1,0}, //22
060                {0,1,0}, //23
061                {0,1,0}, //24
062                {0,0,1} //25
063        };
```

005 : 패턴의 개수는 25개로 합니다.

006 : 입력층의 노드 개수는 2개로 합니다. 오른쪽, 왼쪽 2 방향의 거리 값이 입력이 됩니다.

007 : 은닉층의 노드 개수는 6개로 합니다.

008 : 출력층의 노드 개수는 3개로 합니다. 오른쪽 전진, 왼쪽 전진, 양쪽 전진의 3가지 동작을 나타내는 값을 출력하게 됩니다.

010~036 : input 배열을 선언하고 초기화합니다. 입력값은 25가지로 오른쪽, 왼쪽 2 방향의 거리 값입니다. 예를 들어 0번 항목의 경우 왼쪽이 25cm, 오른쪽이 14cm일 경우를 나타냅니다.

037~063 : target 배열을 선언하고 초기화합니다. 0번 항목의 경우 왼쪽 전진을 의미합니다. 왼쪽이 25cm, 오른쪽이 14cm일 경우 물체가 더 먼 왼쪽 방향으로 이동해야 합니다. 2번 항목의 경우 양쪽 전진을 의미합니다. 물체가 조금 멀리 있는 경우로, 양쪽 전진을 하도록 합니다. 5번 항목의 경우 오른쪽 전진을 의미합니다. 왼쪽이 14cm, 오른쪽이 25cm일 경우 물체가 더 먼 오른쪽 방향으로 이동해야 합니다.

3 계속해서 다음과 같이 파일을 수정합니다.

433_1.ino

```
083    void setup() {
084            Serial.begin(115200);
085            delay(10);
086
087            for(int pc=0;pc<PATTERN_COUNT;pc++) {
088                    for(int in=0;in<INPUT_NODES;in++) {
089                            input[pc][in] /= 250;
090                    }
091            }
092
093            srand(3);
```

087~091 : 초음파 센서의 입력값을 250으로 나누어 0.0~1.0 사이의 값이 되도록 합니다. 이 예제에서 사용하는 인공 신경망의 입력값이 0.0~1.0 사이가 되게 합니다.

4 계속해서 다음과 같이 파일을 수정합니다.

```
111                  for(long epoch=1;epoch<=5000;epoch++) {
```

111 : epoch 값을 1000 이하에서 5000 이하로 변경하여 학습을 좀 더 하도록 합니다. 1000회 학습할 경우 여기서는 학습이 잘 되지 않습니다.

5 계속해서 다음과 같이 파일을 수정합니다.

```
201     #define CNT_LOOP 100
202
203                  static int cnt_loop = CNT_LOOP;
204                  cnt_loop --;
205                  if(cnt_loop==0)
206                  cnt_loop = CNT_LOOP;
207                  else continue;
208
209                  printf( " epoch : %d\n " , epoch);
210                  printf( " sum error : %f\n " , sumError);
211                  for(int i=0;i<INPUT_NODES;i++) {
212                          for(int j=0;j<HIDDEN_NODES;j++) {
213                                  printf( " %7.3f " , weightH[i][j]);
214                          }
215                          printf( " \n " );
216                  }
217
218                  if(sumError<0.0004) break;
219          }
220      printf( " \n " );
221
222      for(int pc=0;pc<PATTERN_COUNT;pc++) {
223              printf( " target %2d :  " , pc);
224              for(int on=0;on<OUTPUT_NODES;on++) {
225                      printf( " %.0f " , target[pc][on]);
226              }
227              printf( " pattern %2d :  " , pc);
228              for(int on=0;on<OUTPUT_NODES;on++) {
229                      printf( " %.2f " , output[pc][on]);
230              }
231              printf( " \n " );
232      }
233  }
234
235  void loop() {
236
237  }
```

209　: printf 함수를 호출하여 학습 회수를 나타내는 epoch 값을 출력합니다. 아두이노의 경우 학습 시간이 길기 때문에 지금까지 학습을 몇 번이나 수행했는지 출력하도록 합니다.

223, 227 : 입력 패턴의 종류가 25개이기 때문에 printf 함수의 출력 형식을 %2d로 하여 10진수 2자리로 출력하도록 합니다.

6 [툴] 메뉴를 이용하여 보드, 포트를 다음과 같이 선택합니다.

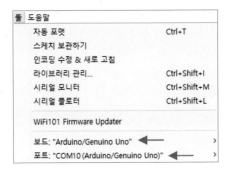

7 컴파일과 업로드를 수행합니다. [시리얼 모니터] 버튼을 클릭합니다.

8 시리얼 모니터 창이 뜨면, 우측 하단에서 통신 속도를 115200으로 맞춰줍니다.

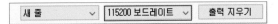

9 출력결과를 확인합니다.

```
epoch : 4800
sum error : 0.023662
  5.806 -14.637  24.079 -12.454  -8.655  17.350
 14.027   7.277  19.972  20.340 -13.643 -10.364
epoch : 4900
sum error : 0.022746
  5.817 -14.674  24.140 -12.483  -8.671  17.401
 14.050   7.299  20.034  20.398 -13.668 -10.394
epoch : 5000
sum error : 0.022317
  5.827 -14.712  24.197 -12.514  -8.686  17.452
 14.072   7.319  20.093  20.452 -13.692 -10.421

target  0 : 1 0 0 pattern  0 : 1.00 0.00 0.05
target  1 : 0 1 0 pattern  1 : 0.02 0.98 0.00
target  2 : 0 1 0 pattern  2 : 0.00 1.00 0.00
target  3 : 0 1 0 pattern  3 : 0.00 0.98 0.03
target  4 : 0 0 1 pattern  4 : 0.05 0.00 1.00
target  5 : 1 0 0 pattern  5 : 0.99 0.00 0.04
target  6 : 0 1 0 pattern  6 : 0.03 0.99 0.00
target  7 : 0 1 0 pattern  7 : 0.00 1.00 0.00
target  8 : 0 1 0 pattern  8 : 0.00 0.99 0.03
target  9 : 0 0 1 pattern  9 : 0.04 0.00 0.99
target 10 : 1 0 0 pattern 10 : 0.91 0.02 0.00
target 11 : 0 1 0 pattern 11 : 0.01 1.00 0.00
target 12 : 0 1 0 pattern 12 : 0.00 1.00 0.00
target 13 : 0 1 0 pattern 13 : 0.00 1.00 0.01
target 14 : 0 0 1 pattern 14 : 0.00 0.02 0.91
target 15 : 1 0 0 pattern 15 : 0.95 0.00 0.00
target 16 : 0 1 0 pattern 16 : 0.06 0.99 0.00
target 17 : 0 1 0 pattern 17 : 0.00 1.00 0.00
target 18 : 0 1 0 pattern 18 : 0.00 0.99 0.07
target 19 : 0 0 1 pattern 19 : 0.00 0.00 0.95
target 20 : 1 0 0 pattern 20 : 0.99 0.02 0.00
target 21 : 0 1 0 pattern 21 : 0.00 1.00 0.00
target 22 : 0 1 0 pattern 22 : 0.00 1.00 0.00
target 23 : 0 1 0 pattern 23 : 0.00 1.00 0.00
target 24 : 0 0 1 pattern 24 : 0.00 0.02 1.00
```

학습이 진행됨에 따라 가중치 값이 갱신되는 것을 볼 수 있습니다. 학습이 끝나기 전 마지막 3회 가중치 갱신 결과를 볼 수 있으며, 마지막에는 학습된 결과의 예측값을 목표값과 비교하여 보여줍니다. 예측값이 목표값에 적당히 가까운 것을 볼 수 있습니다. 예측값을 목표값에 더 가깝게 하려면 훈련의 횟수를 늘리면 됩니다.

03-4 EEPROM에 값 저장하기

인공 신경망의 학습 과정은 입력값에 대한 예측값이 목표값과 좀 더 가까워지도록 가중치와 편향을 반복해서 갱신하는 과정입니다. 즉, 학습의 결과는 최종 갱신된 가중치와 편향의 값입니다. 뒤에서 우리는 EEPROM에 가중치와 편향 값을 저장한 후, 다시 불러와 사용하게 됩니다. 여기서는 임의의 값을 생성해 EEPROM에 저장한 후, 다시 읽어와 확인하는 예제를 수행해 봅니다. 아두이노 우노에는 1024 바이트 크기의 EEPROM이 있습니다.

1 예제를 새로 생성하여 eeprom_rw로 저장합니다.
2 다음과 같이 예제를 작성합니다.

```
eeprom_rw.ino

01    #include <EEPROM.h>
02
03    int randNum;
04
05    void setup(){
06            Serial.begin(115200);
07            randomSeed(analogRead(0));
08
09            Serial.println();
10            Serial.print("W : ");
11
12            for(int bAddr = 0; bAddr < EEPROM.length(); bAddr+=32) {
13                    randNum = random(256);
14                    Serial.print(randNum);
15                    EEPROM.write(bAddr, randNum);
16                    delay(10);
17            }
18
19            Serial.println();
20            Serial.print("R : ");
21
22            for(int bAddr = 0; bAddr < EEPROM.length(); bAddr+=32) {
```

```
23                        randNum = EEPROM.read(bAddr);
24                        Serial.print(randNum);
25                        delay(10);
26                  }
27            }
28
29      void loop(){
30
31            }
```

01 : EEPROM에 데이터를 읽고 쓰기위해 EEPROM.h 파일을 포함합니다.

03 : 정수 변수 randNum 변수를 선언합니다. 임의 생성 숫자를 저장할 변수입니다.

07 : randomSeed 함수를 호출하여 임의 숫자 생성을 초기화합니다. analogRead 함수를 호출하여 0번 핀 값을 읽은 후, 해당 값으로 임의 숫자 생성 초기값으로 사용합니다.

09~17 : EEPROM에 임의 생성 데이터를 씁니다.

12 : bAddr 변수 0에서 EEPROM의 크기 미만에 대하여 32바이트 단위로 13~16줄을 수행합니다. bAddr은 바이트 단위의 EEPROM의 주소값을 의미합니다. 아두이노 우노의 경우 EEPROM의 크기는 1024바이트이며, 0~1023 번지 값을 갖습니다. EEPROM.length 함수는 EEPROM의 바이트 단위 크기값을 내어줍니다.

13 : random 함수를 호출하여 256 미만의 임의값을 생성하여 randNum 변수에 할당합니다.

14 : Serial.print 함수를 호출하여 randNum를 출력합니다.

15 : EEPROM.write 함수를 호출하여 EEPROM의 bAddr 번지에 randNum 값을 저장합니다.

16 : 10밀리초 간 지연을 줍니다. EEPROM에 데이터를 쓰는데 필요한 시간입니다.

19~26 : EEPROM에서 데이터를 읽어옵니다.

22 : bAddr 변수 0에서 EEPROM의 크기 미만에 대하여 32바이트 단위로 23~25줄을 수행합니다.

23 : EEPROM.read 함수를 호출하여 EEPROM의 bAddr 번지에서 한 바이트를 읽어와 randNum에 저장합니다.

24 : Serial.print 함수를 호출하여 randNum를 출력합니다.

25 : 10밀리초 간 지연을 줍니다. EEPROM에서 데이터를 읽는데 필요한 시간입니다.

3 [툴] 메뉴를 이용하여 보드, 포트를 다음과 같이 선택합니다.

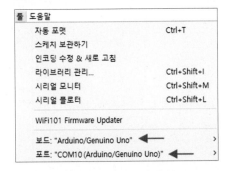

4 컴파일과 업로드를 수행합니다.

5 [시리얼 모니터] 버튼을 클릭합니다.

시리얼 모니터 🔎

6 시리얼 모니터 창이 뜨면, 우측 하단에서 통신 속도를 115200으로 맞춰줍니다.

| 새 줄 ∨ | 115200 보드레이트 ∨ | 출력 지우기 |

7 출력결과를 확인합니다.

```
W : 7119419811814133013717485227246218191117725111922713561951095115621875239512229
R : 7119419811814133013717485227246218191117725111922713561951095115621875239512229
```

32 바이트의 데이터가 쓰여지고 나서 읽혀지고 있습니다. 쓰고 읽은 값이 같은 것을 확인합니다.

03-5 실수 배열을 EEPROM에 저장하기

뒤에서 우리는 EEPROM에 가중치와 편향 값을 저장한 후, 다시 불러와 사용하게 됩니다. 가중치와 편향 값은 실수 배열에 저장됩니다. 여기서는 target 실수 배열을 EEPROM에 저장하고 읽어와 봅니다.

1 433_1 예제를 435_1로 저장합니다.

2 다음과 같이 예제를 작성합니다.

```
435_1.ino
01    #include <EEPROM.h>
02    #include "myann.h"
03
04    #define printf _printf
05
06    const int PATTERN_COUNT = 25;
07    const int OUTPUT_NODES = 3;
08
09    double target[PATTERN_COUNT][OUTPUT_NODES] = {
10            {1,0,0}, //1
11            {0,1,0}, //2
12            {0,1,0}, //3
13            {0,1,0}, //4
14            {0,0,1}, //5
15            {1,0,0}, //6
16            {0,1,0}, //7
17            {0,1,0}, //8
```

```
18              {0,1,0}, //9
19              {0,0,1}, //10
20              {1,0,0}, //11
21              {0,1,0}, //12
22              {0,1,0}, //13
23              {0,1,0}, //14
24              {0,0,1}, //15
25              {1,0,0}, //16
26              {0,1,0}, //17
27              {0,1,0}, //18
28              {0,1,0}, //19
29              {0,0,1}, //20
30              {1,0,0}, //21
31              {0,1,0}, //22
32              {0,1,0}, //23
33              {0,1,0}, //24
34              {0,0,1} //25
35      };
36
37      double target_r[PATTERN_COUNT][OUTPUT_NODES] = {0,};
38
39      void setup(){
40              Serial.begin(115200);
41
42              printf( "\n\nMemorizing double array...\n" );
43
44              printf( "sizeof(target) = %d bytes\n", sizeof(target));
45
46              uint8_t * b_target_w = (uint8_t * )target;
47
48              printf( "\n" );
49              printf( "W : " );
50
51              for(int bAddr = 0; bAddr < sizeof(target); bAddr++) {
52                      Serial.print(b_target_w[bAddr]);
53                      EEPROM.write(bAddr, b_target_w[bAddr]);
54                      delay(10);
55              }
56
57              printf( "\n" );
58              printf( "R : " );
59
60              uint8_t * b_target_r = (uint8_t * )target_r;
61
62              for(int bAddr = 0; bAddr < sizeof(target_r); bAddr++) {
63                      b_target_r[bAddr] = EEPROM.read(bAddr);
64                      Serial.print(b_target_r[bAddr]);
65                      delay(10);
66              }
67
```

```
68              printf( "\n" );
69
70              for(int pc=0;pc<PATTERN_COUNT;pc++) {
71                      printf( "target %2d : ", pc);
72                      for(int on=0;on<OUTPUT_NODES;on++) {
73                              printf( "%.0f ", target[pc][on]);
74                      }
75                      printf( "target_r %2d : ", pc);
76                      for(int on=0;on<OUTPUT_NODES;on++) {
77                              printf( "%.2f ", target_r[pc][on]);
78                      }
79                      printf( "\n" );
80              }
81      }
82
83      void loop(){
84
85      }
```

01 : EEPROM에 데이터를 읽고 쓰기위해 EEPROM.h 파일을 포함합니다.

02 : myann.h 파일을 포함합니다.

09~35 : 테스트를 위해 EEPROM에 저장할 target 실수 배열입니다.

37 : target_r 실수 배열 변수를 선언합니다. EEPROM에 저장된 target 배열 값을 읽어와 저장할 실수 배열입니다.

42 : printf 함수를 호출하여 실수 배열을 기억한다고 표시합니다.

44 : printf 함수를 호출하여 target 배열의 크기를 출력합니다.

46 : uint8_t 형 변수를 가리키는 주소 변수 b_target_w를 선언한 후, target 배열을 가리키게 합니다. uint8_t은 1바이트 크기의 0과 양의 정수를 저장할 수 있는 변수형입니다. target은 실수 배열이기 때문에 uint8_t 주소형으로 변형하여 b_target_w에 할당해 주어야 합니다. 이 부분에 대한 자세한 문법은 C/C++ 포인터와 배열의 내용을 참고합니다.

48~55 : EEPROM에 target 배열의 내용을 씁니다.

51 : bAddr 변수 0에서 target 배열 크기 미만에 대하여 1씩 증가시켜 가면서 52~54줄을 수행합니다. bAddr은 바이트 단위의 EEPROM의 주소값을 의미합니다. 아두이노 우노의 경우 EEPROM의 크기는 1024바이트이며, 0~1023 번지 값을 갖습니다.

52 : Serial.print 함수를 호출하여 b_target_w 주소 변수가 가리키는 배열의 bAddr 번째 값을 출력합니다.

53 : EEPROM.write 함수를 호출하여 EEPROM의 bAddr 번지에 b_target_w 주소 변수가 가리키는 배열의 bAddr 번째 값을 저장합니다.

54 : 10밀리초 간 지연을 줍니다. EEPROM에 데이터를 쓰는데 필요한 시간입니다.

57~66 : EEPROM에서 target_r 배열로 데이터를 읽어옵니다.

60 : uint8_t 형 변수를 가리키는 주소 변수 b_target_r을 선언한 후, target_r 배열을 가리키게 합니다. 이 부분에 대한 자세한 문법은 C/C++ 포인터와 배열의 내용을 참고합니다.

62 : bAddr 변수 0에서 target_r 배열 크기 미만에 대하여 1씩 증가시켜 가면서 63~65줄을 수행합니다.

64 : EEPROM.read 함수를 호출하여 EEPROM의 bAddr 번지에서 한 바이트를 읽어와 b_target_r[bAddr]에 저장합니다.

65 : Serial.print 함수를 호출하여 b_target_r[bAddr] 값을 출력합니다.

66 : 10밀리초 간 지연을 줍니다. EEPROM에서 데이터를 읽는데 필요한 시간입니다.

70~80 : target 배열의 값과 target_r 배열의 값을 출력합니다. target 배열의 값은 EEPROM에 저장된 값이고 target_r 배열의 값은 EEPROM에서 읽어와 저장한 값입니다.

3 [툴] 메뉴를 이용하여 보드, 포트를 다음과 같이 선택합니다.

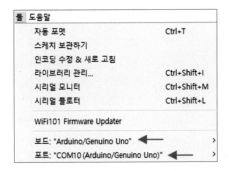

4 컴파일과 업로드를 수행합니다. [시리얼 모니터] 버튼을 클릭합니다.

5 시리얼 모니터 창이 뜨면, 우측 하단에서 통신 속도를 115200으로 맞춰줍니다.

6 출력결과를 확인합니다.

```
Memorizing double array...
sizeof(target) = 300 bytes

W : 00128630000000000000001286300000000001286300000000001286300000000000
R : 00128630000000000000001286300000000001286300000000001286300000000000
target  0 : 1 0 0 target_r  0 : 1.00 0.00 0.00
target  1 : 0 1 0 target_r  1 : 0.00 1.00 0.00
target  2 : 0 1 0 target_r  2 : 0.00 1.00 0.00
target  3 : 0 1 0 target_r  3 : 0.00 1.00 0.00
target  4 : 0 0 1 target_r  4 : 0.00 0.00 1.00
target  5 : 1 0 0 target_r  5 : 1.00 0.00 0.00
target  6 : 0 1 0 target_r  6 : 0.00 1.00 0.00
target  7 : 0 1 0 target_r  7 : 0.00 1.00 0.00
target  8 : 0 1 0 target_r  8 : 0.00 1.00 0.00
target  9 : 0 0 1 target_r  9 : 0.00 0.00 1.00
target 10 : 1 0 0 target_r 10 : 1.00 0.00 0.00
target 11 : 0 1 0 target_r 11 : 0.00 1.00 0.00
target 12 : 0 1 0 target_r 12 : 0.00 1.00 0.00
target 13 : 0 1 0 target_r 13 : 0.00 1.00 0.00
target 14 : 0 0 1 target_r 14 : 0.00 0.00 1.00
target 15 : 1 0 0 target_r 15 : 1.00 0.00 0.00
target 16 : 0 1 0 target_r 16 : 0.00 1.00 0.00
target 17 : 0 1 0 target_r 17 : 0.00 1.00 0.00
target 18 : 0 1 0 target_r 18 : 0.00 1.00 0.00
target 19 : 0 0 1 target_r 19 : 0.00 0.00 1.00
target 20 : 1 0 0 target_r 20 : 1.00 0.00 0.00
target 21 : 0 1 0 target_r 21 : 0.00 1.00 0.00
target 22 : 0 1 0 target_r 22 : 0.00 1.00 0.00
target 23 : 0 1 0 target_r 23 : 0.00 1.00 0.00
target 24 : 0 0 1 target_r 24 : 0.00 0.00 1.00
```

target 배열의 값과 target_r 배열의 값이 같은 것을 확인합니다.

03-6 가중치와 편향 기억하기

여기서는 EEPROM에 가중치와 편향 값을 저장합니다. 그리고 다음 예제에서는 그 값들을 다시 불러와 사용하게 됩니다.

■1 435_1 예제를 436_1로 저장합니다.

■2 다음과 같이 파일을 수정합니다.

```
436_1.ino
001    #include <EEPROM.h>
002    #include "myann.h"
003
004    #define printf _printf
005
006~221// 이전 예제와 같습니다.
222
223            for(int pc=0;pc<PATTERN_COUNT;pc++) {
224                    printf("target %2d : ", pc);
225                    for(int on=0;on<OUTPUT_NODES;on++) {
226                            printf("%.0f ", target[pc][on]);
227                    }
228                    printf("pattern %2d : ", pc);
229                    for(int on=0;on<OUTPUT_NODES;on++) {
230                            printf("%.2f ", output[pc][on]);
231                    }
232                    printf("\n");
233            }
234
235            uint8_t * nn[] = {
236                    (uint8_t * )weightH,
237                    (uint8_t * )biasH,
238                    (uint8_t * )weightO,
239                    (uint8_t * )biasO
240            };
241
242            long nnSize[] = {
243                    sizeof(weightH),
244                    sizeof(biasH),
245                    sizeof(weightO),
246                    sizeof(biasO)
247            };
248
249            uint8_t * b_memory;
250            int bAddrCur = 0;
251            int bAddrEnd = 0;
```

```
252                int memCur = 0;
253
254            printf( "\nW" );
255
256            for(int nnNum=0;nnNum<sizeof(nn)/sizeof(nn[0]);nnNum++) {
257
258                    b_memory = nn[nnNum];
259                    bAddrEnd += nnSize[nnNum];
260                    memCur = 0;
261
262                    for(; bAddrCur < bAddrEnd; bAddrCur++, memCur++) {
263                            Serial.print(b_memory[memCur]);
264                            EEPROM.write(bAddrCur, b_memory[memCur]);
265                            delay(10);
266                    }
267            }
268
269            printf( "\nR" );
270
271            uint8_t b_memory_r;
272
273            for(int bAddr = 0; bAddr < bAddrEnd; bAddr++) {
274                    b_memory_r = EEPROM.read(bAddr);
275                    Serial.print(b_memory_r);
276                    delay(10);
277            }
278
279            printf( "\n%d", bAddrEnd);
280        }
281
282    void loop() {
283
284        }
```

001   : EEPROM에 데이터를 읽고 쓰기위해 EEPROM.h 파일을 포함합니다.

223~233 : 이전 예제와 같습니다.

235~240 : nn 배열 변수를 선언하고, EEPROM에 저장할 가중치와 편향의 uint8_t 형의 주소값으로 초기화합니다.

241~247 : nnSize 배열 변수를 선언하고, EEPROM에 저장할 가중치와 편향 배열의 크기값으로 초기화합니다.

249   : 메모리의 바이트 단위 주소를 저장할 b_memory 주소 변수를 선언합니다. b_memory 변수는 258 줄에서
          nn 배열의 항목값을 받습니다. nn 배열의 항목값은 가중치와 편향 배열의 주소값입니다. 그리고 264 줄에서
          EEPROM.write 함수를 호출하여 b_memory[memCur] 항목값을 EEPROM의 bAddrCur 번지에 저장합니다.

250   : EEPROM의 바이트 단위 현재 위치 값을 저장할 변수 bAddrCur을 선언하고 0번지로 초기화합니다.
          bAddrCur 변수는 262, 264 번째줄에서 사용됩니다.

251   : EEPROM의 바이트 단위 마지막 위치 값을 저장할 변수 bAddrEnd를 선언하고 0번지로 초기화합니다.
          bAddrEnd 변수는 259, 262번째 줄에서 사용됩니다.

252	: 가중치와 편향 배열의 바이트 단위 현재 위치값을 저장할 변수 memCur을 선언하고 0으로 초기화합니다.
254~267	: 가중치와 편향의 값을 EEPROM에 저장합니다.
256	: nnNum 변수 0에서 nn 배열 항목의 개수 미만에 대하여 1씩 증가시켜 가면서 258~266줄을 수행합니다.
258	: b_memory 변수에 nn[nnNum]의 값을 할당합니다. nnNum 값이 0일 경우 weightH 주소값, 1일 경우 biasH 주소값, 2일 경우 weightO 주소값, 3일 경우 biasO 주소값을 받습니다.
259	: bAddrEnd 변수에 nnSize[nnNum] 값을 더해 줍니다. nnNum 값이 0일 경우 weightH 배열의 마지막 바이트, 1일 경우 biasH 배열의 마지막 바이트, 2일 경우 weightO 배열의 마지막 바이트, 3일 경우 biasO 배열의 마지막 바이트의 주소값을 받습니다.
260	: memCur 변수의 값을 0으로 초기화합니다. nnNum 값이 0일 경우 weightH 배열의 첫 번째 항목, 1일 경우 biasH 배열의 첫 번째 항목, 2일 경우 weightO 배열의 첫 번째 항목트, 3일 경우 biasO 배열의 첫 번째 항목의 번호값을 받습니다.
263	: Serial.print 함수를 호출하여 b_memory[memCur] 항목 값을 출력해 봅니다.
264	: EEPROM.write 함수를 호출하여 b_memory[memCur] 항목값을 EEPROM의 bAddrCur 번지에 저장합니다.
265	: 10밀리초 간 지연을 줍니다. EEPROM에 데이터를 쓰는데 필요한 시간입니다.
269~277	: EEPROM에 저장된 가중치와 편향의 값을 읽어봅니다.
271	: 1 바이트 정수값을 저장할 수 있는 b_memory_r 변수를 선언합니다. 274줄에서 EEPROM에서 읽어온 1 바이트 값을 값을 저장합니다.
273	: bAddr 변수 0에서 bAddrEnd 미만에 대하여 1씩 증가시켜 가면서 274~276줄을 수행합니다.
274	: EEPROM.read 함수를 호출하여 EEPROM의 bAddr 번지에서 1 바이트를 읽어와 b_memory_r 변수에 저장합니다.
275	: Serial.print 함수를 호출하여 b_memory_r 변수 값을 출력해 봅니다.
276	: 10밀리초 간 지연을 줍니다. EEPROM에 데이터를 읽는데 필요한 시간입니다.
279	: printf 함수를 호출하여 bAddrEnd 값을 출력해 봅니다.

3 [툴] 메뉴를 이용하여 보드, 포트를 다음과 같이 선택합니다.

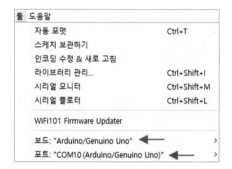

4 컴파일과 업로드를 수행합니다.

5 [시리얼 모니터] 버튼을 클릭합니다.

시리얼 모니터 🔍

6 시리얼 모니터 창이 뜨면, 우측 하단에서 통신 속도를 115200으로 맞춰줍니다.

| 새 줄 | ∨ | 115200 보드레이트 | ∨ | 출력 지우기 |

7 출력결과를 확인합니다.

```
epoch : 4900
sum error : 0.022746
  5.817 -14.674  24.140 -12.483  -8.671  17.401
 14.050   7.299  20.034  20.398 -13.668 -10.394
epoch : 5000
sum error : 0.022317
  5.827 -14.712  24.197 -12.514  -8.686  17.452
 14.072   7.319  20.093  20.452 -13.692 -10.421

target  0 : 1 0 0 pattern  0 : 1.00 0.00 0.05
target  1 : 0 1 0 pattern  1 : 0.02 0.98 0.00
target  2 : 0 1 0 pattern  2 : 0.00 1.00 0.00
target  3 : 0 1 0 pattern  3 : 0.00 0.98 0.03
target  4 : 0 0 1 pattern  4 : 0.05 0.00 1.00
target  5 : 1 0 0 pattern  5 : 0.99 0.00 0.04
target  6 : 0 1 0 pattern  6 : 0.03 0.99 0.00
target  7 : 0 1 0 pattern  7 : 0.00 1.00 0.00
target  8 : 0 1 0 pattern  8 : 0.00 0.99 0.03
target  9 : 0 0 1 pattern  9 : 0.04 0.00 0.99
target 10 : 1 0 0 pattern 10 : 0.91 0.02 0.00
target 11 : 0 1 0 pattern 11 : 0.01 1.00 0.00
target 12 : 0 1 0 pattern 12 : 0.00 1.00 0.00
target 13 : 0 1 0 pattern 13 : 0.00 1.00 0.01
target 14 : 0 0 1 pattern 14 : 0.00 0.02 0.91
target 15 : 1 0 0 pattern 15 : 0.95 0.00 0.00
target 16 : 0 1 0 pattern 16 : 0.06 0.99 0.00
target 17 : 0 1 0 pattern 17 : 0.00 1.00 0.00
target 18 : 0 1 0 pattern 18 : 0.00 0.99 0.07
target 19 : 0 0 1 pattern 19 : 0.00 0.00 0.95
target 20 : 1 0 0 pattern 20 : 0.99 0.02 0.00
target 21 : 0 1 0 pattern 21 : 0.00 1.00 0.00
target 22 : 0 1 0 pattern 22 : 0.00 1.00 0.00
target 23 : 0 1 0 pattern 23 : 0.00 1.00 0.00
target 24 : 0 0 1 pattern 24 : 0.00 0.02 1.00

W2201211866423398107193149147193657256721932224810193191157139651383797 6
R2201211866423398107193149147193657256721932224810193191157139651383797 6
156
```

학습이 끝난 후, 가중치와 편향 값을 EEPROM에 저장하고 다시 읽어 오는 것을 확인합니다. 저장하고 읽어온 데이터의 개수가 156인 것도 확인합니다.

03-7 가중치와 편향 읽어오기

여기서는 이전 예제에서 EEPROM에 저장한 가중치와 편향 값을 읽어와 봅니다. 그리고 이전에 학습에 사용했던 입력값을 차례대로 주어 예측값을 얻어온 후, 목표값과 비교해 봅니다.

1 436_1 예제를 437_1로 저장합니다.

2 다음과 같이 파일을 작성합니다.

```
437_1.ino
001    #include <EEPROM.h>
002    #include "myann.h"
003
004    #define printf _printf
005
006    const int PATTERN_COUNT = 25;
007    const int INPUT_NODES = 2;
008    const int HIDDEN_NODES = 6;
009    const int OUTPUT_NODES = 3;
010
011    double input[PATTERN_COUNT][INPUT_NODES] = {
012            {25,14}, //1
013            {41,33}, //2
014            {44,44}, //3
015            {33,41}, //4
016            {14,25}, //5
017            {29,22}, //6
018            {43,33}, //7
019            {80,90}, //8
020            {33,43}, //9
021            {22,29}, //10
022            {35,26}, //11
023            {55,35}, //12
024            {55,55}, //13
025            {35,55}, //14
026            {26,35}, //15
027            {33,25}, //16
028            {44,32}, //17
029            {150,150}, //18
030            {32,44}, //19
031            {25,33}, //20
032            {38,23}, //21
033            {50,36}, //22
034            {90,100}, //23
035            {36,50}, //24
036            {23,38} //25
037    };
038    double target[PATTERN_COUNT][OUTPUT_NODES] = {
039            {1,0,0}, //1
040            {0,1,0}, //2
041            {0,1,0}, //3
042            {0,1,0}, //4
```

```
043                {0,0,1}, //5
044                {1,0,0}, //6
045                {0,1,0}, //7
046                {0,1,0}, //8
047                {0,1,0}, //9
048                {0,0,1}, //10
049                {1,0,0}, //11
050                {0,1,0}, //12
051                {0,1,0}, //13
052                {0,1,0}, //14
053                {0,0,1}, //15
054                {1,0,0}, //16
055                {0,1,0}, //17
056                {0,1,0}, //18
057                {0,1,0}, //19
058                {0,0,1}, //20
059                {1,0,0}, //21
060                {0,1,0}, //22
061                {0,1,0}, //23
062                {0,1,0}, //24
063                {0,0,1} //25
064        };
065        double hidden[HIDDEN_NODES];
066        double output[PATTERN_COUNT][OUTPUT_NODES];
067        double weightH[INPUT_NODES][HIDDEN_NODES];
068        double biasH[HIDDEN_NODES];
069        double weightO[HIDDEN_NODES][OUTPUT_NODES];
070        double biasO[OUTPUT_NODES];
071
072        void setup() {
073                Serial.begin(115200);
074                delay(1000);
075
076                for(int pc=0;pc<PATTERN_COUNT;pc++) {
077                        for(int in=0;in<INPUT_NODES;in++) {
078                                input[pc][in] /= 250;
079                        }
080                }
081
082                uint8_t * nn[] = {
083                        (uint8_t * )weightH,
084                        (uint8_t * )biasH,
085                        (uint8_t * )weightO,
086                        (uint8_t * )biasO
087                };
088
```

```
089          long nnSize[] = {
090                  sizeof(weightH),
091                  sizeof(biasH),
092                  sizeof(weight0),
093                  sizeof(bias0)
094          };
095
096          uint8_t * b_memory;
097          int bAddrCur = 0;
098          int bAddrEnd = 0;
099          int memCur = 0;
100          uint8_t b_memory_r;
101
102          printf( " \nR " );
103
104          for(int nnNum=0;nnNum<sizeof(nn)/sizeof(nn[0]);nnNum++) {
105
106                  b_memory = nn[nnNum];
107                  bAddrEnd += nnSize[nnNum];
108                  memCur = 0;
109
110                  for(; bAddrCur < bAddrEnd; bAddrCur++, memCur++) {
111                          b_memory_r = EEPROM.read(bAddrCur);
112                          Serial.print(b_memory_r);
113                          b_memory[memCur] = b_memory_r;
114                          delay(10);
115                  }
116          }
117
118          printf( " \n%d " , bAddrEnd);
119          printf( " \n " );
120
121          for(int pc=0;pc<PATTERN_COUNT;pc++) {
122                  feed_forward(input[pc],
123                  (const double *)weightH,
124                  biasH,
125                  hidden,   '
126                  INPUT_NODES,
127                  HIDDEN_NODES,
128                  SIGMOID);
129
130                  feed_forward(hidden,
131                  (const double *)weight0,
132                  bias0,
133                  output[pc],
134                  HIDDEN_NODES,
```

```
135                    OUTPUT_NODES,
136                    SIGMOID);
137        }
138
139        printf( " \n " );
140
141        for(int pc=0;pc<PATTERN_COUNT;pc++) {
142                printf( " target %2d : ", pc);
143                for(int on=0;on<OUTPUT_NODES;on++) {
144                        printf( " %.0f ", target[pc][on]);
145                }
146                printf( " pattern %2d : ", pc);
147                for(int on=0;on<OUTPUT_NODES;on++) {
148                        printf( " %.2f ", output[pc][on]);
149                }
150                printf( " \n " );
151        }
152    }
153
154    void loop() {
155
156    }
```

001~070 : 이전 예제와 같습니다.
082~119 : EEPROM에 저장된 가중치와 편향 값을 읽어옵니다.
121~137 : input 값에 대해 예측을 수행합니다.
141~151 : 목표값과 예측값을 출력합니다.

3 [툴] 메뉴를 이용하여 보드, 포트를 다음과 같이 선택합니다.

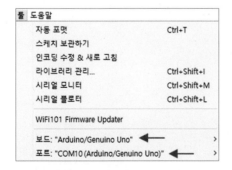

4 컴파일과 업로드를 수행합니다.

5 [시리얼 모니터] 버튼을 클릭합니다.

6 시리얼 모니터 창이 뜨면, 우측 하단에서 통신 속도를 115200으로 맞춰줍니다.

새 줄 ∨	115200 보드레이트 ∨	출력 지우기

7 출력결과를 확인합니다.

```
R22012118664233981071931491471936572567219322248101931911571396513837976
156

target  0 : 1 0 0 pattern  0 : 1.00 0.00 0.05
target  1 : 0 1 0 pattern  1 : 0.02 0.98 0.00
target  2 : 0 1 0 pattern  2 : 0.00 1.00 0.00
target  3 : 0 1 0 pattern  3 : 0.00 0.98 0.02
target  4 : 0 0 1 pattern  4 : 0.05 0.00 1.00
target  5 : 1 0 0 pattern  5 : 0.99 0.00 0.04
target  6 : 0 1 0 pattern  6 : 0.03 0.99 0.00
target  7 : 0 1 0 pattern  7 : 0.00 1.00 0.00
target  8 : 0 1 0 pattern  8 : 0.00 0.99 0.03
target  9 : 0 0 1 pattern  9 : 0.04 0.00 0.99
target 10 : 1 0 0 pattern 10 : 0.92 0.02 0.00
target 11 : 0 1 0 pattern 11 : 0.01 1.00 0.00
target 12 : 0 1 0 pattern 12 : 0.00 1.00 0.00
target 13 : 0 1 0 pattern 13 : 0.00 1.00 0.01
target 14 : 0 0 1 pattern 14 : 0.00 0.02 0.92
target 15 : 1 0 0 pattern 15 : 0.95 0.00 0.00
target 16 : 0 1 0 pattern 16 : 0.07 0.99 0.00
target 17 : 0 1 0 pattern 17 : 0.00 1.00 0.00
target 18 : 0 1 0 pattern 18 : 0.00 0.99 0.06
target 19 : 0 0 1 pattern 19 : 0.00 0.00 0.95
target 20 : 1 0 0 pattern 20 : 0.99 0.02 0.00
target 21 : 0 1 0 pattern 21 : 0.00 1.00 0.00
target 22 : 0 1 0 pattern 22 : 0.00 1.00 0.00
target 23 : 0 1 0 pattern 23 : 0.00 1.00 0.00
target 24 : 0 0 1 pattern 24 : 0.00 0.02 1.00
```

EEPROM에서 읽어온 가중치와 편향값을 이용하여 예측을 수행한 결과입니다. 이전 예제와 같은 것을 확인합니다.

03-8 초음파 센서 입력값으로 RC카 방향 예측하기

여기서는 지금까지 학습한 가중치와 편향을 이용하여 초음파 센서 입력값에 따라 RC카 방향을 예측하는 예제를 수행해 봅니다. 이 예제에서는 실제로 초음파 센서 입력을 받지는 않습니다. 실제 초음파 센서를 입력받아 방향을 예측하는 예제는 부록을 통해서 소개합니다.

■ 437_1 예제를 438_1로 저장합니다.

■ 다음과 같이 예제를 수정합니다.

```
438_1.ino
01     #include <EEPROM.h>
02     #include "myann.h"
03
04     #define printf _printf
05
06     const int INPUT_NODES = 2;
07     const int HIDDEN_NODES = 6;
08     const int OUTPUT_NODES = 3;
09
10     double input[INPUT_NODES] = {25,14};
11     double hidden[HIDDEN_NODES];
12     double output[OUTPUT_NODES];
13     double weightH[INPUT_NODES][HIDDEN_NODES];
14     double biasH[HIDDEN_NODES];
15     double weightO[HIDDEN_NODES][OUTPUT_NODES];
16     double biasO[OUTPUT_NODES];
17
18     void setup() {
19             Serial.begin(115200);
20             delay(1000);
21
22             uint8_t * nn[] = {
23                     (uint8_t * )weightH,
24                     (uint8_t * )biasH,
25                     (uint8_t * )weightO,
26                     (uint8_t * )biasO
27             };
28
29             long nnSize[] = {
30                     sizeof(weightH),
31                     sizeof(biasH),
32                     sizeof(weightO),
33                     sizeof(biasO)
34             };
35
36             uint8_t * b_memory;
37             int bAddrCur = 0;
38             int bAddrEnd = 0;
39             int memCur = 0;
40             uint8_t b_memory_r;
41
42             printf("\nLoading memory!\n");
43
44             for(int nnNum=0;nnNum<sizeof(nn)/sizeof(nn[0]);nnNum++) {
45
46                     b_memory = nn[nnNum];
```

```
47                      bAddrEnd += nnSize[nnNum];
48                      memCur = 0;
49
50                      for(; bAddrCur < bAddrEnd; bAddrCur++, memCur++) {
51                              b_memory_r = EEPROM.read(bAddrCur);
52                              Serial.print( ' . ' );
53                              b_memory[memCur] = b_memory_r;
54                              delay(10);
55                      }
56              }
57
58          printf( " \n%d bytes loaded! ", bAddrEnd);
59          printf( " \n " );
60
61          for(int in=0;in<INPUT_NODES;in++) {
62                  input[in] /= 250;
63          }
64
65          feed_forward(input,
66          (const double *)weightH,
67          biasH,
68          hidden,
69          INPUT_NODES,
70          HIDDEN_NODES,
71          SIGMOID);
72
73          feed_forward(hidden,
74          (const double *)weightO,
75          biasO,
76          output,
77          HIDDEN_NODES,
78          OUTPUT_NODES,
79          SIGMOID);
80
81
82          for(int in=0;in<INPUT_NODES;in++) {
83                  printf( " %.2f ", input[in]*250);
84          }
85          printf( " \n " );
86
87          for(int on=0;on<OUTPUT_NODES;on++) {
88                  printf( " %.2f ", output[on]);
89          }
90          printf( " \n " );
91
92      }
93
94      void loop() {
95
96      }
```

10 : 가상 초음파 센서 입력값입니다. 왼쪽이 25cm, 오른쪽이 14cm 입력값을 가정합니다.

22~59 : EEPROM에 저장된 가중치와 편향 값을 읽어옵니다.

61~63 : input 배열의 항목 값을 250으로 나누어서 0.0~1.0 사이의 값으로 조정합니다.

65~79 : 순전파를 수행해 방향을 예측합니다.

82~84 : 입력값을 출력합니다.

87~89 : 예측 방향을 출력합니다.

3 [툴] 메뉴를 이용하여 보드, 포트를 다음과 같이 선택합니다.

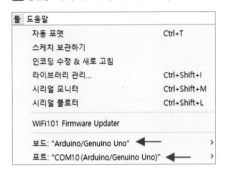

4 컴파일과 업로드를 수행합니다.

5 [시리얼 모니터] 버튼을 클릭합니다.

6 시리얼 모니터 창이 뜨면, 우측 하단에서 통신 속도를 115200으로 맞춰줍니다.

7 출력결과를 확인합니다.

```
Loading memory!
.........................................................
156 bytes loaded!
25.00 14.00
1.00 0.00 0.05
```

왼쪽이 25cm, 오른쪽이 14cm일 때 왼쪽 방향을 예측합니다.

03-9 초음파 센서 아두이노 AI RC카 프로젝트 소개

부록에서는 초음파 센서 입력에 따라 방향을 예측하는 아두이노 AI RC카 프로젝트를 소개합니다.
다음과 같은 RC카를 조립한 후, 인공 신경망을 학습시켜 초음파 센서 입력에 따라 자율주행을 수행
하게 됩니다.

부록으로 제공되는 초음파 센서 아두이노 AI RC카 프로젝트에 관한 자세한 내용은 코코랩스에서 아
두이노_AI_RC카.PDF 파일로 제공합니다.

• 코코랩스(http://www.kocolabs.co.kr)

NODE MCU(ESP32)
드론 키트

특장점

1 **ESP 32 NODE 보드 사용**

Dual-core 32-bit LX6 microprocessor ESP32를 FC(Flight Control)로 활용하여 처리 속도가 상당히 빨라 드론제어가 용이함

2 **드론코딩의 이해**

자이로 센서 값을 읽고 모터속도를 조정함으로써 드론 코딩의 원리를 손쉽게 이해할 수 있으며, 코드를 직접 코딩할 수 있어 순수 드론 코드로 자율비행이 가능하게 제작

3 **D.I.Y. 제품**

직접 조립하고 코딩할 수 있어 나만의 드론 제작이 가능

4 **모바일 조종**

Kocolabs Drone

모바일 앱을 통한 드론 조종기능 추가

5 **5. PID제어기 장착**

드론 PID제어를 위한 블록타입의 제어기 제공

6 **특강 시 강사 파견**

기관에서 원하는 교육시간으로 시간에 알맞은 커리큘럼과 교육을 제공

코코랩스
www.kocolabs.co.kr

소비자 상담실 **T.** 031-319-0768 **F.** 031-8039-4023   교육 상담실 **T.** 070-8623-1203(박찬호 부장)